JOACHIM F. ANGERER

ÖSTERREICH NACH KRENN & CO

Wege in die Zukunft der katholischen Kirche

Für Jacqueline,
die liebe!
[illegible] 4.4.03 + Joachim Angerer

MOLDEN
VERLAG

Joachim F. Angerer

ÖSTERREICH NACH KRENN & CO

Wege in die Zukunft der katholischen Kirche

MOLDEN VERLAG WIEN

2. Auflage Mai 2000

Die Deutsche Bibliothek - CIP Einheitsaufnahme
Angerer Joachim F. :
Österreich nach Krenn & Co/Joachim F. Angerer - Wien:
Molden Verlag, 2000
ISBN 3-85485-040-9

Umschlagentwurf: Hans Schaumberger
Lektorat: Hubert Feichtlbauer, Martina Paul
Herstellung: Die Druckdenker GmbH, Wien
Druck: Ueberreuter

ISBN 3-85485-040-9

Inhaltsverzeichnis

Ein respektloser Titel	7
Der Kurswechsel kam – aber anders	15
Das Konzil unverkrampft umsetzen	23
Die Zeit nach Krenn hat schon begonnen	31
Warum nicht Groer & Co?	33
Die Rolle der Bischöfe und des Nuntius	39
Rom: eine kritische Liebeserklärung	48
Heiliger Geist kontra Zentralismus	54
Kein blinder Kadavergehorsam	62
„Modo Romano" und die Pille	66
Kein Fleisch am Freitag und Friedhofprobleme	71
Evangelium vor der Kirchentür	80
Wiederverheiratete Geschiedene	86
Abtreibung und Prinzipienreiterei	90
„Empfangt, was ihr seid, und seid, was ihr empfangt!"	95
Gemeinsames vor das Trennende stellen	102
Bis zum „... Absterbens. Amen"	107
Das unverdaute Konzil	112
Auch viele Priester waren überfordert	114
Ein klares Wort für „Wir sind Kirche"	125
So schreibt der Vertreter des Papstes	129
Der Mensch ist gefragt – kein Übermensch	135
Europa eine Seele geben	137
Bischöfe sollen sich mehr trauen	145
Das Österreichische der Kirche Österreichs	152
Unser Weg in die Zukunft	163
Auf das falsche Pferd gesetzt	169

Künstler zurückgewinnen! 171
Was Klöster leisten könnten, sollten 178
Tanzen, singen, Mensch sein 189
Personenregister 195

Ein respektloser Titel

Ich weiß: Schweigen, endlich Ruhe und Ordnung, wenigstens in der Kirche sind angesagt und sollten von allen eingehalten werden! Dieses Bedürfnis nach Frieden oder zumindest nach Neutralität – macht es nicht Frau und Herrn Österreicher insgesamt aus? Vielleicht ein Teil unserer Mentalität? Die vor allem dann zu tragen kommt, wenn es eine Zeit lang (etwa gar schon zu lange) öffentlichen Schlagabtausch gab und dieser zwischen Kirchenmännern stattfand und gegen und für oder über sie ausgetragen wurde? Wenn schon endlich die Rückkehr zu Verinnerlichung und hin zu mehr Spiritualität verkündet ist, warum nochmals einen Namen in einen Buchtitel verpacken, der ohnedies längst seine eigene Marke abgibt?

Die Geschehnisse, die Stimmung im Volk, wie sie sich im Wahljahr 1999 in Österreich Luft verschafften, müssen jedoch jedem von uns zu denken geben. Sie konfrontieren uns mit der Tatsache, daß da plötzlich wieder Verhaltens- und Ausdrucksweisen und Parolen in unser Jetzt und Heute platzen, die uns aus dem sanften Bewußtsein aufschrecken, dem so beruhigenden Bewußtsein, daß das, was da zu Tage tritt, doch längst ad acta gelegt, also auch bewältigt sein müsse. Ja, es liegt zeitlich hinter uns, kaum jemand will eine Wiederholung erleben, aber da wurde nie befriedigend das aufgearbeitet, worüber wir lieber den Schleier des Schweigens gebreitet wissen wollen. In unserem Unterbewußtsein mag das Kommando lauten: „Laßt uns lieber einen Teppich darüber legen". Unter ihm kann ruhig alles ersticken! Wenn sich dann, unter Umständen in ganz anderem Zusammenhang, zeigt, daß solche verdrängte Tendenzen und geheime Wünsche plötzlich in Personifizierungen auszuarten, Verkörperungen anzunehmen vermögen, dann ist es höchst an der Zeit, aus der behäbigen

Gemütlichkeit aufzuwachen. Da brechen Konfrontation und Polarisierung förmlich wie ein Katzenjammer aus.

Es macht den Eindruck, daß von Zeit zu Zeit jene sich stets unterlegen und mißverstanden fühlenden Österreicherinnen und Österreicher, die Unzufriedenen wie Unverstandenen, meist in der Minderheit, aber gerade wegen ihrer Unterlegenheit durch eine gewisse fanatische Radikalisierung gekennzeichnet, ihren üblicherweise unartikulierten, nur so dahin „geraunzten" Verbesserungsvorstellungen Nachdruck verleihen müssen, damit sie sich auf unvermutete, gar nicht zur gewohnten österreichischen Mentalität passenden Art Gehör und vermeintliche Vertretung verschaffen können – weil sie finden, daß sie schon zu lange dem fest proportionierten Konsens der Machtblöcke ausgeliefert und darin zu kurz gekommen sind. In diese Stimmung können sich dann ganz andere, eben die lange verdrängten Schichten einnisten. Bei solchen Bewegungen bricht dann für alle unvorbereitet und überraschend von unten nach oben aus der Versenkung das auf, was unter den Teppich einer nie ernsthaft in Angriff genommenen Vergangenheitsbewältigung gekehrt worden ist.

Nur, und das ist der wesentliche Unterschied: Mag Dr. Jörg Haider, eine der Galionsfiguren unserer Tage, mit welchem Bischof Kurt Krenn dem Vernehmen nach seit Kindheit und zwar über die Familien freundschaftlich verbunden ist, für ein Demokratieverständnis mit starker Führerpersönlichkeit stehen – im kirchlichen Bereich und in der Beurteilung dessen, wofür Kurt Krenn seinen Namen leiht und Markenbegriff geworden ist, geht es um unser aller ureigenstes Selbstverständnis, um unser Sein und Wesen und Wirken als Kirche Jesu Christi. Aus diesen Überlegungen heraus wage ich den freimütigen Versuch, das Schweigen zu brechen, damit nicht der Eindruck der Grabesstille entstehe und um darauf aufmerksam zu machen: Da bestehen für uns gemeinsam Gefahren, denen wir nicht mit bequemer Untätigkeit begegnen können! Gerade die Parallelität der Entwicklungen in Staat und Kirche sollte uns alle hellhörig machen.

Es mag schon sein, daß der Titel meines Buches, so salopp dahingeschrieben und mit unserem ganzen Land in Beziehung gebracht, recht respektlos und provokant klingt. In der österreichischen Kirchengeschichte der letzten Zeit steht unter verschiedenen Gesichtspunkten eben der Name Kurt Krenn für den massivsten Einbruch im österreichischen Katholizismus. Es gilt, die Dinge zu hinterfragen, in Offenheit die Ursachen und Zusammenhänge aufzudecken und ihnen nachzugehen, um den Anfängen zu wehren. Dieses ist nicht zuletzt deswegen so dringend nötig, weil der Bischof von St. Pölten in ungezählten Medienauftritten, auch mit Boxhandschuhen abgebildet, ein Bild von Kirche vermittelt, dem schon unter dem Aspekt der Folgewirkungen öffentlich zu widersprechen war und ist. Dies um so mehr, da die offiziellen Entgegnungen meistens ausblieben und folglich solche Bilder und falsch vermittelte Vorstellungen in die Grauzone des Unterbewußtseins abgleiten konnten und dort vor allem bei den jungen Menschen auf Langzeit abgelagert werden.

In diesem Zusammenhang bin ich erinnert an die Mitwirkung Kurt Krenns an einer TV-Unterhaltungssendung in der Verkleidung als Luciano Pavarotti, noch schlimmer an seine mit schwerer Zunge vorgebrachten, nachmitternächtlichen Prositwünsche als Gast in der Silvester-Bar des „Musikantenstadl". So gemütlich, so leutselig der kirchliche Würdenträger auftreten kann, so unerbittlich zeigt er sich, wenn es angeblich um die Sache Roms zu gehen scheint. Dabei kann man sich oft des Eindrucks nicht erwehren, es bereite Kurt Krenn geradezu Genugtuung, insbesondere an Vorabenden von Bischofskonferenzen mit der von ihm geäußerten Meinung zu denen der anderen Bischöfe in Gegensatz zu geraten, ihnen förmlich die Show stehlen zu können. Daß sich viele gläubige Menschen in ihren Gefühlen und Empfindungen und in ihrer überkommenen Vorstellung von der Würde eines Bischofs verletzt fühlen müssen – wen trifft es, wer fragt danach? Für jedermann in Erinnerung bleibend war etwa die Aufforderung ins Unklare, aber vor dem Hintergrund der römischen Petersbasilika in die Kamera gesprochen, „sie mögen endlich das Maul halten". Niemand weiß bis heute genau, waren die Amtskollegen, die in Rom zum Ad-limina-Besuch versammelten Bischöfe Österreichs gemeint, der Vorsitzende dieses Gremiums, Kardinal Schönborn, oder die Presseleute, die im Zeitalter unbegrenzter und flächendeckender Kommunikation jede Aussage und Emotion eines Kirchenmannes umso bereitwilliger und schneller aufnehmen und weitergeben, je verhaltener die übrigen Vertreter jener „Einrichtung" bleiben, die für viele Zeitgenossen ohnedies aus einem anderen Jahrhundert zu stammen und zu leben scheint.

Damals reagierte zwar der Vorsitzende der österreichischen Bischofskonferenz noch verhältnismäßig scharf, mußte dann aber verstummen, als sich der Herr Nuntius auf die Seite Krenns schlug und somit eindeutig Partei ergriff. Wiederum wurde der Eindruck verstärkt, Rom stehe hinter dem Bischof von St. Pölten. Man darf natürlich in diesem Zusammenhang nicht vergessen, daß es damals um jenes Papier ging, das den Heiligen Vater über den Zustand der Kirche in Österreich informieren sollte. Es war zwar grundsätzlich vorbesprochen, aber in der zuletzt angefügten Auflistung diverser Vorfälle in Österreich kam Kurt Krenn nicht immer gut davon. So mußte er ablehnen und scheute vor keinem Mittel zurück. Die Journalisten spielen in solchen internen Auseinandersetzungen selbstredend gerne mit. Bei diesem Auftritt fielen Inszenierung und Akteur in einer Person zusammen.

Mit Kurt Krenn nimmt auch jene Periode der jüngsten Kirchengeschichte Österreichs ihren Anfang, die in Verbindung zu bringen ist mit der Besetzung des Wiener erzbischöflichen Stuhls durch eine Persönlichkeit, deren Ruf auch Jahre nach Resignation und Gang in Exil und Versenkung nicht wiederhergestellt werden konnte. Über einen Konnex zwischen den beiden angesprochenen Persönlichkeiten wird im ersten Kapitel zu schreiben sein. Gerade an dem letzten Beispiel wird deutlich, daß natürlich hinter diesen Vorgängen eine Strategie stecken muß: Bremsmanöver jener römischen Kurie, deren Hauptvertreter Kardinal Ottaviani schon während des Zweiten Vatikanischen Konzils den Eindruck der Weltöffentlichkeit vermitteln mußte, als wäre zuviel frischer Wind in die alten Gemäuer des Gebäudes Kirche gelangt; denn offenbar hatte für gewisse Vertreter der römischen Kurie Papst Johannes XXIII. die Fenster zu weit geöffnet. Manche nachfolgenden Entwicklungen könnten dies bestätigen; so interpretiert man es zumindest im nun verstärkten konservativen Flügel der mehr auf Papst und Rom als auf das Kirchenvolk ausgerichteten Bischofsernennungen der beiden letzten Dezennien. In diesem Zeitraum nämlich scheint die von Rom ausgehende Gegenbewegung in vielen Teilen der Weltkirche zu greifen, die aber nicht nur in den teilweise recht umstrittenen Bischofsernennungen (in Holland, in der Schweiz etc.) einen in der Öffentlichkeit erkennbaren Niederschlag fand, sondern auch Verwunderung über die dabei an den Tag gelegte Vorgangsweise ausgelöst hat. Wieder steht St. Pölten im Vordergrund. Es darf daher nicht überraschen, wenn man sich des Eindrucks nicht erwehren kann, daß die Bremsmanöver des römischen Machtapparats konkrete Namen tragen.

In Österreich ist der Auftakt zu dieser Gegenbewegung unüberschaubar und unüberhörbar mit dem Namen Kurt Krenn verbunden. Ist er der Vertraute des Heiligen Vaters?, so fragte man sich. Garantiert er nun die Kehrtwendung „zum Besseren“ in einer Kirche, in welcher so vieles für so viele verkehrt zu laufen schien? Auch dieser Gesichtspunkt zählt. Viele erhofften sich wenigstens von der Kirche klare Vorgaben und Ordnung. Dies in einer Welt, die in der Meinung vieler immer mehr in ein moralisches Chaos und Sündenbabel abzustürzen droht. War für diese Menschen ein Kurt Krenn der erhoffte Garant im Auftrag einer Kirchenleitung, die im Verständnis mancher Enttäuschter und Bedächtiger noch immer dafür zählte, daß zu gelten hatte: „Roma locuta, causa finita – Rom hat gesprochen, die Sache ist erledigt“? Auch solche Empfindungen gab es. Deshalb war jede auch nur vorsichtig geäußerte, aber begründete Kritik in den Augen dieser Zeitgenossen verpönt und unstatthaft, während Bischof Krenn eben ganz in diesem Sinne auftrat und gerne in den Vordergrund stellte, was Rom oder der Heilige Vater gemeint haben könnten. Ich möchte deshalb in einem eigenen Kapitel auf „Rom und römisch“ eingehen.

Gewiß, es besteht kein Zweifel, daß der Erneuerungsschwung, der vom Konzil ausging und ausgehen sollte, in vielerlei Hinsicht in falsche Bahnen geraten ist, daß Nebensächliches vor Inhaltlichem zu stehen kam. Sicher ist auch, daß man darüber nicht nur in Rom in Sorge geriet, daß es zu Abspaltungen kam, daß Erzbischof Lefèvre das gesamte Konzil in Frage zog und daß parallel dazu in Österreich selbst Entwicklungen und Persönlichkeiten sichtbar werden – meinetwegen „bona fide“, „im guten Glauben“ handelnd –, die sich in Richtung Rom in Bewegung setzten (Insider fügen hinzu, „mit Geschenken im Koffer“). Sie fühlten sich bemüßigt, mitzuhelfen, daß für die Zeit nach Kardinal König eine Kurskorrektur eingeleitet werden sollte. Es handelte sich dabei keineswegs nur um Kleriker, die nach Höherem schielten. „Nomina sunt odiosa“, „auf Namen kommt es nicht an“. Manche kennt man, es geht um Einstellungen, Vorgangsweise und um Haltung. Dieses in zweifacher Richtung: Nachrichten-Übermittler und Nachrichten-Empfänger.

In der Aufarbeitung der letzten Jahre Kirchengeschichte in Österreich, die zusammenfallen mit Ereignissen, in denen Weltgeschichte geschrieben wurde, wird man diese komplexen, hier nur skizzierten Vorgänge in die Betrachtung miteinbeziehen müssen, um nicht einseitig Schuldzuweisungen vorzunehmen und damit Gefahr zu laufen, mit Blick auf Rom im eigenen Land die höchst notwendigen Bereinigungen unterlassen zu können. „Das Wort Dialog stinkt mir schon“: Diese Aussage Krenns macht recht anschaulich deutlich, daß die als Reaktion auf das Kirchenvolksbegehren, den Aufschrei des Kirchenvolkes gegen die mißlichen Zustände in der Kirche, daß diese in die Wege geleitete Initiative eines Gesprächs zwischen Volk Gottes und seinen Hirten anscheinend nie mehr war als der Versuch, das Volk zu beruhigen. Ernsthaft, mutig und zielführend wurde offiziell nie verhandelt – ganz im Gegenteil, der Bischof von St. Pölten erklärte sich immer strikt ablehnend. Dies mußte in vielen von uns einen bitteren Nachgeschmack hinterlassen und Überlegungen nähren, die da lauten: Rom allein regiert. Rom gewährleistet Recht und Ordnung. Rom weiß, welche Bischöfe im Sinne Roms verläßlich regieren. Diese Vertrauensträger wiederum getrauen sich kaum eine eigene Meinung zu äußern oder gar die Probleme von unten nach oben, sprich nach Rom, direkt weiterzutragen. Anscheinend genügt es, den Herrn Nuntius, den Botschafter des Vatikanstaats bei der österreichischen Regierung, als Gewährsmann und Botenträger zu informieren und walten zu lassen.

Nirgendwo sonst in der ganzen katholischen Welt zeigt sich allerdings, wie sehr Rom in diesen seinen Bremsversuchen Schiffbruch erlitten hat, wie eben bei uns in Österreich. Das Kapitel Groer dürfte in der gesamten Kirchengeschichte der letzten Jahrhunderte nachweislich ohne Vergleich sein. Und es ist bis heute nicht aufgearbeitet, geschweige denn bewältigt. Es trifft in erster Linie Rom, aber auch gewisse Hintermänner. Daher ist zu hinterfragen, wer oder was ist Rom? Die heftigen Diskussionen in der österreichischen Öffentlichkeit konnten keine endgültige Klärung herbeiführen, weil der beschuldigte Ex-Erzbischof von Wien selbst schweigt. Wer brachte ihn zum Schweigen? Papst Johannes Paul II., der weit gereiste „Freund Österreichs", schwieg ebenfalls bei seinem dritten Pastoralbesuch 1998 in unserem Land. Die gezielte, im Protokoll des Gottesdienstes im Regierungsviertel von St. Pölten nicht vorgesehene Nennung des „kranken Kardinals Groer" neben dem wirklich aus gesundheitlichen Gründen verhinderten Altbischof Franz Žak sollte irreführen oder beruhigen. Triumphierend konnte daher der Sprecher dieser Begrüßung für den Papst, eben Bischof Kurt Krenn, darauf von Hubert Feichtlbauer in der Fernsehdiskussion „Zur Sache" am 21. Juni 1998 angesprochen, antworten: „Das muß einem erst einfallen. Das muß einem erst einfallen!"

Doch weiß der Papst überhaupt Bescheid? Darüber wird einiges noch zu sagen sein. Daß schließlich nach langem Schweigen, nach heftigen Debatten in der Öffentlichkeit, nach Auftritten der „Opfer" im Fernsehen und nach dem öffentlichen Eingeständnis aus „moralischer Gewißheit" durch vier Bischöfe, der Vertreter Roms, Nuntius Squicciarini, eine blasse, fahle Erklärung zur Causa Groer in Umlauf setzen ließ, die so etwas wie eine Entschuldigung vortäuschen sollte, das verdichtete nur noch kräftiger den Grauschleier, der schon lange vieles in der Kirche verdunkelt und im einfachen Volk den Eindruck erweckt, man wäre wiederum an einer Klärung der im Raum stehenden ungeheuerlichen Verdächtigungen nicht interessiert. Ganz im Gegenteil, es würde in dieser peinlichen Angelegenheit sogar bewußt vertuscht. In diesem Zusammenhang werden oft und gerne die „bösen Medien" bezichtigt, sie hätten diese Enthüllungen mutwillig provoziert und in Umlauf gebracht. Ganz richtig, man wäscht Schmutzwäsche in der eigenen Familie. Aber wenn die Geschädigten nicht angehört werden, wenn eine redliche Aufklärung auf andere Weise nicht möglich wird, dann bleiben nur noch die Medien als Hilfe zur Aufdeckung von Vorfällen, die im juridischen Sinne laut Hinweis von Kurt Krenn verjährt sind, den Verursacher selbst vielleicht sogar subjektiv gar nicht zu treffen vermögen, die aber in einer unbewältigten Form Schaden in der gesamten Gesellschaft anrichten. Schlimm waren all die Inszenierungen in den Monaten vor dem Papstbesuch des Jahres 1998.

Um keine falschen Erwartungen zu erwecken: Ich beabsichtige unter keinen Umständen, alle diese Vorfälle aufzulisten und in Erinnerung zu rufen. Die meisten von uns wurden Zeugen dieser Vorgänge. Eines möchte ich allerdings einmal jenen Mitmenschen und Mitchristen in Deutlichkeit sagen, die bis heute überzeugt sind, daß Kardinal Groer unschuldig ist: Es sind und waren nicht die Feinde der Kirche oder die „bösen Freimaurer", die hinter allem stecken. Es gibt die Fakten. Weshalb schweigt der Angeschuldigte? Etwa nur, um leiden zu können? Müßte es ihm nicht bis zum heutigen Zeitpunkt, gerade in seiner Stellung, ein drängendes und ehrliches Bedürfnis sein, mehr um der Kirche willen als für die eigene Person jeden auch nur unbegründeten Verdacht aus der Welt zu schaffen? Die Menschen hätten großen Respekt vor einem „mea culpa" gehabt, oder auch einem: „Ich bin unschuldig". Eine Schadensbegrenzung für die Betroffenen wie für uns alle wäre auf diese Weise möglich geworden. Darüber hinaus steht die Frage im Raum: Weshalb wurde nicht eine gerichtliche Klärung so massiver und gravierender Verdächtigungen eingeleitet, wie ich es bereits 1995 in der TV-Sendung „Zur Sache" vorgeschlagen hatte? In diesem Fall hätte der damalige Erzbischof von Wien die Presse vom Leib gehabt. Die Öffentlichkeit wäre folglich in einem „schwebenden Verfahren" bis zur Tatbestandsfeststellung weitgehend ruhiggestellt gewesen. Bleibt noch eine Frage und deshalb wird sie in diesem Buch gestellt: Wurde Kardinal Groer sozusagen „fremd gesteuert" beziehungsweise „instrumentalisiert"? So besehen, kommt bis jetzt der „Fall Groer" einem Rohrkrepierer in dem Bemühen vatikanischer Kreise gleich, durch die Bestellung konservativer Bischöfe den Sturm des Heiligen Geistes, wie er durch das letzte Konzil wirksam und weltweit spürbar wurde, in die Kanäle des durch Macht Lenkbaren zurückzuführen und sicher einzubetten. Hiefür bedurfte es natürlich der verläßlichen Handlanger, die mithelfen sollten, eine solche Kurskorrektur gewährleisten zu können.

Der Kurswechsel kam – aber anders

Es kam zu einem Kurswechsel, allerdings ganz anderer Art, als es offenbar beabsichtigt war. Deshalb der laute Hinweis: Es gibt eine Zeit danach! Wir leben bereits mitten darin! Zunächst einmal sind wir mittlerweile alle konfrontiert mit der Tatsache, daß, für die ganze Welt erkennbar, mehrere Lager in unserer Kirche existieren. Dabei kann man diese keineswegs mit „konservativ" und „progressiv" allein etikettieren. Ich selbst möchte mich nämlich durchaus im Lager der Konservativen sehen, die in guter Tradition stehen, „bewahren und bewegen" wollen und nicht derer, die gleichsam einer Partei angehören oder einem kirchlichen Oberen hörig sind, bei vollem Bewußtsein dessen, daß ich mich durchaus zum Gehorsam bekenne. Ich muß aber auch vor meinem eigenen Gewissen und vor meiner Gemeinde und Gemeinschaft bestehen können, für welche ich als Person Verantwortung trage bis zum Jüngsten Tag. Hinzu kommt, daß man als gebildeter Theologe zwischen Theorie und Praxis zu unterscheiden hat, ja für eine vernünftige Umsetzung der objektiven Gegebenheiten der Heilsvermittlung zu stehen und zu wirken hat – zu Gunsten der gläubigen Menschen, des Volkes Gottes, und nicht um einem System zu dienen, das nie Selbstzweck sein kann und darf, auch wenn es sich auf göttlichen Erlösungsauftrag beruft.

Diese abzulehnende Lagerbildung dürfte in der Diözese St. Pölten bereits zur echten Spaltung geführt haben, wie Altbischof Žak in Zusammenhang mit dem neuen Priesterseminar in Blindenmarkt öffentlich beklagte. Er weiß wohl wie kein anderer, wovon er spricht. In einer solchen Situation schleicht sich leicht Mißbrauch ein. Da kommt es zu Opportunismus. Da beobachtet einer den anderen im Klerus einer Diözese plötzlich unter dem Gesichtspunkt: „Der ist gegen den Bischof." Man meide ihn also besser, vor allem wenn man eine gewisse Karriere im Sinn hat oder sich die Beförderung zum Monsignore wünscht oder wie auch immer. Da gibt es dann Zwischenträger, Duckmäuser und Schöndiener. Weil schließlich alles noch Gefahr läuft, von dem einen oder anderen „Zeitungsmenschen" aufgegriffen und weitergeleitet zu werden – man weiß auch bei diesem nicht, auf welcher Seite er steht – werden plötzlich ganz normale zwischenmenschliche Beziehungen und Umgangsformen selbst an höchster Stelle außer Acht gelassen. Es kommt zur „stillen Post“, was sich nach unten, im Fußvolk sozusagen notgedrungen fortsetzt und Mißtrauen sät und zu erbärmlichen Verhaltensweisen führt. Gelegentlich wird man an Vorgänge in totalitären Staaten erinnert, deren Systeme wir gerade in ihren Zusammenbrüchen anschaulich studieren konnten und können. Frei als Kleriker seine Meinung zu sagen, wird von vielen im angeblich „braven Kirchenvolk“ als Ungehorsam und als Rebellion gegen einen kirchlichen Oberen geahndet. „Das tut man nicht“, schrieb mir plötzlich ein von mir sehr geschätzter Vertreter einer seit Jahrhunderten angesehenen Familie.

Daß ich von vielen, besonders nach der Konfrontation im Fernsehen mit dem theologischen Berater von Bischof Krenn häufig sogar anonym regelrecht beschimpft und bedroht wurde, sei nicht zuletzt deswegen erwähnt, weil solche Aktionen meistens nach einem übereinstimmenden Klischee an gleichen Vorwürfen, Verleumdungen und Beleidigungen, also gesteuert, vorgenommen wurden und in mir den sicheren Verdacht aufkommen ließen, daß dieses alles und immer wieder bis hin zum falschen, mich belastenden Veruntreuungsvorwurf gezielt von einigen wenigen Stellen aus gelenkt war – von Stellen, zu denen nachweislich der jetzige Bischof von St. Pölten seit Jahren Kontakte unterhält. Es ist ein Leichtes – auch dafür geben sich gewisse Freunde meines Diözesanbischofs her –, in rechtslastigen Blättern einen Zölibatären ins Zwielicht zu stellen. Bis jetzt hatte ich meine Ehre lediglich solchen Menschen gegenüber zu verteidigen, die aus Haß oder Uneinsichtigkeit mein Wirken und Handeln als Prälat und in weltlichen Belangen (da ging es um Jagdzusammenlegungen u.ä.) absichtlich mit derartigen Äußerungen bekämpfen wollten. Daß solche Vorgangsweisen nun zu Gunsten bzw. Ungunsten des einen oder anderen Vertreters ein und derselben Kirche buchstäblich aus den eigenen Reihen kommen sollten, um die freie Meinung im kirchlichen Bereich durch Rufmord zu beeinträchtigen, das ist bedenklich, bedauerlich und veranlaßt mich neben anderen Gründen, mit diesem Buch zu einer Bereinigung so bedauernswerter Zustände innerhalb meiner Kirche hoffentlich etwas beitragen zu können.

Ich weiß, ich setze mich neuerdings solchen und, wie meine

Freunde befürchten, vielleicht sogar noch größeren Gefahren aus. Ich stehe aber zu allem, was ich bis jetzt in Entgegnung auf ungeheuerliche Äußerungen meines Diözesanbischofs öffentlich gesagt habe, was da einseitig, unsensibel, plakativ und ungenau über die Medien in Umlauf gesetzt wurde. Und auch die folgende Feststellung gehört an diese Stelle: Selbst wenn hin und wieder durch Kurt Krenn & Co. der Eindruck erweckt werden konnte, das eine oder andere sei im Sinne oder gar Auftrag Roms geschehen, dann bedürfen gerade solche Vorstellungen dringend einer Revision.

Ich möchte noch eine Ergänzung anbringen zu dem, was ich über die Umsetzung der wahren Lehre – und ich benütze das Wort „wahr" bewußt nicht im abstrakten, philosophischen Sinn, sondern in jenem, dem Inhalt des Evangeliums und dem Wort Jesu entsprechenden Sinn: „Ich bin der Weg, die Wahrheit und das Leben" – in den Alltag der Heilsvermittlung an die Menschen vorhin sagte: Da gibt es viele Ebenen und empfindsame Bereiche, in denen wir den Mitmenschen die frohe Botschaft von unserer Erlösung nahebringen dürfen. Wir Priester sozusagen aus dem Schützengraben wissen auch, daß es ein „Forum internum" neben dem „Forum externum" gibt, eine Ebene, die allein zwischen Seelsorger und Einzelperson in der Intimität der Seelenführung besteht. Um korrekt zu sein, möchte ich einbekennen, daß solche Tatbestände in Rom durchaus respektiert wurden, wenngleich Rom immer eine der Kurie eigene Sprache und Sachverhaltsdarstellung benutzt. Man muß sie kennen und dafür studieren wir, dann fährt man nicht mit „Donner und Sakra" drein, wenn es wieder einmal eine Verlautbarung Roms zum Thema Geschiedene und Wiederverheiratete gibt. Vielleicht erinnert sich der eine oder andere Leser jener Aussagen nach Erscheinen des entsprechenden römischen Reskripts, die für Aufregung sorgten, gleichzeitig aber bei den „strengen Rechtgläubigen" und den Anhängern Kurt Krenns den Eindruck erweckten, der Bischof von St. Pölten sei der Einzige, der die wahre Lehre Roms weitergibt und somit klare Verhältnisse schafft. So etwa lief eine Diskussion, bei der ich eine klare Sachverhaltsdarstellung zu diesem Thema im Priesterrat der Diözese St. Pölten forderte, dem ich als Vertreter der Äbte der Diözese seit Beginn der Regierung des jetzigen Bischofs angehöre. Ich verletze die

Schweigepflicht nicht, wenn ich darauf hinweise, daß Bischof Krenn nach dieser Sitzung kein einziges Wort mehr darüber verlauten ließ.

Es ist so schade, daß so oft und so unnötig buchstäblich Porzellan zerschlagen wurde und gleichzeitig immer der Eindruck entstehen konnte: Kurt Krenn genießt das Vertrauen der Römer und ist jener in Österreich, der Recht und Ordnung in der katholischen Kirche schafft. Es begann mit der so unglücklichen Erstmaßnahme des so unerwartet und auf ungewöhnliche Art in sein Amt hineinkatapultierten Diözesanbischofs von St. Pölten, nämlich mit der schnellen Festlegung, Mädchen dürften den Dienst am Altar nicht wahrnehmen. Es darf keine Ministrantinnen geben. Ein Kommando zurück, das „vor Ort" ungeheuren Schaden anrichtete und zu einer enormen Verunsicherung beitrug! Seit Jahren hatten wir uns über die so verläßlichen und guten Dienste, die gerade die Mädchen einbrachten, gefreut. Jetzt sollten wir diese zur Gewohnheit gewordene Praxis rückgängig machen. Ich tat dieses in meiner Pfarre nicht. Auch viele Mitbrüder verweigerten die Umsetzung dieser bischöflichen Verordnung. Ganz abgesehen von dem Tatbestand, daß wir bei nur wenigen Kindern froh sein mußten, überhaupt Diener am Altar zu haben, wäre eine solche Rücknahme für jedes Kind eine nicht zu verstehende und für den Rest des Lebens irritierende Maßnahme gewesen. Zu allem aber, wenn man Rom und die römische Vorgangsweise kennt, dann weiß man, daß vieles erst im Nachhinein erlaubt wurde, weil oft wesentlich später erst eine langjährige vorausgehende Praxis als solche bestätigt wurde. Ich erinnere nur an die „deutsche Singmesse" und die Verwendung der Muttersprache in der Liturgie oder – weiter zurück geschaut, ins 15. Jahrhundert – an den bis zum Konzil von Basel verbotenen Gebrauch der Orgel (der „Königin der Instrumente"!) in der Kirche.

Entgegen der Praxis und den Rubriken sind Gesänge in deutscher Sprache bereits vor Martin Luther nachweisbar. Die „Deutsche Messe" von Franz Schubert wurde seit dem 19. Jahrhundert bei Gottesdiensten gesungen. 1954 erlaubte Papst Pius XII. in einem eigenen Motu proprio in jenen Ländern Gesänge in der Muttersprache, wo dieses guter Brauch war. Pius Parsch wurde ebenfalls in vielen seinen Einführungen erst im Zweiten Vatikanischen Konzil bestätigt. Was die Orgel anbelangt, wurde ihre Verwendung bei Gottesdiensten, Eucharistie wie Offizium, erst im Jahre 1434, eben auf dem Konzil von Basel, anerkannt. Noch 1421, bei der Visitation der Melker Reformer in St. Peter in Salzburg, wurde die Benutzung der Orgel gerügt und untersagt. Wenige Jahre später (1431) heißt es dann schon, wiederum im Zuge einer neuerlichen Visitation in St. Peter in Salzburg, man möge „secundum laudabilem consuetudinem – „nach der lobenswerten Gewohnheit“ zu Festtagen und zu gewissen Zeiten die Orgel während der Gottesdienste spielen. Das Konzil von Basel bringt also etwas in Gültigkeit und Recht, was sich über Jahrhunderte förmlich in die Kirche eingeschlichen hatte. Im Vaticanum II endlich heißt es in der Liturgie-Konstitution über die Orgel, sie sei ein Instrument, das wie kaum ein anderes die Herzen der Menschen zu Gott zu erheben vermöge.

Die hier vorgelegten Zitate kenne ich aus eigenem Quellenstudium. Es sollte auf diese Weise deutlich gemacht werden, daß man Rom und das Römische, was erlaubt oder nicht erlaubt ist, nicht nur aus dem Buchstaben, schon gar nicht nur aus Rubriken oder in kasuistischer Vorgangsweise interpretieren kann und darf. Es geht um den Geist, um Sinn und Inhalte, die natürlich in gewisse Formen, in das Sinnenfällige und -gefällige und somit in Zeichen, die über sich hinausweisen, gegossen sein müssen. Doch diese Formen ändern sich und können sich entwickeln, wie es in sehr vielen Sachverhalten nachweisbar ist.

An dieser Stelle sei auch deutlich gemacht, daß „Rom“ offenbar oft lange zuzuschauen pflegt. Wie anders sind die angeführten Beispiele – und sie könnten um sehr viel wesentlichere Punkte vermehrt und ergänzt werden – tatsächlich zu erklären? Gewiß, es mag der Machtapparat der römischen Kurie gelegentlich unbeweglich erscheinen. Zuweilen erfolgen recht schnelle Reaktionen aus Rom. Eines steht in allem sicher und außer Zweifel fest: Rom muß sich immer dann einschalten, wenn eine der zuständigen Stellen über einen Sachverhalt oder über jemanden und dessen Verhalten von außen informiert wurde. Manchmal können solche Informationen über längere Zeiträume gesammelt sein, um zum gegebenen Zeitpunkt einen gegebenenfalls notwendigen Zugriff zu ermöglichen. Dabei kann es durchaus dienlich sein, wenn persönliche Kontakte vorhanden sind und gepflegt werden. Auch die Kurialen sind Menschen, und oft kann es recht menschlich, um nicht zu sagen allzu menschlich in dieser Zentralbehörde eines – sit venia verbi, ich bitte um Nachsicht für den zwar treffenden, aber vielleicht unpassenden Ausdruck! – Milliardenunternehmens zugehen.

Selbstredend spielt dabei die Person (der „Nuntius", „der Bote", wobei ich nicht primär eine Assoziation zum jeweiligen so titulierten Vertreter des Vatikans herstellen will) eine ausschlaggebende Rolle, die eine Nachricht überbringt und nicht zuletzt auch die Tatsache, wie vermittelt wird. Die Absicht des Warum, Wie und eben Wozu muß jeder obendrein ganz allein vor Gott und seinem Gewissen verantworten. Gleichgültig ob im gottesdienstlichen Vollzug und Dienst oder in den Beziehungen zu Ämtern und Amtsträgern bis hinein in den Vatikan – ich möchte den Papst nie ausschließen – sind der Mensch und die Menschlichkeit gefordert. Somit fallen Tun und Lassen in die Kategorie menschlichen Vermögens, Versagens, auch des Unterlassens. Also derjenige, der solches so oder so umzusetzen hat, muß allemal der Mensch sein – als Papst, als Bischof, als Priester und als einfacher Katholik. Er darf nicht immer nur nach oben schielen, ob dieses oder jenes erlaubt, gerne gesehen oder gewünscht ist. Der Mensch ist herausgefordert als Person und Persönlichkeit. Gefährlich wird eine Vorgangsweise nur dann, wenn man die Methode „pars pro toto" anwendet – „einer für alle" sozusagen.

Ich möchte den Hinweis geben, daß jeder in seinem Mensch-Sein und folglich auch in seinem Dienst vor Gott und für seine Mitmenschen sich selber in seiner ganzen Charakterstruktur einbringt, davon abhängt und danach auch zu beurteilen ist. Auch hier gilt das philosophische Axiom (es stammt aus der Scholastik, jenem Denksystem, worin Kurt Krenn seine Schulung erhielt und zum Dr. phil. promovierte): „Actiones sunt suppositorum" – was einer tut, tut er immer und jeweils auf dem Hintergrund all dessen, was er ist und was ihn ausmacht. Ich erzähle gerne von dem, worin wir in Rom, wo ich fast zeitgleich mit Kurt Krenn – allerdings an verschiedenen Hochschulen bzw. Universitäten – studieren durfte (1957-1961), geprägt wurden. Oft frage ich mich freilich, warum Bischof Kurt Krenn, der zehn

Jahre lang in Rom lebte, so wenig von der römischen Art des „vivere e lasciar vivere“, des „Leben und Leben lassen“ mitbekommen hat? Liegt die Begründung eben in seiner Charakterstruktur, in seiner eigenen Geschichte, oder ist sein Handeln und Lassen tatsächlich zweckorientiert? Fühlt er sich berufen, als Vollstrecker, als Handlanger römischer Gegenbewegungen mitzuhelfen, das Rad der Geschichte zurückzudrehen? Mir kam einmal das Wort unter: „sine missione nascimur“ – „Wir werden ohne Auftrag geboren“. Hier könnte freilich vieles in eine recht schiefe Optik gelangen: Gibt es vielleicht immer noch jene, die das Konzil aus dem Innersten, aus der eigenen Veranlagung heraus stillschweigend ablehnen, noch nie seine Botschaft verstanden und angenommen haben? Ist es eventuell sogar vorstellbar, daß es, noch einmal, wenn nur die Richtigen, der Richtige ans Ruder kommen, daß ein „Kommando zurück“ erschallt? Klar, daß solche Vertreter eines Festhaltens und Beharrens im Alten, im einmal sakrosankt Scheinenden, sich finden und organisieren. Obendrein war das alte, durch das Konzil abgelegte Kirchensystem nicht nur lange erprobt und in den Herzen der Menschen, besonders der Kleriker, verankert – es war auch besser faßbar, ja, ich füge hinzu: sogar vermittelbar.

Vieles war geschickt ideologisiert: Lehrsätze, Rubriken, klare Vorgaben, Forderungen, Opfer und Vorschriften. Ohne Zweifel, dieses alles gehört auch in unsere Kirche. Aber es gab früher doch viel mehr als heute die Versuchung zu glauben, daß mit der Umsetzung dieser ideologisch durchsetzten Systeme, also mit einer gewissen Gesetzestreue – hier muß alles anklingen, was wir über und von Jesus und seine Einstellung dazu und zu den Pharisäern wissen – das Heil zu erwerben ist, wobei man sich in solcher Haltung leichter deckungsgleich fühlen konnte durch Formen, Formeln, Äußerlichkeiten, die aber mit den Inhalten korrespondierten. Obendrein, da standen nicht nur Formen, da gab es Personen, die, hoch an Würden, als Garanten gelten konnten, waren sie doch geschmückt und ausgestattet mit allem, was im Volk den Eindruck erwecken konnte, dieses alles wäre eben „von Gottes Gnaden“. Wie einfach schließlich war das alles einmal unter einem Kaiser! Solche Persönlichkeiten, solche vorbildliche, unnahbare Priestergestalten wünschen sich manche Menschen in einer Zeit zurück, in der das allzu Menschliche überall aufbricht und nichts mehr zu verbergen ist, weil es da „die böse Presse" gibt. Während das Bewußtsein, das Faktum noch viel zu wenig bekannt und präsent ist, daß auch der Priester Gott ständig dafür zu danken hat, daß „Du uns berufen hast, vor Dir zu stehen und Dir zu dienen", wie es im Kanon II heißt, weil nämlich die Wandlung nicht durch den Priester geschieht, sondern durch das Einwirken des Heiligen Geistes, den Geist Gottes!

Die damit verbundene Entmythologisierung der Person und der Funktion des Priesters und die Erkenntnis, daß dieser mit dem Volk und beim Volk, als Mensch im Kreise seiner Mitchristen vor Jesus Christus steht, diese Erkenntnis konnte sich bei vielen noch immer nicht durchsetzen; denn wiederum gilt, daß die alten Systeme offensichtlich erfahrbarer, vermittelbarer zu greifen vermochten. Obendrein ist es eine allgemeine Erfahrung: Wir Menschen schauen gerne zu Vorbildern auf. Wir brauchen sie. Doch genügt es etwa, um zu demonstrieren, wie fromm man da vorne am Altare ist, die Hände schön zu falten, ein ernstes Gesicht zur Schau zu stellen, wertvolle liturgische Kleider zu tragen?

Wenn das dann gar so weit geht, daß der Priester mittels bischöflicher Dispens, die gegeben wurde (ich spreche aus Erfahrung) den Manipel wieder am linken Unterarm zum Zeichen der Treue und Rechtgläubigkeit tragen darf – ein Kleidungsstück, in dem Andreas Jungmann, der bedeutende Erforscher des eucharistischen Geschehens („Missarum Sollemnia") ein Relikt eines Tuches erblickt, mit dem man sich einst den Schweiß von der Stirn wischen konnte, und das, weil unnötig und unsinnig, in der jetzigen Liturgiereform endlich abgeschafft wurde, wenn das Tragen eines Manipels also oder anderes und ähnliches wieder zum Kriterium strenger Rechtgläubigkeit zu werden droht, einfach weil es früher so war, auch ohne Sinn und Zweck, dann wären wir leider dort angelangt, wo wirklich Gefahr droht, es könne zu einer großflächigen Spaltung innerhalb unserer Kirche kommen.

Rückfälle passieren überall und häufig nicht zuletzt deswegen, weil manche sich bis heute nicht von den Dingen davor verabschieden konnten. Zu diesem Zwecke hätten sie natürlich einmal zuerst Ordnung in das „Museum ihrer eigenen Geschichte“ bringen müssen, um ein Wort von Martin Walser zu strapazieren. Weil solches bei manchen Zeitgenossen nicht zu gelingen scheint, weil man in Rom offenbar unter allen Umständen versucht ist, zu verhindern, daß gewisse Gruppierungen abfallen oder für Rom verloren gehen könnten, selbst solche, die sich nicht nur liturgisch aus der Mottenkiste der abgelaufenen Jahrhunderte zu bedienen belieben, weil sie aus ihrem Fundamentalismus mit Macht- und Heilsanspruch heraus offenbar nicht in der Lage sind, zwischen Schein und Sein zu unterscheiden, deshalb gibt es heute die diversen Bruderschaften, in denen die Zeit vor dem Zweiten Vatikanischen Konzil mit römischer Erlaubnis weiter existieren kann. Ob solches Dulden und Anerkennen kontraproduktiv wirkt oder den Geist der Spaltung nährt, das scheint die Verantwortlichen wenig zu interessieren. Mir fehlt das Verständnis dazu, auch wenn ich absolut für das Prinzip bin, die Einheit in der Vielfalt zu suchen und zu wahren. Mir wäre bei solchem Vorgehen wichtig, eine weitgehende Verunsicherung bei den Gläubigen zu vermeiden und zu verhindern, daß es in den Augen der Menschen die Liberalen und die Konservativen im Klerus dergestalt gibt, daß man dieses schon in der Kleidung und in liturgischen Abläufen erblicken kann.

Das Konzil unverkrampft umsetzen

Auf diesem Gebiet ist ohnedies vieles noch nicht bewältigt. Zugegebenermaßen handelt es sich dabei eigentlich vordergründig um lächerliche Kleinigkeiten, in denen aber ein anderer Geist zum Ausdruck kommt. Wiederum werden Unsicherheiten verursacht, und zwar schon bei Kindern. Ich spreche von Handkommunion und der Reichung der Hostie auf die Zunge. Was sollen Kinder denken, was empfinden sie, wenn sie von einem Religionslehrer angehalten werden, sie dürften die Kommunion nicht als Handkommunion empfangen, dieses wäre Verunehrung, während ihre Eltern und alle in der Pfarrei dies so praktizierten. Zugegeben, bei uns wurden noch weiße, leichte Hostien – Brothostien sind heute weitgehend üblich – verwendet und wir wurden angehalten, diese Hostie möglichst nicht mit den Zähnen zu berühren und zu zerkleinern. Als uns Seelsorgern in den 60er Jahren endlich die Erlaubnis zur Handkommunion erteilt wurde, ergaben sich in meiner kleinen Pfarre keinerlei Probleme, weil ich meinen Mitchristen diese Möglichkeit mit dem Hinweis darauf anbot, daß ich niemanden, den ich zu mir als Gast zu Tisch lade, die Suppe mit dem Löffel oder das Brot in seinen Mund stecken werde, ganz abgesehen davon, wie unästhetisch es für mich sei, wenn mir so viele Zungen entgegengestreckt würden: einfach das Beispiel aus dem täglichen Leben genommen! Natürlich hatte ich schon vorher und über lange Zeit meine Gemeinde in die Zusammenhänge, in Sinn und Zeichen der liturgischen Feier eingeführt. Was den Genuß der Eucharistie anbelangte, konnte ich unseren zweiten Dogmatikprofessor von St. Anselmo (Rom) zitieren, unseren Rektor, den jetzigen Kardinal Augustinus Paul Mayer, der wahrhaftig über jeden Verdacht erhaben ist, die rechte Lehre je verlassen zu haben. Er hatte uns im Rahmen seiner Vorlesung zur Sakramentenlehre aufmerksam gemacht, daß im griechischen Text der eucharistischen Wandlung, der die Aufforderung „Nehmt hin und eßt“ enthält, für „essen“ das Wort „kauen“ Verwendung findet.

Über solche Fragen entstanden in den letzten Jahren geradezu Glaubenskriege. Es gibt Vereinigungen, die den so „unwürdigen Empfang“ durch Handkommunion anprangern. Sie verschicken Rundschreiben, verteilen Flugzettel und können sich auf kirchliche Autoritäten berufen, die im wahren Glauben und in der unverfälschten Lehre stünden. So wird man als einer, der die kirchlichen Vorgaben weitergab und praktiziert, plötzlich in die Rolle eines Laxisten gedrängt, es sei denn man setzt sich zur Wehr oder weiß solche, auf dem Hintergrund sicherer Lehre eigentlich belanglose Zweitrangigkeiten zumindest im eigenen Verantwortungsfeld hinlänglich geklärt.

Gestehen wir uns also einmal ein, daß da vieles unverdaut, unerledigt, unverkraftet, verkrampft zwischen Lehre des Konzils und kirchlichem Alltag steht – ja, daß sich auch zwischen mir und dem einen oder anderen Mitbruder oder auch kirchlichen Würdenträger eine gewisse Kluft oder wenigstens eine Verunsicherung auftun konnte.

Dies deswegen, weil es immer noch solche gibt, die nicht Abschied nehmen können von Formeln, in denen der Inhalt nicht mehr angezeigt und vermittelt wird, den das Konzil festgeschrieben hatte, also nicht irgendein Konsortium, kein Parlament, sondern der Heilige Geist in der Versammlung aller Bischöfe mit dem Papst!

Derartige Verunsicherungen, hier nur an einem Detail gezeigt, können leider zu weiteren Konsequenzen führen – in der Diözese St.Pölten bis hin zu einer eigenen Ordenshochschule Blindenmarkt, die ohne Information und Kontaktaufnahme mit den diözesanen Gremien, aber mit Wissen und Wollen des Ordinarius, Bischof Krenn, errichtet werden konnte, und zwar für eine Gemeinschaft, die sich bewußt vom übrigen Klerus der Diözese absetzt und gezielt auf dem Weg zurück vor das Konzil unterwegs ist. Leicht einzusehen, daß durch solche Maßnahmen eine Spaltung innerhalb der Ortskirche droht. Wenn schließlich von den Mitgliedern dieser angesprochenen Gesellschaft, für welche sich der Ortsbischof demonstrativ einsetzt, alles zur Schau getragen wird, was wir alle als längst überwunden glaubten, dann zeigt es sich in dramatischer Deutlichkeit, daß Handlungsbedarf gegeben ist.

Die Gefahr der Ideologisierung, der vordergründigen Ritualisierung, der Rückkehr in den Fundamentalismus, des Aufbaus von Gesinnungsgemeinschaften in die eine oder andere Richtung ist gegeben. Es dürfte uns nicht einmal bis jetzt gelungen sein, die so wichtige Ausgangsbasis für die im Vaticanum angestrebte Erneuerung erreicht zu haben. Die Versuche, diesen neuen Geist zu unterlaufen, werden in diesem Pontifikat immer bedrängender, obwohl für vieles keineswegs Papst Johannes Paul II. verantwortlich ist. Er reicht beispielsweise ohne Unterschied Hand- und Mundkommunion. Wichtigtuer auf diesem Gebiet haben während heiliger Handlung Zeit und Gelegenheit, solches zu beobachten. In Hartnäckigkeit halten sich Systeme und Gewohnheiten, die kaum mehr auf ihre Sinnhaftigkeit hinterfragt werden. Sicherlich, sie konnten sich über die Generationen entwickeln. Mir kommt zum Beispiel in den Sinn, daß mir als Kind noch gesagt wurde, wer an jedem Herz-Jesu-Freitag zur Beichte und Kommunion geht, erhält die Gnade einer guten Sterbestunde. So einfach war Versicherungsdenken zu haben, ohne wissentliche und gepredigte Rückbindung in das Geschenk unserer Erlösung in Jesus Christus. Wie weit sind wir heute davon entfernt!

Aus diesen und anderen Gründen bin ich so froh, daß es jetzt eine weitgehende Einigung über die Rechtfertigungslehre geben konnte. Verständlich ist aber auch, und dies möchte ich empirisch, praktisch, menschlich-psychologisch verständlich machen, daß für viele fromme Seelen eine ganze Welt zusammenbrach. Erklärlich, daß dieser Sprung heraus aus dem vorher Angedeuteten eine gewaltige Erschütterung und ungeheuere Veränderung und Herausforderung erbringen mußte, vor allem auf dem Hintergrund jener noch viel größeren Wirklichkeit, die zu fassen in Anbetracht der Tatsache, daß alle Bezüge in die Unendlichkeit Gottes und zwar in die ewige führen und darin endigen, ein kaum zu bewältigendes Unterfangen darstellen muß. Allein der Gedanke, daß es mich schon in der Ewigkeit Gottes gibt, noch bevor ich ich selbst war, verleiht allem eine Dimension (siehe Römer, 8 „... die er vorherbestimmt hat, die hat er erlöst, die wird er auch verherrlichen"), welche auszuschöpfen dieses mein irdisches Leben allein nicht ausreichen kann. Freilich, das ist die Kraft meines Glaubens. Dieser wiederum ist ebenfalls Gnade, ist Geschenk: „fides gratia gratis data", ist „gratis", umsonst, unverdient von Gott geschenkt.

Die Erkenntnisse, die ich aus meinem Theologiestudium (1957-61, also vor dem Konzil 1962-1965) gewinnen konnte, war eine wichtige Vorbereitung für jene Revolution, die dann einsetzte und die von vielen nicht nachvollzogen werden konnte. Wir sollten uns darüber Gedanken machen, denn es muß erkennbar werden, und darin sehe ich eine meiner Zielsetzungen für dieses Buch, daß die katholische Kirche auch unter der derzeitigen Leitung mehr ist als der eine oder andere ihrer Vertreter. Dieses bleibt festzuhalten, nicht zuletzt deswegen, weil es da einen unter uns gibt, der sich so sehr auf Rom versteift. Das könnte selbst bei manchen Gutgläubigen in die falsche Richtung führen, Schaden anrichten oder irrigen Glauben bewirken. Rom ist mehr, und es ist obendrein nur verständlich „modo italiano", also unter Berücksichtigung historisch bedingter Lebensart.

Wenn ich manches unterbreite, so mögen darin lediglich meine eigenen Gedanken zum Ausdruck gelangen. Ich habe aber den Mut, dieses alles so darzulegen, selbst auf die Gefahr hin, neuerlich hart attackiert oder gar verletzt zu werden, nicht zuletzt deswegen, weil Hunderte Menschen für meine Stellungnahmen froh und dankbar waren und sind. Ganz einfach unter dem Gesichtspunkt: Gott sei Dank, auch im Klerus denkt und empfindet man so wie wir! Einer wenigstens getraut sich gegen die Ungeheuerlichkeiten aufzutreten, die unserer Kirche Schaden zufügen! Von Mitmenschen endlich, die unsere Kirche nicht aus dem Glauben heraus betrachten und gläubig erfahren können, hört man nicht selten: „Da ist alles verlogen." So hart es klingt, gerade in der hinter uns liegenden Zeit war ich des öfteren mit derartigen Aussagen konfrontiert, die sicherlich nur Eindrücke widerspiegeln. Ich war immer sehr betroffen davon. Wir alle sind daher herausgefordert, alles in unseren Kräften Stehende zu unternehmen, um Abhilfe zu schaffen, und nochmals sei auch der Gesichtspunkt in die Überlegung eingebracht: Alle diese angeführten Vorfälle und möglichen Zusammenhänge und Strategien rund um Ereignisse, wie sie die meisten Österreicher in den letzten Jahren bewegten, mittels derer offenbar ei-ne Veränderung von „gefährlichen" Entwicklungen beabsichtigt war, bezweckten nach meiner Meinung, wie schon jetzt absehbar, das genaue Gegenteil. Kurt Krenn steht somit für eine Periode der jüngsten Kirchengeschichte, in der sich sehr deutlich beweisen läßt, daß „Gott auch auf krummen Zeilen gerade schreiben kann" (Augustinus).

Man muß nur über die Tagesaktualitäten hinausschauen. Man muß nur den Finger an den Pulsschlag des Volkes legen, dann kann man, dann muß man Optimist sein, ganz abgesehen davon, daß wir Christen unverbesserliche Optimisten sein dürfen, denn wir sind das „Volk der Erlösten". In diesem Glauben und Bewußtsein darf und soll jeder von uns sich „geborgen und frei" fühlen. „Geborgen", weil wir „Vertrauen" haben dürfen in Gott. Im Griechischen besagt das Wort „Pistis" ebenso „Glauben" wie „Vertrauen". Geborgen und somit wirklich frei sein – diese Aneinanderreihung beziehe ich aus der Überschrift, die der wohl bedeutendste Moraltheologe des 20. Jahrhunderts, Bernhard Häring, über sein Buch stellte, in dem er sein Leben erzählt. In diesem Glauben bin auch ich frei und keine Marionette. Darauf baue und vertraue ich. Ich fühle mich darin gerade in all dem bestärkt, was bis jetzt so negativ, für die Kirche so abträglich klingen mochte. Denn jetzt ist gelungen, worin die Bewegung, die vom Konzil ausgegangen war, zunächst Einbrüche erleiden mußte, daß nämlich die Menschen an der „Kirchenbasis" mobilisiert wurden. Noch nie wurde so viel über die Kirche im Alltag und in allen Medien gesprochen und berichtet wie jetzt. Noch nie sind wir dem Sachverhalt so nahe gekommen, leider „per viam negativam", auf meist „ungute Weise", das zu trennen ist zwischen Person und Amt. Genau dieses ist aber eine der wichtigsten Voraussetzungen, damit wir alle uns als das Volk Gottes, als das Volk der Erlösten fühlen können. Diese Form der Demokratisierung, die aus der „Dynamis", der Kraft, die wir dem Geistwirken verdanken, dieses dynamische Aktivwerden aller Getauften ist die Voraussetzung, daß der Altar die wirkliche Mitte jeder Kirchengemeinschaft sein kann. So kann dann „communio" geschehen, jener Austausch erfolgen, in dem wir Menschen Brot, „die Frucht des Weinstocks und der menschlichen Arbeit", und Wein, „die Frucht der Erde und der menschlichen Arbeit" zum Altar, dem Symbol für Christus, bringen, um beschenkt und gewandelt zu werden durch „das Brot des Lebens" und durch „den Kelch des Heils", indem – es sei wiederholt – wir kommunizieren, ein heiliger Austausch entstehen kann durch das Wirken des Heiligen Geistes, der vor der Wandlung auf unsere Gaben herabgerufen wird. Durch seine Kraft erfolgt Wandlung, nicht durch einen Menschen.

Wenn also in allem, was wir aus dem Glauben tun, die größeren, die eigentlichen Dimensionen ersichtlich, vorstellbar und wirksam werden, dann dürfte es eigentlich leicht fallen, den Part des einzelnen Menschen bei solchen Handlungen zu relativieren. Auch die Hierarchen (das sind die Teilhaber an der Hierarchie) werden somit in Reih und Glied genommen, was schließlich in der Versetzung der Altäre ebenfalls beredten Ausdruck finden sollte. „Hochwürden" verläßt den Hochaltar, wo er bis zu diesem Zeitpunkt meist erhoben – auf niedrigerer Stufe die Meßdiener –, mit dem Rücken zum Volk gewendet in einer fremden, obendrein nicht mehr gesprochenen Sprache zelebrierte. Vieles wurde zusätzlich, für das gläubige Volk im Kirchenschiff unvernehmbar, vorgetragen, jedoch „labialiter" – indem der Priester fast tonlos die Lippen zu bewegen hatte. Gut, die weitaus überwiegende Mehrheit der Zuhörer hätte ohnedies die Inhalte dieser Texte nicht verstanden. Die Gläubigen sangen zum Hochgebet beispielsweise meist deutsche Lieder, was ebenfalls, wie oben erwähnt, erst 1954, weil lange schon üblich, offiziell erlaubt wurde. Die lateinische Messe war schon als Ganzes lateinisch zu feiern, ebenso auch in ihren Gesängen. Da war ohnedies der Kirchenchor, im Idealfall ein Knabenchor (Sixtina, bis zu Beginn unseres Jahrhunderts durch Kastraten verstärkt). Aus den Wandlungsworten „Hoc est enim corpus meum“ wurde ein „Hokus-pokus“.

Ob wir uns all dieser Tatsachen noch bewußt sind? Manche schwelgen bis heute in Nostalgie, wie schön die lateinischen Messen doch waren! Richtig, man konnte gut für sich und all die Lieben in allen Nöten und Sehnsüchten beten, vor allem wenn da alles paßte und einen die Stimmung danach überkam. Was war da Inhalt? Gab es einen Mitvollzug? Von einer „participatio actuosa“ ganz zu schweigen. Spätestens an diesem Punkt muß uns doch deutlich werden, welcher Wandel durch das Konzil eingeleitet wurde und daß es nicht genügen konnte, die Menschen aus der gewohnten Rührseligkeit der sonntäglichen „Deutschen Messe“ von Schubert in ein neues Kirchen- und Selbstverständnis hineinzukatapultieren – nach dem Motto: „Hochaltar raus, Volksaltar rein!“ (letzterer ohnedies meist nur ein in aller Schnelle beigeschaffter „Waschtisch“). Wir stehen vielerorts erst an einem Anfang jener Zuwendung zum Volk, jener Rückführung in das Kirchenverständnis, wie es in der Apostelgeschichte grundgelegt ist und von den Christen lange Zeit im gemeinsamen „Brotbrechen“ praktiziert wurde. Das „aggiornamento“ war kaum begonnen, Papst Johannes XXIII. hatte die Fenster noch nicht weit genug öffnen können, um frische Luft in das alte Gemäuer der Kirche einströmen zu lassen, da gab es schon einerseits Ewig-Gestrige, die sich nicht umstellen konnten oder wollten, andererseits gingen viele über das Ziel hinaus. In jedem Fall hatte, um es bildlich zu sagen, das Volk die Zeche zu zahlen. Es wurde auf weite Strecken hin verabsäumt, die Reform des Konzils nicht nur über den Intellekt zu den Menschen, den schlicht Glaubenden zu bringen, sondern die neuen und erneuerten Formen gerade in der Liturgie in den Herzen des Volkes Gottes warm werden und wachsen zu lassen. Der Wechsel zum

Volksaltar hin beinhaltet wesentlich mehr als nur das Umrücken eines Tisches.

Wenn es tatsächlich stimmen sollte, daß dem zur Probe in der Kapelle des Germanikums in Rom aufgestellten, aus Holz gebauten Volksaltar schon in der ersten Nacht durch einen der Studenten ein Bein abgesägt wurde, dann wird der mittlerweile zu hohen kirchlichen Würden Gelangte einfach aus seinem So-Sein heraus nie ein konsequenter Anhänger des Konzils sein können, zumindest nicht was die grundlegenden Veränderungen für die Liturgie anbelangt. Die Liturgie aber ist die Theologie des Volkes, nach dem Grundsatz „lex orandi lex credendi – „das Gesetz, die Art zu beten, ist die Weise, auch zu glauben".

Zugegeben, es sind viele und große Fehler in der Umsetzung des Konzils passiert. Oder anders gesagt: Wir sind erst jetzt dabei, jenen Impuls aufzugreifen, der auf uns alle durch das Wirken des Heiligen Geistes vom Konzil ausgegangen ist, um ihn in die erd- und menschenbezogene Wirklichkeit, in das für uns Erfahrbare umsetzen zu können. Schade ist leider nur, daß es immer noch viele unter uns gibt, die ihre Mitmenschen verunsichern, indem sie zwar „Konzil" sagen, aber nur das aus diesen Texten entnehmen, was in ihre Richtung paßt. Schön formuliert es Bernhard Schlink in seinem Roman „Der Vorleser": „Die Schichten unseres Lebens ruhen so dicht aufeinander auf, daß uns im Späteren immer Früheres begegnet, nicht als Abgetanes und Erledigtes, sondern gegenwärtig und lebendig." Wer also, wieder sei mir, bitte, das Wort verziehen, das Bild jedoch angenommen, wer so konstruiert, strukturiert ist, daß ihn „Sehnsucht und Heimweh von damals" (Schlink) überfällt, der lebt ein Jahrhundert zu spät.

Ich möchte einmal klar festhalten: Ich schreibe nicht als Antiklerikaler, obzwar manche in der Tat behaupten, die größten Antiklerikalisten befänden sich im Klerus selbst. Ich kann es nachempfinden, die Versuchung hiezu ist groß. Ich bin ihr nie erlegen. Ich möchte vielmehr Mensch und Kleriker sein, die wichtigste Voraussetzung überhaupt, das Teilhaben an der Erlösung im Menschen Jesus Christus den Mitmenschen zugänglich zu machen und dem „Werk der Erlösung" zu dienen. Ich erinnere mich gerne an eine Grabplatte für einen auf einem Kärntner Friedhof beerdigten Pfarrer, dessen Namen ich längst vergaß, von dem aber dort gerühmt wurde: „Er war ein Priester und ein Mensch zugleich." Schön, wenn einem, der im Dienst einer Ortskirche stand, über das Grab hinaus solches nachgesagt werden kann!

Im Gegensatz dazu läßt sich feststellen: Indem römische Behörden in ihrem durch Zwang versuchten Rückweg hinter das Konzil zum Teil geradezu mit Schande (siehe Groer) gescheitert sind, eingestanden oder nicht eingestanden, wurde jetzt so richtig die Bahn geebnet, die Sicht frei gemacht zu Inhalten, die viel schöner und größer sind, als sie alle Paragraphen dieser Welt einzufangen vermögen. Niemand kann sich mehr einer solchen Entfaltung des ureigenen Wesens der Kirche auf Dauer in den Weg stellen, auch nicht römische Taktiker. Jetzt ist der Beweis dafür erbracht, daß man in Rom irren kann. Deshalb gilt nun endgültig, und wir müssen uns dies täglich neu sagen und wir dürfen und müssen es ins Werk umsetzen: Wir, das Volk Gottes bevölkern das Reich Gottes, nicht etwa nur die Priesterschaft, die Hierarchie, wie es einmal im alten Katechismus geschrieben stand! Kein Wunder daher, wenn Ältere Probleme mit solchen Schriften haben. Wir Kleriker, sollten wir solches vertreten, laufen ganz im Gegenteil schlicht Gefahr, in unserem Dünkel einmal das zu erfahren, was die alten Ikonenmaler mit den Leitern meinten, die sie in den Himmel stellten und von denen herab sie Kleriker, Priester, Bischöfe, auch Mönche in die Abgründe ihres Nichts stürzen ließen, selbstredend nur im Bilde (siehe Katharinenkloster, im Nartex der Kirche).

Die Zeit nach Krenn hat schon begonnen

Es mag Zeiten geben, in denen es anscheinend einer „Geißel Gottes" bedarf, um das Volk Gottes voranzubringen. Ein Signal steht für mich unverrückbar: Die Zeit nach Krenn und Co. ist schon angebrochen! Ich möchte aber auch festhalten: Indem Bischof Krenn seinen ihm zukommenden Part spielt, und darin wurde er wohl nur zu einem Instrument, hat er auch Gutes bewirkt und uns zu wichtigen Einsichten gebracht, wenngleich sie als solche von ihm ganz und gar nicht beabsichtigt waren. Ich nehme ihn als Mensch mit Respekt an und weiß sogar, daß ihn sehr viel Menschliches auszeichnet und ihn für Freunde und Gefolgsleute durchaus liebenswert macht. Als „Kumpanei", also zweckorientiert, wurde dieses Verhalten allerdings in einer großen Tageszeitung bezeichnet. Als Bischof freilich hat Kurt Krenn viele brave Schäflein aus dem Stall der Kirche Österreichs vertrieben, so wie ihn der Karikaturist einer Zeitung zeichnete, den Bischofsstab wie eine Peitsche schwingend. Ob er sich dessen bewußt wird? Handelt er unter der Last der Verantwortung als Bischof oder kann er nicht anders? Solche und ähnliche Fragen müssen notgedrungen unbeantwortet stehen bleiben. Erschreckend viele kehrten ihrer Kirche den Rücken, und von vielen weiß ich, daß sie sich schon öfter mit dem Gedanken trugen, demonstrativ die Kirche zu verlassen – zumindest für die Zeit, während der Kurt Krenn als Bischof tätig ist, ganz besonders aber für den Fall, daß ihm ein weiterer Schritt nach oben gelingen sollte, wie es nach Meinung mancher Kenner der Szene seine Absicht sein dürfte, nämlich zum Erzbischof von Wien bestellt zu werden. Kardinal Schönborn sieht man in solchen Spekulationen nach Rom berufen.

Sendungsbewußtsein und Selbstsicherheit müssen Bischof Krenn allemal auszeichnen. Wie sonst wäre es denkbar, daß nach Veröffentlichung der jüngsten Statistik des sonntäglichen Kirchenbesuchs in Österreich von ihm der Vorschlag in die Öffentlichkeit gebracht wurde, man müsse nun endgültig die Bischofskonferenz auflösen, um jedem Diözesanbischof die Handlungsfreiheit im eigenen Bereich zu ermöglichen, je nach Maßgabe der Dinge selbst über geeignete Verordnungen verfügen zu können, die eine Verbesserung herbeiführen könnten. Kommt niemand auf die Idee, den Ursachen nachzugehen? Sind nur „die schlechten Zeiten" schuld? Ich weiß als Pfarrer, der im 37. Jahr jetzt in einer Kleinstpfarre auf dem Land (Eibenstein bei Geras) seine Dienste einbringt und die Menschen gut kennt, daß die Causa Groer eine Verringerung der Mitfeier des Sonntagsgottesdienstes um rund 20 Prozent zur Folge hatte. Bis zu diesem Zeitpunkt konnte man bei ehrlicher Meinungsäußerung als Seelsorger den Mitchristen noch manches verständlich machen, konnte manches abwenden, indem man sich dazu bekannte, etwa die Ministrantinnen, trotz gegenteiliger bischöflicher Weisung in ihren Diensten zu belassen. Bis zur Causa Groer wurde uns allen in Summe noch Glauben und Vertrauen entgegengebracht. Die Enthüllungen im Zusammenhang mit dem damaligen Wiener Erzbischof und Kardinal Hans Hermann Groer, dem glühenden Marienverehrer und Promotor der Legio Mariens in Österreich, dem entschiedenen Verfechter einer strengen Handhabung aller Gebote und Verbote (sein einstiger Zögling Hartmann erhob seine Anschuldigungen erst nach einem Fastenhirtenbrief, in welchem Groer die Homo-sexualität angeprangert hatte), sie brachten schließlich den Dammbruch. Kein Zweifel und aus der Sicht der von den Opfern öffentlich dargelegten Tatbestände, daß dieses alles zu einem noch größeren Schaden bei jenem Sakrament führen mußte, mit dem ohnedies sehr viele von uns seit langem schon Probleme hatten, beim Sakrament der Sündenvergebung, der Buße. Nun ist es an der Zeit, nach so aufwendiger, oft bewußt abschweifender Einführung zur berechtigten Frage Stellung zu beziehen nach dem „Schreiber dieses“, um eine Formulierung des von mir geschätzten Komponisten Gottfried von Einem zu benutzen. Wie und weshalb erdreistet sich da einer, ein solches Buch der Öffentlichkeit, und zwar Freund wie Feind unserer Kirche, zu übergeben? Noch dazu einer aus den eigenen Reihen! Gleichzeitig sei im Folgenden auch die Antwort auf die Frage geboten.

Warum nicht Groer & Co?

Ich schreibe, weil es mich drängt und weil ich selbst, wie angedeutet, im vordersten Schützengraben stehe und die Not, den Ärger der Menschen und den Autoritätsverlust kenne, der unsere gesamte Kirche und ihren Auftrag zur Heilsvermittlung trifft und sie weitgehend in ihrer Glaubwürdigkeit förmlich lähmt. Dies führt schon jetzt zu einer katastrophalen Beeinträchtigung vor allem für junge Menschen und somit für die nachfolgenden Generationen und unsere eigene Zukunft. Zweitens will ich ehrlichen Herzens mithelfen, weiteren Schaden auf meine Weise hintan zu halten. Mögen bis hierher meine wichtigsten Thesen in diesem Buch fast befreiend optimistisch klingen, um zu signalisieren: Da gibt es auch positive Seiten dieser unserer Situation in der Kirche! Es kommt ganz sicher eine andere Zeit! In Wirklichkeit fühle ich mich mit allen meinen Empfindungen und Kräften mitverantwortlich und kann nicht untätig zusehen, wie förmlich mutwillig das Verlangen, das Bedürfnis, die Sehnsucht der Menschen nach Spiritualität mißachtet und die Frohbotschaft zu einer Drohbotschaft degradiert wird. Nicht die Schlechtigkeit und Sündhaftigkeit der Menschheit – sie war wohl nie größer oder kleiner, nur unsere Möglichkeiten und folglich Gefahren sowie Gefährdungen sind um vieles angewachsen – noch die zu verkündende und zu vermittelnde Frohbotschaft sind schuld, nicht einmal das Anforderungsprofil für uns als Christen, das ebenfalls Gegenstand unserer Verkündigung und unseres Lebens sein muß, schrecken die Menschen grundsätzlich ab. Nein, an dem allzu Menschlichen droht vieles zu scheitern! Dieses ist nicht nur schräge Optik, sondern schlicht und einfach unverzeihlich.

Deshalb fühle ich mich gedrängt, meinem Gewissen folgend meinen Beitrag zu leisten, der hoffentlich eine Bewegung in Gang setzt, Dialog hin oder her, daß wir uns nämlich alle zusammentun müssen, im Interesse unserer gesamten Gesellschaft, deren wichtiger und fester Bestandteil die Kirche in Österreich zu allen Zeiten war und bleiben wird. „Das Gemeinsame vor das Trennende zu stellen" – ich zitiere Augustinus – und das uns Einende zu suchen sei jedem Aufgabe, damit darin ein „vinculum caritatis", ein Bindeglied, ein Funke der unendlichen Liebe Gottes erfahrbar wird. Erst dann sehe ich die Chance für den so lange erfolglos strapazierten echten Dialog über wichtige, im Augenblick als Kontroversthemen behandelte Sachverhalte, in denen mögliche Veränderungen von Altgewohntem und durch kirchliches Recht Fixiertem zur Sprache kommen sollten. In solch brüderlich und schwesterlich geführten Gesprächen sollten durchaus die Perspektiven für die Zukunft unserer Kirche wenigstens formuliert werden können. Rom und die Kirchenleitung wären auf Dauer schlecht beraten, wollte man nicht auf die Meinung auch von „ganz unten" hören. In einer Zeit, in der jeder von uns als Demokrat in Freiheit zu entscheiden gelernt hat und bereit ist, Mitverantwortung zu tragen, da kann selbst das Volk Gottes, die Kirche nicht nur von oben nach unten gelenkt werden.

In solcher Vorgangsweise sehe ich kein einziges Dogma in Frage gestellt. Es geht lediglich um die Weitergabe dessen, was uns in und durch die Fleischwerdung des Sohnes Gottes, unseres Herrn Jesus Christus, anvertraut wurde. „Und das Wort ist Fleisch geworden" – „kai o logos sarx egeneto" – heißt es im Prolog zum Johannesevangelium. Wir wiederholen diese mir zum Schüsselwort gewordene Wahrheit täglich im „Engel des Herrn". In einer seiner für uns Theologiestudenten so fesselnden Vorlesungen rief unser Dogmatikprofessor Cypriano Vaggagini am Pontificio Ateneo di Sant' Anselmo in Rom, in Weiterführung dieses Wortes und in Auslegung des Sachverhalts Kirche als den fortlebenden Leib Christi („corpus Christi mysticum") laut in den Hörsaal (Vorlesungssprache war Latein): „Lex incarnationis." Er wollte damit verständlich machen, wie Christus in seiner Kirche lebt und weiterwirkt, nämlich in und durch die Gesetzmäßigkeit, in Fortführung dieser Fleischwerdung unseres Herrn Jesus in allen Gliedern seiner Kirche, das heißt durch jeden von uns. Cyprian Vaggagini war später auf dem Konzil der Peritus (theologische Berater) für Kardinal Lercaro, so wie Karl Rahner, Josef Ratzinger und Hans Küng ebenfalls als Berater für deutsche und österreichische Bischöfe fungierten.

Ein dritter Grund, weshalb ich mich der Mühe unterziehe und mich getraue, meine Gedanken einer breiten Öffentlichkeit vorzulegen, besteht darin, daß mich sehr viele Menschen ersuchten, meine Meinung weiterhin so ungeschminkt und ehrlich öffentlich zu vertreten, wie dies schon bisher in meinen Reaktionen aus jeweils gegebenem Anlaß geschehen war. Viele bedankten sich bei mir. Wenn ich weiter oben von Beschimpfungen sprach, dann machen diese nur einen Bruchteil jener Briefe und Reaktionen aus, die positiv waren. Ein Argument ist dabei in meinen Augen ganz besonders ausschlaggebend: Viele Väter und Mütter beteuerten mir gegenüber, ich wäre einer der wenigen „Vertreter dieser Kirche“, in denen ihre Töchter und Söhne, die Jugend insgesamt noch Leitbilder für sich erkennen könnten.

Der Jugend sei daher dieses Buch gewidmet. Die jungen Menschen sind für Offenlegung, verstehen und verkraften dies mehr als die Älteren, die sich noch weitgehend an ein traditionelles Bild von Christentum gebunden fühlen. Gemeinsam sind wir stark. Daher sei versucht, manches aus dem Weg zu räumen oder einzubekennen, auch wenn es schwer fällt, was uns da hindert auf dem Wege in jene Wirklichkeit der Kirche, wie sie der Heilige Geist im Beten, Ringen und Wagen und in der Menschlichkeit eines Papstes Johannes XXIII. und der mehr als 2000 Konzilsväter aus der ganzen Welt für das neue Jahrtausend offenbart, vorgezeichnet und uns geschenkt und anvertraut hat.

Ich schreibe natürlich als Mensch mit meinem ganzen So-Sein und versuche, meine Gedanken ehrlich darzulegen, wohl wissend, daß mein Unterfangen mir Unannehmlichkeiten einbringen kann, nach dem Motto: „Mut zeiget auch der Mameluk, Gehorsam ist des Christen Schmuck.“ Doch kann man, darf man einfach zu- oder wegschauen? Hat uns nicht allen Papst Johannes Paul II. in Salzburg 1998 zugerufen: „Auftreten, nicht austreten!“ Von mündigen Christen war zu früheren Zeiten, schon vor dem Konzil einmal die Rede. Jetzt ist die Zeit reif, die Zustände erfordern es! Ich bin fest überzeugt, daß die vielen Diskussionen, die Erfahrung, wie sehr eben Rom in seinen Bremsmanövern gescheitert ist, das Kirchenvolk erst so richtig in Bewegung bringt! Nun bilde ich mir nicht ein, ich wäre besonders befugt oder befähigt, meine Gedanken oder gar Vorschläge darzulegen und zu unterbreiten. Ich halte mich auch nicht für genügend kompetent noch unmittelbar zuständig. Ich weiß mich lediglich als Christenmensch eingebunden in das Kirchenvolk. Daß ich meine Stimme aber auch als Abt des Stiftes Geras erhob, das vermittelte vielen Mitmenschen Mut und die Überzeugung. „Die da sind wenigstens nicht alle so wie....“ Was mich wirklich zu solchem Tun ermutigt, ist die Tatsache, daß ich unter verschiedenen Gesichtspunkten mittlerweile seit Jahrzehnten in der Praxis der Seelsorge stehe, im Wirtschafsleben meines Stiftes Härte und Risiko des persönlichen Einsatzes kenne sowie dafür gerade stehe, und schließlich daß sich mit sehr vielen Menschen Gespräche und Kontakte ergaben – zu Studenten durch meine Lehrtätigkeit an der Wiener Universität, mit zahlreichen, uns seit Jahren treu verbundenen Gästen im Kunst- und Bildungszentrum Stift Geras, auf Burg Feistritz a. W. oder im Fastenzentrum Pernegg und schließlich mit den sehr vielen Menschen, die sich durch mein Auftreten in den Auseinandersetzungen der letzten Jahre angesprochen fühlten.

Vielleicht sollte ich an dieser Stelle darlegen, weshalb es zu diesen überhaupt kam. Schon zu Beginn der Amtszeit von Kurt Krenn versuchten Journalisten mich medial zu einem gewissen Gegenpol aufzubauen. Da überschlugen sich die vielen Negativmeldungen. Meine Vorgabe lautete: „Er ist unser Bischof. Wir werden ihm in aller Offenheit und Bereitschaft begegnen." Es war schwer einzuhalten. Als es sich bald zeigte, daß massive Kirchenaustritte erfolgten, ließ ich mich ein einziges Mal zu der Bemerkung hinreißen, der Herr Bischof möge bedenken, daß vom Kirchenbeitrag nicht nur die Gehälter, seines wie meines als Pfarrer, zu bezahlen sind, uns also jeder Beitragswillige und -zahlende wichtig sein sollte, sondern daß mit diesen Geldern auch unsere Kirchen und somit wertvolles Kulturgut zu erhalten ist. Die Reaktion erfolgte postwendend: Ich solle mich um meine eigenen Angelegenheiten kümmern. Es gäbe da ohnedies Probleme genug. Derartige Tiefschläge ins Ungewisse, die gleichzeitig Verdächtigungen nähren konnten, trübten bald das bis zu diesem Zeitpunkt sehr gute Verhältnis zum Amtsvorgänger und dem bischöflichen Ordinariat in St. Pölten. Immer wieder hätte es Anlässe gegeben, Stellung zu beziehen. Ich weiß, daß ich zu einem gewissen Zeitpunkt schlicht glücklich war, mich allen Anfragen seitens des Fernsehens und der Medien durch Urlaub und Flug ins Ausland entziehen zu können. In weiterer Folge hatte man dann in den Redaktionen offenbar zur Kenntnis genommen, daß ich mich nicht zu einem Widerpart aufbauen ließ. Obendrein verlagerte sich zusehends die Front nach Paudorf. Zugegeben, ich war nicht immer recht glücklich über Art und Weise dieser Auseinandersetzungen.

1995 brach dann die Groer-Krise aus. Im ORF brauchte man dringend jemanden aus dem Kreis der Bischöfe oder wenigstens den für Pater Hermann zuständigen Abt, der in der TV-Sendung „Zur Sache" Stellung beziehen konnte. Der Abt von Göttweig war dienstlich im Ausland, von den Bischöfen bis hin zu Auxiliarbischof Laun war keiner bereit, dafür ins Fernsehen zu gehen. So wurde ich gleichsam bedrängt. Ich sagte zu, in der festen Überzeugung, es käme einem Verrat gleich, hätte niemand die Courage, zu diesem Zeitpunkt in die Arena zu steigen. Doch ich hatte tatsächlich keine Ahnung von all dem, was dann sofort Pater Udo Fischer vor laufender Kamera über seinen Mitbruder und ehemaligen Lehrer, auch seiner Bezugsperson und Primizprediger Pater Hans Hermann Groer erzählte. Ich wußte nichts davon und hielt es schlicht für unmöglich. Ja, damals war ich noch der Meinung, Pater Udo hätte diese Schmutzwäsche im eigenen Haus waschen sollen. Diskussionsleiter Peter Rabl war schließlich für meine abschließende Bemerkung: „Ich würde klagen" recht dankbar.

Die weiteren Ereignisse und Abläufe sind bekannt. Wichtig zu erwähnen bleibt nur noch die Eskalation des Schlagabtausches zwischen Bischof Krenn und Pater Udo Fischer. Ich komme später darauf zurück. Diese Klarstellungen sind Teil meines Versuchs, etwas zur Bereinigung einer in meinen Augen unerträglichen Situation beizutragen. Schon vor und zu diesem Zeitpunkt konnte man aus St. Pölten die Androhung hören, es komme zu einem Absetzungsverfahren gegen den beliebten und engagierten Seelsorger von Paudorf. Sechs Jahre lang stand diese Androhung im Raum, wurde gelegentlich wiederholt, nie aber umgesetzt. Erst am Vorabend zu jener päpstlichen Visitation, von der man damals noch erwartete, Rom müßte an einer Klärung der peinlichen, weit über Österreich hinaus heiß diskutierten Enthüllungen dringend interessiert sein, just drei Tage vor Eintreffen der Visitatoren wurde die sechs Jahre lang angekündigte Amtsenthebung Pater Udos in die Tat umgesetzt. Da die sie begleitenden Interviews, in denen Bischof Kurt Krenn via Radio und Fernsehen diese Nachricht in Umlauf brachte, ganz offensichtlich gezielt und überlegt und in förmlich menschenverachtender Form gegeben wurden, da packte mich endgültig die Wut: Ich wollte und mußte handeln! Die Art und Weise, der Zeitpunkt und vor allem auch die ganz offensichtliche Einmischung in ein schwebendes Verfahren, dieses alles bedeutete zugleich einen Zugriff in die Autonomie eines Stiftes, der Orden überhaupt, die als Orden (und jeder von uns als Ordensangehöriger) dem Bischof nicht unterstehen.

Pater Udo als Pfarrer von Paudorf und jeder von uns als Pfarrer oder in anderer diözesaner Funktion unterstehen der Jurisdiktion des Bischofs. In einer Stiftspfarrei allerdings wie Paudorf – Österreich ist das einzige Land, in dem es die inkorporierten Stiftspfarreien aus Tradition gibt, das neue Kirchenrecht aus dem Jahr 1983 sieht solche Zuständigkeiten nicht mehr vor – wird meist ein Angehöriger des jeweiligen Klosters für dieses sein Amt als Pfarrer, und zwar vom eigenen Oberen, also vom Abt, dem Bischof zur Bestellung präsentiert. In Rücksprache zwischen den beiden kann ein Pfarrer vom Bischof auch abgesetzt werden. In dem Augenblick, dem ungünstigsten oder aber entscheidendsten – es hängt vom Standpunkt der Betrachtung ab –, in dem Pater Udo unter größtem Medienwirbel aus Paudorf hätte gehen müssen, fühlte ich mich absolut als Mensch und Abt verpflichtet, meine Stimme zu erheben. Ich war darin mit dem Vorsitzenden der niederösterreichischen Äbtekonferenz, Propst Maximilian Fürnsinn, abgesprochen, der kurz nach mir öffentlich zu dieser Aktion des Bischofs von St. Pölten Stellung bezog. Der Rest ist bekannt.

Die Rolle der Bischöfe und des Nuntius

Warum ich darauf zu sprechen komme? Weil auch in dieser Vorgangsweise Strategie steckt, eine Strategie, die schon viel früher eingesetzt hatte. Dafür ist etwas weiter auszuholen. Bevor Hans Hermann Groer im Vatikan zum Erzbischof von Wien bestellt worden war, muß ein anderes Dokument bereits vier Tage lang die Unterschrift des Papstes getragen haben, mit dem Kurt Krenn zum Erzbischof für Wien ernannt worden war. Dieser Sachverhalt wird kolportiert, und zwar von Männern, die ihr Wissen normalerweise aus gut informierten Quellen beziehen. Für die nachfolgende Entwicklung in dieser Angelegenheit, die vieles in ein neues Licht rückt, gibt es zwei unterschiedliche Versionen: In der einen heißt es, daß Kardinal König gegen einen solchen Nachfolger Einspruch erhoben hätte und sich direkt an den Papst, also wohl an Nuntius und römischer Kurie vorbei, mit der Bitte wendete, die Ernennung von Kurt Krenn als Erzbischof von Wien rückgängig zu machen. In der zweiten Version soll Kardinal Ratzinger, der Krenn als Kollege von der Universität Regensburg her hinlänglich kannte, interveniert haben.

Wie dem auch immer, es war plötzlich die Notwendigkeit für Rom entstanden, in der Eile einen anderen Kandidaten für diese wichtige Besetzung zu finden. Bis jetzt war es meist der Nuntius, der eine Liste für Bischofsernennungen nach gewissen Rückfragen zusammenstellt und nach Rom weiterleitet. Nun ist aber bekannt, daß es gerade in der Nachfolge für Kardinal König bei einigen offenbar einflußreichen Persönlichkeiten Österreichs die Meinung gab, man müsse jemanden für den erzbischöflichen Stuhl in Wien vorschlagen, unter dem eine gewisse Kurskorrektur möglich werden sollte, auch im Hinblick auf die Haltung einer solchen Persönlichkeit zu Politik, Fristenlösung und anderes. Ein „Hardliner" war mehr oder minder gefragt. Wenn nun Krenn ausfiel, dürfte man sich in Rom oder in der Nuntiatur in Wien einer Persönlichkeit erinnert haben, die zumindest als gut marianisch bekannt war, ganz besonders durch die Monatswallfahrten in Roggendorf bei Hollabrunn, wohin des öfteren auch Bischöfe aus Polen geladen waren. Das war der nachmalige Kardinal Hans Hermann Groer, als Benediktiner zugehörig zum Stift Göttweig.

Natürlich hätte der Auserwählte selbst seine Einwilligung verweigern können. Zu keinem kirchlichen Dienst oder Amt wird man auch unter den derzeitigen kirchlichen Gegebenheiten je gezwungen. Immer wird man dazu aufgerufen, eingeladen und befragt. Jeder von uns spricht immer neu, im jeweiligen Augenblick einer Übernahme eines entsprechenden verantwortungsvollen Dienstes in und für die Kirche sein „Adsum" – „ich bin bereit". Wenigstens darin besteht die Freiheit des einzelnen, einzuwilligen, sich zu Höherem berufen zu wissen oder schlicht nein zu sagen und aus wichtigen Gründen, die nicht einzubekennen sind, abzulehnen. Der Auszug des späteren Erzbischofs Jachym aus dem schon begonnenen Weihegottesdienst im

Wiener Stephansdom dürfte noch in Erinnerung sein. In keinem Fall besteht hierin Gehorsamspflicht. Jedermann kann sich freilich vorstellen, welche Versuchung darin liegt, auch unter einem gewissen Sendungsbewußtsein, zu solchen Ehren und Würden kommen zu können. Bei Erzbischof Groer wäre es wohl dringend nötig gewesen, gründlicher die Recherchen durchzuführen. Ich berichte über diese Vorfälle, wie immer sie im letzten passierten, nur deswegen, weil gerade an diesen Vorgängen mit Brisanz deutlich wird, wie wichtig es für die Zukunft der Kirche sein muß, ein Mitspracherecht des Volkes bei Bischofsernennungen einzufordern. Es sollten die Namen wenigstens der zur Auswahl vorgeschlagenen Kandidaten im vorhinein mitgeteilt werden und ein „Hearing“ darüber stattfinden. Wien müßte doch im Vatikan eine absolute und unumgängliche Lehre sein! Was wäre uns erspart geblieben!

Auf der anderen Seite vermisse ich den gezielten Einsatz jener lang gedienten Bischöfe, die ihre Altersgrenze nahen sehen und nicht Vorsorge treffen für einen Nachfolger. Dies mit allem Nachdruck und ganz energisch bei Nuntius und den römischen Behörden! Gewiß, ich gebe zu, daß man sich früher weitgehend darauf verlassen konnte, daß „Rom“ bemüht war, den besten und bestgeeigneten Kandidaten für die jeweilige Diözese auszusuchen. Vielleicht früher. Doch wie und was passierte etwa in St. Pölten? Bischof Žak vertraute im guten Glauben auf die eben Genannten, machte nur eine einzige Einschränkung: Jeder Kandidat wäre ihm recht, nur einer nicht, der damals schon als Weihbischof in Wien seines Amtes waltende Kurt Krenn. Man ließ Žak im guten Glauben. Aus Rundfunk und Presse mußte Bischof Zak, der 30 Jahre sehr verantwortungsbewußt und auf wunderbare Weise der Last seines Amtes gerecht zu werden bemüht war, erfahren, daß man ihn hinters Licht geführt hatte. War auch der Herr Nuntius, der die obige Versicherung abgegeben hatte, übergangen worden? Hat der Papst selbst eingegriffen oder sein so mächtiger Sekretär oder konnte sich eine andere „Seilschaft“ freuen, ihren Mann durchgebracht zu haben? Die Antworten müssen offen bleiben. Ich schreibe trotzdem darüber, denn ich baue darauf, daß man auch in Rom bereit ist, aus Fehlern zu lernen.

Hier ist in jedem Fall Handlungsbedarf. Aber trifft nicht auch uns alle eine gewisse Mitverantwortung? Sind wir nicht immer noch viel zu Rom-hörig? Zu devot oder auch zu feige? Ich möchte in diesem Zusammenhang ganz gezielt jene im jetzigen Episkopat Österreichs ansprechen, die sich der Gunst des Heiligen Vaters und anderer hochgestellter Verantwortlicher in den vatikanischen Behörden erfreuen dürfen. Wir alle hatten doch auf dem Höhepunkt der so dramatisch eskalierten Causa Groer, als dieser selbst in die Verbannung geschickt worden war, damit es ja bei einem denkbaren Zusammentreffen zwischen Papst und Hans Hermann Groer zu keinem Eklat kommen konnte, wir alle hofften bis zuletzt, es werde ein klärendes Wort des Papstes zur Lage in Österreich geben. In Bezug auf Groer gab es nur die öffentliche Erwähnung seines Namens durch seinen Kollegen Krenn in St. Pölten. Nach dem Papstgottesdienst auf dem Wiener Heldenplatz und der Seligsprechung unseres Mitbruders Jakob Kern hatte ich Gelegenheit, Kardinal Schönborn zu fragen: „Weiß der Heilige Vater eigentlich Bescheid?“ Ich erhielt zur Antwort: „Ihr Äbte geht endlich nach Rom!“

Hier vermisse ich die Zivilcourage eines Mannes, der als einer der Jüngsten zum Kardinal der römischen Kirche gekürt wurde und sich also auch des uneingeschränkten Vertrauens des Papstes sicher sein darf. Ich verstehe schon, eine Sache ist es, den mittlerweile recht betagten und doch so reiselustigen und geistig klaren Heiligen Vater zu schonen, aber wem wurde da ein guter Dienst erwiesen? Obendrein müßte doch hinlänglich bekannt sein, welche Querverbindungen, welche Seilschaften bestehen, wie es manche Herren gut verstehen und gelernt haben, mit den Römern umzugehen. So bleibt mir völlig unbegreiflich, ja, leider auch unverantwortlich, den Römern nicht klaren Wein eingeschenkt zu haben. Das Volk Gottes, die Kirche in Österreich kam zu Schaden.

Einige Bemerkungen seien noch gestattet in Zusammenhang mit der Causa Groer und Bischof Kurt Krenn. In den ersten Wochen und Monaten nach Bekanntwerden all dessen, was uns allesamt belastete, das peinliche Schweigen des öffentlich Gebrandmarkten miteingeschlossen, da hieß es einmal, der Herr Kardinal fühle sich sehr verlassen, nur einer stehe ihm mit Rat und Tat bei: Bischof Krenn. Nichts einzuwenden. Wenn man allerdings weiß – es sei mir gestattet, dieses

Insider-Wissen weiterzugeben, der Sache wegen –, daß viele Versuche von Seiten gut meinender Freunde und Mitbrüder, den damals noch als Erzbischof in Wien fungierenden Kardinal Groer zu einer Stellungnahme oder noch besser zu einer Entschuldigung zu bewegen, daran scheiterten, daß jeweils kurze Zeit später jede Einwilligung durch Intervention aus St. Pölten (Anrufe Bischof Krenns oder dessen Pressesprechers Dinhobl, vorher Sekretär bei Groer) zu Fall kamen, dann zeigt sich neuerlich eine gewisse Strategie. Bei diesem Hintergrund erhält die Nennung des damals nach Deutschland verschickten Altbischofs Groer durch Bischof Krenn auf dem Papstaltar von St. Pölten andere Brisanz. Da kann man sich vergegenwärtigen, wie Bischof Krenn, darauf angesprochen im Fernsehen am 21. Juni 1998, reagierte: „Das muß einem erst einmal einfallen!" Da ist auch die Absetzung von Pater Udo Fischer in einem anderen Licht zu betrachten und vieles mehr. Kurzum: Neben all den so bedauerlichen Geschehnissen kann man nicht umhin zu sagen, daß in der gesamten Causa Groer eine gewisse Instrumentalisierung vorgenommen wurde. Damit könnten und sollten die Gewichte in einer rückwirkenden Beurteilung neu gesehen werden, damit wir alle zusammen allmählich darangehen können, manches aufzuarbeiten, um zu einer langfristigen Bewältigung beizutragen sowie zu verhindern, daß sich ähnliches wiederholen kann.

Dies alles ist passiert. Leider. Vieles ist unserer Kirche unwürdig. Es darf sich nicht mehr wiederholen. Dies gehört vor allem den Akteuren in und für Rom ins Stammbuch geschrieben. So möge auch das hier Geschriebene verstanden werden. Es geht um die Zeit danach. Andererseits, es steht uns nicht zu, zu verurteilen, ganz im Gegenteil! „Wer von euch ohne Sünde ist, werfe den ersten Stein ..." lehrt uns Jesus. In diesem Zusammenhang möchte ich gerne, im Dienste auch einer Entmythologisierung, wie die Exegeten die Rückführung mancher biblischer Ausschmückungen auf den nackten Kern einer Aussage zu bezeichnen pflegen, eine Begebenheit erzählen, die mich schon als jungen Studiosus lehrte, die Realitäten des Vatikans richtig einzuschätzen und vieles recht gelassen und mit Humor zu betrachten.

Es war für viele von uns gute Gewohnheit, auf dem Dach des

Klaustrums von Sant'Anselmo an späteren Nachmittagen ambulando zu meditieren, zu studieren oder zu rekapitulieren. Eines Tage befand ich mich ganz allein, nur in Gesellschaft des damals fast achtzigjährigen Beuroner Benediktiners und berühmten Professors für Altes Testament, Pater Athanasius Miller. Er war damals Mitglied der vatikanischen Bibelkommission, eines Gremiums also, das für die Gesamtkirche, für die Bibelwissenschaften und das Gespräch mit so berühmten evangelischen Professoren wie damals Bultmann, Cullmann u. a. von großer Bedeutung war. Pater Athanasius hatte an diesem Tag eine lange Sitzung im Vatikan hinter sich und gerade das Rosenkranzgebet beendet. Ich kam in seine Nähe. Uns beiden war der so schöne Blick vom Aventin herunter nach St. Peter möglich und wir empfanden wohl beide ein gewisses Glücksgefühl. Da machte Pater Athanasius eine Geste, als wolle er mir ein lange Nase machen, setzte sein Hand mit den entsprechenden Bewegungen an sein Riechorgan und sagte mir: „Mein lieber junger Herr Mitbruder, jetzt erteile ich noch nach allen Seiten, wie jeden Tag, den apostolischen Segen." Gesagt, getan, und er begann mit Blick und Richtung auf den Vatikan seinen Segensgestus zu verteilen.

Das ist in meinen Augen katholisch, sogar römisch-katholisch. Mir fällt in diesem Zusammenhang schlicht das Wort von Don Bosco ein: „Gutes tun, fröhlich sein und die Spatzen pfeifen lassen." Entkrampfung, Entmythologisierung tun not, gerade nach allem, was wir in den Niederungen der hinter uns liegenden Jahre durchmachen mußten! Fazit: Mag es so scheinen, daß die in Rom wie im hohen Olymp thronen und nichts an sie heranzutragen ist. Mag es so scheinen, daß in Rom alles versickert und mit Schweigen belegt wird, was da vorgefallen ist und dringend einer Bereinigung bedürfte. Mag es so scheinen, als könnte man nichts verändern, als wäre es geradezu gefährlich oder käme einer Majestätsbeleidigung gleich, wollte man sich dort zu irgend etwas äußern, schriftlich oder mündlich vortragen, was uns bedrängt oder worin wir Schaden für die Kirche erblicken. Mag der Eindruck entstanden sein, wir hätten, obwohl weit über Österreich hinaus alles medial verbreitet wurde, gewisse Vorfälle als „Familienwäsche" besser daheim und in den eigenen Reihen erledigen sollen, ohne die Öffentlichkeit zu strapazieren. (Die Öffentlichkeit war von außen vorgegeben und bestand vor jedem Versuch einer Bereinigung.) Dennoch, es wäre schlimm, wenn wir uns des Eindrucks nicht erwehren könnten, daß in den Gängen des Vatikans einfach alles verloren geht, was für die hohen Herren unangenehm werden könnte, bei allem Respekt vor ihrem Wissen und Können, ihrer Bedeutung, ihrem Ansehen und Herkommen, der Bildung und ihrem Können, das sie zu einem ganz einmaligen Gremium qualifizieren sollte. Wenn sich im einfachen Kirchenmitglied die Vermutung festgesetzt haben sollte, daß da nicht sein kann, was nicht sein darf, und aus diesem Grund bei den zuständigen Stellen keine Behandlung der einen oder anderen Causa zu erwarten ist, dann ist der Schaden unbegrenzt und fürchterlich.

Daß Rom unverrückbar wie ein Koloß da steht, ewig, unfehlbar, unbeeindruckt, ja, daß vielleicht manche untragbaren Zustände dem Papst selbst nicht einmal zu Ohren gekommen sein könnten, ist sehr schlimm. Dennoch wurde in den Köpfen und Herzen vieler wacher Christen viel bewirkt und viel verändert. Darin erblicke ich auf Langzeit eine Peripetie. Das ist der eigentliche Gewinn selbst aus negativen Ereignissen, Entscheidungen und Entwicklungen. Das führt voran, müßte uns weiterbringen. Jede Reform muß auch von unten nach oben vonstatten gehen, sonst läuft sie Gefahr, langfristig zu scheitern oder ein aufgepfropftes Reis zu bleiben. Ich klammere, um ja richtig verstanden zu werden, von dieser meiner Feststellung – sie sei eine Herausforderung – bewußt das „depositum fidei" – den „Glauben der Kirche" aus. Um die Vorgangsweisen und das Verhalten im so festgefahrenen Verwaltungsapparat in Rom und andernorts handelt es sich bei allem, was uns bedrängt, verärgert und manche aus der offiziellen Gemeinschaft der Kirche treibt. Ich für meine Person spreche stets sehr bewußt im Gebet nach dem „Vater unser" der Messe die Worte, die ich gerne bekennend wiederholen möchte: „Schau nicht auf unsere Sünden, sondern auf den Glauben deiner Kirche."

Trotz aller Machteinflüsse, die in Österreich noch durch die Medienlandschaft verstärkt werden, baue ich auf uns alle. Wenn nämlich „die wahren Wunder im Kopf entstehen" dann möchte ich hinzufügen, ob sie dort entstehen oder in den Herzen der Menschen ihren

Ausgang nehmen – wichtig ist, daß in uns allen der Gedanke immer mehr Platz greift: Wir gehören zur gleichen Kirche: die in Rom, an der Spitze und wir, das Fußvolk. Wir sind kein bloßer Verein, noch leben wir in einem totalitären System. In manchen Verhaltensweisen überkommt mich das üble Gefühl, da werde fast so etwas wie Personenkult getrieben. Devotion, Achtung, ja Hochachtung ist eine Sache, aber jeder und jede von uns, und das muß zur sicheren Auffassung von uns allen gehören, ist eine Person, eine Persönlichkeit. Durch jeden und jede von uns – vergleiche „lex incarnationis" – erklingt die Stimme Gottes in dem Wortsinn des Lateinischen „persona, personare" – „durchklingen". („Persona" war der Begriff für die Maske, durch welche der Schauspieler in der Antike seine Rolle sprach, dem Typus seine Stimme lieh.) Deshalb sei gesagt: Es gibt keine Majestätsbeleidigung, wenn wir, unserer Pflicht und Verantwortung getreu, dringend nötige Veränderungen einmahnen. Das dritte Jahrtausend ist angebrochen. Es kann nicht genügen, in einem Jubiläumsjahr die heiligen Pforten in den römischen Hauptkirchen zu öffnen und Ablässe zu gewähren, da ist über Vaticanum II mehr passiert. Das Volk Gottes ist erwacht, wurde aufgeschreckt und wird die uns geschenkten Inhalte einfordern. Daher müssen wir von unten nach oben beginnen, jene Zustände verändern zu helfen, in und an uns selbst und an den anderen, in Rom wie in Österreich, um zu verhindern, daß nochmals geschehen kann, was es da wegzuräumen gilt.

Wir sind es als das Volk Gottes. Mögen da unterschiedliche Aufgaben zu verteilen und wahrzunehmen sein, wir haben aus unseren Erfahrungen gelernt, daß wir alle eingeladen sind, umzudenken. Es ist an uns, daß wir uns getrauen zu sein, was uns als Inhalt längst von Gott her geschenkt ist. Daher muß gelingen, aus dem bequemen, über Jahrhunderte genährten Zustand eines Selbstverständnisses auszubrechen, nur Mitglieder einer Versorgungskirche bzw. einer versorgten Kirche zu sein, uns selbst mental nur von oben nach unten zu verstehen, sich nie des Glücks und der Herausforderung bewußt zu werden, in der Erlösung durch Jesus Christus geborgen, getragen aber auch gefordert zu sein. In dieser Hinsicht bedarf es noch vieler Befreiungsschläge, bis wir den Blick in jene Dimension hinein erweitern können, die da zugleich anklingt, wenn wir beten: „Dein Wille geschehe, dein Reich komme." Das ist weit mehr als jeder Ausflug in eine Raumstation im Weltall. Wir betteln meist viel zu vordergründig lediglich: „Unser tägliches Brot gib uns heute", was wichtig und notwendig ist. Aber hierin ergeht auch an uns selbst die Herausforderung, in Solidarität und in Verantwortung für alle Geschöpfe eines gemeinsamen Schöpfers für die gesamte Schöpfung aktiv zu werden, nicht nur für die eigene Tasche zu sorgen! Eine Horizonterweiterung in diese Richtung ist unerläßlich, angesichts der schier unbegrenzt scheinenden Fähigkeiten sowie Möglichkeiten einer offenbar aus dem Mensch-sein erwachsenden Evolution des Machbaren. Natürlich kommt zu alledem, daß wir in einem viel größeren Ausmaß zur Verantwortung gezogen werden und auf Ethik und Moral verwiesen werden. Letzteres, so zeigen es in Österreich die Statistiken, spüren „die Leute". Sie sind reif, nach ethischen Grundsätzen ihre Leben zu gestalten. Gleichzeitig wirft solche Aussage ein schräges Licht auf den Religionsunterricht in den Schulen; denn in diesem Zusammenhang wurde gefragt und konnte in Umlauf gesetzt werden: „Österreicher wollen Ethik statt Religion." Umso wichtiger unser Ringen um die wahre Lehre der Kirche ganz besonders in Sachverhalten, die sich im Kleid oder in der Ausschmückung einer Zeit dem heutigen Menschen – wieder sei an die Jugend gedacht – darstellen, die nicht mehr zeitgemäß sind, wofür uns aber ein sicherer Spielraum der Interpretation belassen wird.

Genau hier setzte das Konzil an. Genau daran scheiden sich die Geister: Systemtreu bei gleichem Inhalt oder „Aggiornamento". Je älter ich werde, um so öfter überfällt mich der Gedanke, daß Papst Johannes XXIII. das Konzil, dessen Ankündigung ich in S. Paolo fuori le mura miterleben durfte – ich spielte die Orgel und konnte vom Orgelturm aus ganz besonders gut den Heiligen Vater bei seiner Ansprache beobachten, ebenso die Reaktionen der anwesenden Kardinäle und Bischöfe –, die Flucht nach vorne antrat, vermutlich gegen die „System-Erhalter", die obendrein zu einem „Staat im Staate" abzugleiten drohten und sich umso mehr Mühe gaben, ihren Apparat zu erhalten. Die damalige Diözesansynode für Rom hatte uns das deutlich gemacht. In ihr gelang es nochmals den Kurialen, das zu verteidigende System zu festigen und zu verschärfen. Man lese das so wertvolle Buch

„Im Sprunge gehemmt", von Bischof DDr. Helmut Krätzl zu dem eben Gesagten, wie auch zum Verständnis unserer Situation insgesamt. Damals spöttelte man in Rom, in Hinkunft genüge nur mehr ein einziger Paragraph und Grundsatz: „Si quis aliquid dixerit anathema sit" – „wenn da jemand noch vermeint, etwas sagen zu müssen, dann sei er mit der Exkommunikation belegt". Ich bin überzeugt, Papst Johannes XXIII. trat ganz sicher die Flucht nach vorne an gegen den so schwerfälligen, sich verselbständigenden, in vielen Belangen zum Selbstzweck gewordenen und verkrusteten Behördenapparat der Kurie. Papst Paul VI., ein Kenner und Praktiker in diesen heiligen Hallen, vermochte auch erst auf dem Hintergrund des Konzils vieles auf diesem Gebiet und in den Geschäftsordnungen der Kurie zu verändern und neu zu gestalten. Papst Johannes, dem so begnadeten Charismatiker, kam es zu, eben als Seelsorger, als „ein Priester und ein Mensch zugleich", ehrlich Schwächen und Fehler für sich und das System einzugestehen. Das zeigte sich allein schon am Tag seiner Wahl durch die Annahme des Namens Johannes XXIII. Diesen gab es nämlich schon einmal in unserer Kirchen-geschichte. Er zählt nicht in der offiziellen Liste der Päpste, er war Gegenpapst. Sein aufwendiges Grabdenkmal befindet sich im Baptisterium gegenüber dem Dom von Florenz.

Rom: eine kritische Liebeserklärung

Im Sommer 1998 wurde ich vom ORF-Landesstudio Niederösterreich eingeladen, unter Bezugnahme auf die Situation der Kirche Österreichs, vor allem nach den Ereignissen der letzten Jahre und dem dritten Pastoralbesuch des Papstes Johannes Paul II. in unserem Land, von dem viele eine Hilfe in der Bewältigung der Kirchenkrise erhofft hatten, eine Woche lang die Morgenbetrachtungen zu gestalten. Ich vermeinte, diesen meinen Beitrag unter das Thema dieses Kapitels stellen zu sollen und erlaubte mir, mit folgenden Fragen zu beginnen: Was hatte man von diesem Papstbesuch erwarten dürfen? Die Lösung der Probleme unserer österreichischen Ortskirche? Ein

Schuldeingeständnis, eine Schuldzuweisung oder gar eine Entschuldigung? Dieses alles durch das Oberhaupt der Universalkirche mit einer Milliarde Gläubigen auf der ganzen Welt, für die Rom Zentrum und Herz darstellt, und zwar Zentrum und Herz des uns alle verbindenden Glaubens und der „neuen Wirklichkeit" (Paulus) der Erlösung durch und in Jesus Christus?

Ich meine tatsächlich, daß unsere Vorstellungen von Papst, Rom, Universal- und Ortskirche immer noch nicht, sowohl in unseren Gehirnen und unseren Empfindungen als auch in der Praxis jenem Bild von geoffenbartem Inhalt über uns selbst als „Communio ecclesiarum" – als „Gemeinschaft der Kirchen" zu entsprechen vermögen, wie wir sie Papst Johannes XXIII. und dem Vaticanum II verdanken. Ich unterbreite daher meine Gedanken, nicht ohne zu betonen, worauf es mir zu diesem Zeitpunkt im öffentlich vorgetragenen Text angekommen war. Ich hoffe, daß vieles vor dem Hintergrund des Nachfolgenden noch verständlicher werden müßte, ganz besonders auch mit Berücksichtigung der Tatsache, daß sich bei den Auseinandersetzungen um die Causa Groer einer der Bischöfe als Wortführer für jene aufgespielt hatte, die alles in Abrede zu stellen versuchten. Zugleich war Bischof Krenn, aber auch manch anderer bemüht (Aussage DDr. Robert Prantner in „Zur Sache"), so in der Öffentlichkeit zu wirken, als könnten sie die Stellung Roms einnehmen, als wären sie in regem Gedankenaustausch. Ich bezweifle nicht, daß versucht wurde, Rom einseitig pro Groer zu informieren. Nur so erklärt sich für mich der Wutausbruch mit der Aufforderung „das Maul zu halten" nach der Übergabe des Berichts der österreichischen Bischofskonferenz anläßlich des Ad-limina-Besuchs beim Heiligen Vater.

Wie dem auch immer, nach dem dritten Papstbesuch und angesichts der Art seiner Gestaltung sowie den Ansprachen stand eines außer Zweifel: Da gab es nie in dieser bestimmten Person eine „Stimme Roms", eben auch nicht bei der Nennung des Namen jenes Kollegen zur Begrüßung des Papstes in St.Pölten, den Bischof Krenn solcherart zu verteidigen hoffte. Nicht nur, daß dies außer Protokoll passierte, sondern noch viel mehr unter dem Gesichtspunkt, daß spätestens bei dieser Gelegenheit, bei Namensnennung des ins Exil Verschickten, der Papst hätte selbst replizieren und mit irgendeiner Bemerkung auf den Sachverhalt hätte eingehen können. Er tat es nicht. Also handelte es sich bei allen diesen Äußerungen immer um solche einer Einzelperson. Immerhin, vergessen wir es nicht, da stand im Raum: Täter oder Opfer? Wer waren die Täter, die sich da öffentlich geoutet hatten? Waren sie die Opfer oder nicht? Leider, dieser Verdunkelungsversuch ist unternommen worden. Abschließend sei nochmals gesagt: Nie konnte Bischof Kurt Krenn für sich in Anspruch nehmen, in höherem Auftrag gehandelt zu haben. Er war nicht einmal kraft seines Amtes dazu befugt oder zuständig, so sehr es in der Zeit liegt, zu meinen, es genüge einfach einmal dreinzuschlagen, um vom Tisch zu wischen, was niemand in der Öffentlichkeit durch Presse- und Fernsehmeldungen haben wollte, ja was sich da sehr viele Österreicherinnen und Österreicher gar nicht vorstellen konnten, nämlich daß alles, was da ans Tageslicht gekommen war, tatsächlich der Wahrheit entsprechen konnte.

Dieser Eindruck sollte auch durch gelenkte Leserzuschriften oder Beschimpfungen jener gesteuert werden, die um eine Schadensbegrenzung bemüht waren – bis hin zu Kardinal Schönborn. Vieles davon geschah in einem Massenblatt, in dem Bischof Krenn Sonntag für Sonntag bemüht sein durfte, als „Christianus“ den Blick der Leser in die Vergangenheit zu lenken. „Wir sind eben Fundamentalisten“, gab mir der Chefredakteur auf eine Anfrage meinerseits zur Antwort. Ich weiß schon, in unserem Land will es sich niemand mit einem so verbreiteten und geschickt gemachten Tagesblatt verscherzen. Genau mit solchen Nachrichten in der größten österreichischen Tageszeitung konnte es aber gelingen, die Römer und andere Gutgläubige oder Nichteingeweihte zu verunsichern. Wen wundert es, daß also der Papstbesuch ohne den Versuch einer so drängenden Bereinigung der Causa Groer zu Ende gehen konnte? Bei Fidel Castro wurden vom Papst Menschenrechte eingemahnt. Den Opfern der Causa Groer wurde „Verjährung“ vorgehalten. Ihnen wurde obendrein die Frage gestellt, weshalb sie erst nach so langer Zeit an die Öffentlichkeit getreten waren.

Ich bin mir dessen bewußt, daß viele Menschen nichts mehr von alldem hören und wissen wollen. Es stimmt, rechtlich ist alles verjährt. Hans Hermann Groer ist für mich und viele Mitmenschen zu bedauern. Es geht lange schon nicht mehr um ihn, sondern – das muß unser Anliegen sein – um die Ermöglichung einer Bereinigung von Tatbeständen, die immer noch unbewältigt im Raum stehen. Zu allervorderst geht es um die Glaubwürdigkeit in unserer Kirche. Papst Johannes Paul II. hat das Jahr 2000 für eine öffentliche Bitte um Schuldvergebung ausersehen. Sie war dringend nötig, sollte nicht das Sündenbekenntnis bei jedem Gottesdienst zum leeren Lippenbekenntnis degradiert werden. Wenn diese Bitte um Schuldvergebung aber nur rückwirkend gemeint ist, greift sie zu kurz. Sie muß auch für heutige Zustände und Verantwortliche gelten, für menschenmißachtendes Verhalten und Vorgehen nicht zuletzt den eigenen, vielleicht unbequemen, aber ehrlichen Dienern gegenüber usw. Das triumphalistische Auftreten manch Kurialer müßte unter diesen Gesichtspunkten ebenfalls dringend einer Revision in Stil und Inhalt unterzogen werden. Wie wurde, nur ein Beispiel sei herausgehoben, ein Bernhard Häring behandelt!

Eine Spaltung der Gemüter der Menschen in unserem Land und eine völlige Verunsicherung besonders auch einfacher Menschen war die Folge. Emotionen und Ablehnung führten schließlich bei vielen zum Auszug aus einer Kirche, die zum Zerrbild jener viel gepriesenen „Communio ecclesiarum" geworden war. Höchste Zeit, mit großer Anstrengung eine Schadensbegrenzung anzustreben und zusammenzuhelfen, für die Zukunft ähnliches zu verhindern. Genau an diesem Punkt möchte ich zugleich betonen: Krise ist Chance. Wir können jetzt auch aus Klischees ausbrechen. In solchem Kontext hätte ich gerne das Nachfolgende (also die seinerzeitigen Morgenbetrachtungen) verstanden.

„Roma aeterna" – „Ewiges Rom": Dieses Wort schrieb ich als Gymnasiast nach meinem ersten Besuch in Rom 1950 in mein Fotoalbum. So überwältigt und bleibend beeindruckt war ich von den Monumenten der Antike ebenso wie von den Zeugnissen des christlichen Roms, den Kirchen, Palästen, Brunnen und Prunkbauten, die meist Päpste als Auftraggeber hatten. Bleibender Höhepunkt freilich für alle Teilnehmer unserer Pfadfinder-Pilgerreise war St. Peter. Ich werde mein Leben lang nicht vergessen, wie die hagere Gestalt des Papstes Pius XII. unter Fanfarenklängen auf der Sedia gestatoria zur

Generalaudienz in den Petersdom hineingetragen wurde. Seine segnende Gestalt steht jetzt noch vor mir, wie ein Bild aus einer anderen Welt. Welch eine Faszination, die uns junge Menschen nachhaltig begeisterte! In der Zwischenzeit bin ich Rom gegenüber sehr viel nüchterner geworden, obwohl ich mich immer noch und immer wieder als echter und überzeugter Römer und Europäer fühle und verhalte. Was verdanken wir schließlich nicht alles dieser Roma aeterna?

Wenn schon nicht ewiges Rom, so doch eine Stadt auf unserem Kontinent, deren Ursprünge in das zehnte Jahrhundert vor Christi Geburt zurückreichen. Die Bezeichnung „vor unserer Zeitrechnung" wäre wohl korrekter, weil Jesus Christus aller Wahrscheinlichkeit nach im Jahre sieben „vor Christi Geburt" in unsere Welt kam. Rom war damals schon die Metropole, Weltstadt eines mächtigen Weltreichs, des Imperium Romanum, das damals den gesamten Mittelmeerraum umfaßte. Also fast zwei Jahrtausende ist Rom und nicht Jerusalem Mittelpunkt eben der römisch-katholischen Kirche. Ein wichtiger Gesichtspunkt und Ausdruck dafür, daß die Apostel, selbst Juden und Jesu Vertraute und Abgesandte, sich auf den Weg in die große Welt machten, getreu dem Wort ihres Meisters, des Menschensohns: „Geht hin in alle Welt, lehrt alle Völker und tauft sie im Namen des Vaters und des Sohnes und des Heiligen Geistes!" Auf Langzeit besehen, war darin die Voraussetzung dafür geschaffen, daß sich die in das Jüdische gehüllte und gesenkte Offenbarung gleichsam des damals bekannteren, üblicheren, moderneren und zukunftsträchtigeren Kleides bedienen konnte, vor allem was Sprache und Administration anbelangte. Gottes Wort ist uns in Menschenwort geschenkt, wie es Kardinal König formulierte. Es hat sich damals (und sollte es heute ebenso tun) der bestmöglichen und weitestverbreiteten Sprache, eben des Lateinischen, ihrer Verständlichkeit und ihres Einflußbereichs bedient.

Daß unter diesen und anderen Gesichtspunkten im antiken Rom zugleich die Voraussetzungen vor dem Hintergrund von Geschichte und Entwicklung dafür vorhanden waren, daß die junge Kirche zur Weltreligion werden konnte, sei dankbar vermerkt. Es war nicht nur der Ort, die Kapitale. Es waren in gleicher Weise die Strukturen, die aus der römischen Verwaltung übernommen werden konnten, die Art der Gesetzgebung bis hinein zu den vielen Schenkungen, unter Einbeziehung der imperialen Architektur, mit denen Kaiser Konstantin nach dem Mailänder Toleranzedikt die nun staatlich anerkannte, zur Staatsreligion erhobene Glaubensgemeinschaft der Christen bedachte. Dieses alles ist Teil unseres heutigen stolzen Erbes aus der Antike, wurde umgeschmolzen, macht das Römische aus, konnte es auch belasten, entsprach aber der „Lex incarnationis“ in der damaligen Epoche unserer Kirche. So konnte Latein, lange neben Griechisch, dessen sich Johannes und Paulus bedienten, die Sprache in Rom und im gesamten Mittelmeerraum, die Sprache unserer römischen Liturgie werden. Daneben war bis in das sechste Jahrhundert hinein auch Griechisch, selbst in Rom, eine der Sprachen der Liturgie für die Christen. Trotzdem: Latein wurde bis zum heutigen Tag die offizielle Kult- und Amtssprache unserer Kirche. Darüber hinaus sei darauf verwiesen – mir als Musikwissenschafter mag dieses zugestanden sein –, daß ohne Latein und ganz gewiß auch ohne die dem jüdischen Tempelkult entlehnten Lektionstöne nie jene Verschmelzung gelungen wäre zwischen Wort und Melodie, der wir den sogenannten „Gregorianischen Choral“ verdanken. Ohne den wiederum – im Zeitraffer sei es angedeutet – hätte sich keine abendländische, westliche Musik und nicht die Form der Mehrstimmigkeit, der Sprache, der Ausdruck unserer ungeahnten Vielzahl von gottbegnadeten Genies an Komponisten und Künstlern sowohl für den kirchlichen als auch für den weltlichen Bereich entfalten können. Und dies alles, obwohl bei den Gottesdiensten der frühen Christen die Instrumentalmusik als Bestandteil des heidnischen offiziellen Staatskultes strikt verboten war! Das Wort und sein Gehalt, seine Aussage waren Inhalt und Wesen, wenn sich die jungen Christen zum Brotbrechen trafen, in ihre Kirchen einzogen und Gemeinschaft in Vorwegnahme des himmlischen Jerusalems bildeten.

Ich bin ganz sicher, daß dieses Selbstverständnis so vom Pneuma, dem Heiligen Geist, getragen war – aus den Gesängen und ihren so differenziert und zugleich schlicht und ausdrucksstark ausgestalteten Melodien leite ich es ab –, daß es für uns heute kaum mehr nachvollziehbar sein dürfte. Schon in der Entstehung und Frühzeit der Gregorianik bestand stadtrömischer Choral neben päpstlicher aufwendigerer Ausformung. In der Mailänder Liturgie blieb der reichste Melodienschatz sowie in den vielen unterschiedlichen Liturgien, der aquitanischen, der mozzarabischen, der germanischen usw. erhalten und anerkannt, die erst in den karolingischen Einheitsbestrebungen in der „rubrica Romana“ zusammengefaßt wurden. Am Anfang steht die Vielfalt (heute gesagt: der Pluralismus) und weit später erst, einer Staatsidee wegen, eben der karolingischen, erfolgt die Uniformierung. Aber, damit ich recht verstanden werde: Am Anfang stand die Person und das Wort, das Fleisch gewordene. In den Aposteln, in der jungen Kirche und in ihren Bekennern setzte es sich fort. Vor jeder Institution steht die Person. Allein schon in solchem Zusammenhang wird eines deutlich: Ohne Rom kein christliches Abendland, ohne Rom nicht unsere vielgerühmte, sogenannte westliche Kultur! Trotzdem überfällt mich immer zugleich ein gewisses Schuldgefühl, wenn ich die prunkvolle Peterskirche betrete. Es klebt so viel unbewältigte Geschichte an diesem Gebäude. Ich bin in St. Peter schlicht an die Ablaßprediger erinnert und daran, daß der Medici-Papst Leo X. keinerlei Notiz von den Entwicklungen in Deutschland nahm, die wir unter dem Thesenanschlag von 1517 subsumieren. Erst jetzt allmählich und zäh und schwerfällig gehen wir daran, Bereinigungen einzuleiten und vorzunehmen.

Heiliger Geist kontra Zentralismus

Wir Heutigen waren bisher gewohnt, nur allzu gerne auf Rom zu starren und die Einrichtungen einer vatikanischen Zentralregierung, die in angemessener Form zur Wahrung der Lehre Christi nötig erscheinen und dienlich sein müßten, zu mystifizieren. Manche von uns dürften nach all dem Vorgefallenen ernüchtert sein. Immer besteht die Gefahr, daß sich ein großer Verwaltungsapparat verselbständigt, unüberschaubar wird – wir erleben es gerade im Aufbau der EU mit – und die hohen, aus göttlich geoffenbarten Inhalt erwachsenden Anforderungen so verwaltet werden, daß die Kirche leider zu dem degradiert wird, was wir dann mit „Amtskirche“ bezeichnen müssen.

Einem solchen, oft triumphal wirkenden Rom darf nie mehr eingeräumt werden als eine dienende Funktion. Sie ist in dieser Funktion nie Selbstzweck. Wenn unlängst Hans Küng meinte, die römische Kirche habe sich erst in der Person des Papstes Johannes XXIII. angeschickt, das Mittelalter zu verlassen, mag er Wesentliches treffen. Wo nämlich bleiben, über alle theologischen Spitzfindigkeiten, Streitereien und über alle vatikanischen und päpstlichen Statements hinaus, die Antworten auf die aktuellen Probleme und Nöte des Jetzt und Heute: Esoterik, Arbeitslosigkeit, Umdenken bei Erwerbs- und Beschäftigungstätigkeit, Ökologie, Arme und Reiche, spekulativer anonymer Kapitalismus, Klonen, In-vitro-Zeugung, Verwendung tiefgefrorener Spermien zur Zeugung im Reagenzglas, Gen-Technik, Aids, Zukunftsängste besonders der Jugend, Überalterung des Klerus mit zu wenig Neuzugängen, katastrophaler Autoritätsverlust der Kirche. Wird überhaupt in Rom registriert, wo sich das „Fußvolk“ befindet, in welcher Welt es lebt?

Dabei ist der Ruf nach Ethik und Moral unüberhörbar. Die Menschen, auf sich allein gestellt, gerade im Zeichen des zwar oft angeprangerten Massenkonsums und Materialismus, kommen ohne Hilfe von oben, so bin ich versucht zu sagen, nicht zurecht. Wir wissen es heute mehr denn je, trotz oder gerade wegen der rasanten Umgestaltung dieser Welt aus den schier unbegrenzt scheinenden Möglichkeiten in Technik und Wissenschaft und den Erkenntnissen, die der Mensch aus der Erforschung des Weltalls zu schöpfen vermag, auch für unser Wissen über Gott, Universum und Unendlichkeit. Dem deutschen Priester Roland Breitenbach verdanken wir einen Roman mit recht reizvollen Gedanken über die nächste Papstwahl. Der darin gewählte neue Papst nennt sich sehr bewußt Petrus II. Er will einen Neubeginn versuchen. Eines Nachts verläßt Papst Petrus II. unerkannt den Vatikan und Rom. Es gelingt ihm, unentdeckt über die Schweiz nach Lima zu gelangen. Als erste Maßnahme verordnet er die Auflösung sämtlicher Nuntiaturen und aller dem Machtgefüge zugehörigen Einrichtungen päpstlicher Verwaltung. In der Kargheit der Bergwelt Perus und in völliger Armut bemüht er sich, das Antlitz der Erde im Geist Gottes und des Evan-geliums zu erneuern. Nur eine Utopie? Nur Wunschdenken?

„Roma aeterna". Was sind schon etwa dreitausend Jahre Geschichte „sub specie aeternitatis" – „in Anbetracht der Ewigkeit"? Natürlich viel für eine Stadt, aber nichts für eine „ecclesia aeterna", eine auf die Ewigkeit, auf die Unendlichkeit Gottes ausgerichtete Gemeinschaft der Glaubenden. Möge für dieses angeblich ewige Rom gelten, was eine Schriftstellerin in einem ihrer Romane so formulierte: „Da lächelte Gott die Ewigkeit eines Herzschlags lang, ehe er sich anderen Dingen zuwandte."

Während meiner Studienjahre und meiner kunstgeschichtlichen Streifzüge durch Rom bedrängte mich oft die Frage: Wie konnte vor zweitausend Jahren in dieser damals so gigantischen Weltstadt Rom eine Lehre Fuß fassen, vorgebracht von einem Juden, der Fischer war, und einem anderen, der als Zeltmacher von sich sagen konnte: „Mit diesen meinen Händen verdiene ich mir meinen Lebensunterhalt." Was verkündeten Petrus und Paulus inmitten dieser römischen Millionenstadt und wie trugen sie ihre Botschaft vor, um dieser in einer Gesellschaft Eingang und Gehör zu verschaffen, die der heutigen gar nicht so unähnlich ist? Mir kamen sofort, und wahrscheinlich wird es den meisten von uns so ergehen, jene Bilder in den Kopf, mit denen man uns in der Kindheit unterrichtet, gleichsam vorprogrammiert hatte: Katakomben, Märtyrer, die man den wilden Tieren im Kolosseum zum Fraße vorgeworfen hatte, Christenverfolgungen und dann allmählich der Aufstieg der Christen zu einer Kirche Roms, die bald schon geprägt war durch große Gestalten des Papsttums. Alles wichtig, vor allem um glaubhaft machen zu können, daß es sich bei den ersten Christen um eine wirkliche Elite gehandelt haben mußte, sonst hätten sie sich nicht unter dem Risiko ihres Lebens für ihren Glauben eingesetzt. Aber da mußte diese neue Lehre doch in den Römern selbst, in den Soldaten und Sklaven dieser Stadt etwas angesprochen haben, auf ein Vakuum, auf Sehnsüchte getroffen sein, die durch nichts anderes mehr zu befriedigen waren! Die neue Lehre dürfte Antworten, Inhalte gebracht haben, für die es sich nicht nur lohnte, höchste Risiken und Opfer einzugehen. Sie mußte ungeahntes Glück und Begeisterung auszulösen imstande gewesen sein!

In der Vorstellung der Apostel selbst und in der Urgemeinde von Jerusalem stand die ersehnte und erhoffte Wiederkunft des Herrn Jesus als unmittelbare Erfüllung ihrer Erwartungen bevor. Daher verkauften sie alles, lebten in Gemeinschaft als „ein Herz und eine Seele auf Gott hin". Alles war allen gemeinsam. Sie verharrten im Gebet und im Brotbrechen. Dies wohl alles aus der Kraft und dem Schwung des Pfingstwirkens des Heiligen Geistes. Solche Erfahrung der eigenen Transzendenz schon im Hier und Heute, die Verkündigung von Erlösung für uns alle, von Weiterleben und Auferstehung nach dem Tod, das in allen noch spürbare Wunder der Geisterfahrung, dieses alles war die Botschaft der ersten Christen und führte ihnen Gleichgesinnte zu, die sich gerne einer Aufforderung stellten, die da lautet: „Kehrt um und glaubt an das Evangelium!" Die Abkehr von dieser ihrer Welt fiel diesen ersten auf Jesus Christus, den Erlöser, Getauften ganz gewiß nicht schwer. Da gab es himmelschreiendes Unrecht zwischen den Reichen und den Armen. Da waren die Freien, Römer mit Bürgerrecht, die Unfreien und das Heer der Sklaven. Das römische Heer, angeführt von großen Feldherren, zog aus, um die Welt „zu befrieden" und nicht zuletzt um für die Römer Beute beizuschaffen. Kaiser Trajan konnte auf solche Weise für jeden Römer mit Bürgerrecht eine Staatsrente aussetzen. Für die Massen des Volkes galt schon damals: „Panem et circenses" – „Brot und Spiele", was im Brand von Rom, den Kaiser Nero entfacht, die Christen aber dem Verdacht der Brandlegung ausgesetzt hatte, zu einem geradezu makaberen Höhepunkt führte.

In dieser Situation lag die Hoffnung auf Änderung, auf Befreiung, auf einen Befreier förmlich in der Luft. Von allen Teilen des Reichs „importierten" die zurückkehrenden Soldaten die diversen Gottheiten und Kulte, etwa den Mithraskult, in dem manche unserer Rituale vorgebildet scheinen, wie man uns in der Sakramentenlehre erklärt hatte. Aus dem Osten kam da die Verehrung der Magna Mater Kybele, einer Muttergottheit. Auch hierin werden menschliche Sehnsüchte offensichtlich, die im Christlichen ihre Erfüllung fanden. Auf alle, die auf der Schattenseite des Glücks standen, löste die Bergpredigt und die Verkündigung von der Freiheit des Christenmenschen, obendrein das Leben der ersten Christen selbst eine ungeahnte Faszination aus. Sehr schnell konnte sich daher in diesen Kreisen das Christentum ausbreiten. Petrus, der erste Bischof von Rom, lebte in diesem Milieu, ebenso Paulus. Warum aber gibt es da jene Erzählung, der gemäß Petrus aus Rom fliehen wollte? Das kleine Kirchlein „Quo vadis" – „Wohin gehst du?" – an der Via Appia gelegen, der einst wichtigsten Ausfallstraße Roms in den Süden, erinnert daran. Weshalb?

Der Legende zufolge wollte Petrus aus Rom fliehen. Er, der Fischer, fand sich vermutlich im Getümmel, dem kaiserlichen Prunk und der Sittenlosigkeit dieser Weltstadt Rom, eben in all dem nicht, was auch wir heute beklagen, einfach nicht zurecht. Petrus, der einfache Fischer, will die Flucht antreten, zurück nach Israel. Da begegnet ihm auf dieser Straße in den Süden, von Putteoli her kommend, Christus selbst. Petrus stellt sich ihm in den Weg und fragt ihn: „Quo vadis, domine?" – „Wohin gehst du, mein Herr?" Petrus erhält die Antwort: „Ich gehe nach Rom, um nochmals gekreuzigt zu werden." Petrus versteht und kehrt um. Ob Petrus damals ahnte, daß Rom auch Gefahr bedeuten konnte? Die Ohnmacht des Kreuzes muß sich im Mittelpunkt christlicher Existenz befinden, nicht Herrschaft, Kaisertum und Macht. Erlösung heißt die Botschaft, nicht Macht und Machtstrukturen. Fragen wir durchaus einmal: Was hätte uns diese Flucht des Petrus aus Rom gebracht? Zugegeben, Rom kann immer Gefahr, Versuchung und Perspektive zugleich sein. Selbst von der „Hure Rom" war gelegentlich die Rede. Trotzdem dürfte es im Heilsplan Gottes begründet gewesen sein, daß die Lehre von unserer Erlösung und von dem uns einst geschenkten Reich Gottes inmitten des damaligen römischen, des einzigen und bis dahin größten Weltreichs, angesiedelt wurde und dadurch zu Welterfolg gelangen konnte.

Halten wir aber fest: Nicht unsere Tüchtigkeit und jene der Zentrale Rom, auch nicht die Schlagkraft vatikanischer Administration, in der vieles aus dem alten Rom weiterzuleben scheint, sind Grundlage, Wesen und Kraft der (römisch-)katholischen Kirche. Die Ohnmacht des Kreuzes ist es. Es gilt absolut, was uns der Apostel Paulus lehrt, über dessen Grab sich eine der schönsten Basiliken Roms erhebt: „Wenn ich schwach bin, bin ich stark." Weiterhin stammt von ihm das beglückende Wort: „Die Kraft Gottes kommt in der Schwachheit zur Vollendung." Noch eine Überlegung: Hätte es nicht massive Auffassungsunterschiede zwischen Petrus und Paulus und dem Apostelkonzil gegeben, vielleicht wären wir Europäer Heiden geblieben oder im besten Fall Beschnittene geworden mit allen jüdischen Gesetzen. Gott, sein Geist ist es, der uns führt. So konnte Papst Johannes XXIII. auf die Frage, weshalb ihm die ganze Welt nachlaufe, antworten: „Weil Gott keinen größeren Sünder gefunden hat. Er allein hat alles an mir und durch mich getan."

So abwegig mag der schon erwähnte Gedanke des Schriftstellers und Priesters Breitenbach gar nicht erscheinen, Papst Petrus II. werde einmal von den Anden aus die katholische Kirche leiten. Bliebe trotzdem „Roma aeterna", das ewige Rom? Zunächst einmal dürfte außer jeglicher Diskussion die Tatsache stehen, daß sich die Kirche erst an ihrem Anfang befindet, abgesehen von dem, was uns die Liturgie nahe legt, wenn von der Kirche des himmlischen Jerusalems die Rede ist. Demgegenüber ist Gottes Unendlichkeit in der ganzen Vielfalt des Möglichen unbegrenzt und eben auf die Ewigkeit ausgerichtet. Obwohl das Vergangene, wie moderne Denker wie Wittgenstein behaupten, im Jetzt gar nicht mehr zu existieren vermag, behaupten andere wiederum, wie etwa William Faulkner: „Vergangenes ist nicht tot, es ist nicht einmal vergangen." Trotzdem: Es bestehen diese geschichtlichen Abläufe. Hugo von Hofmannsthal sprach in solchem Zusammenhang davon, daß es im Leben der Völker die „übereinander getürmten Schichten der aufgestapelten überindividuellen Erinnerung" gäbe und diese präsent seien. Ja, Historiker behaupten, die Geschichte sei stets stärker als der handelnde Mensch. Somit zählt auch, daß Petrus, der erste Bischof von Rom, für das Petrusamt, wo immer es weitergetragen werden sollte, die Grundlage darstellt. Der an ihn ergangene Auftrag Jesu: „Du aber stärke deine Brüder", bleibt für jeden Nachfolger, wo immer er seinen Sitz aufschlagen mag, in der Nachfolge des Petrusamtes, des ersten Bischofs von Rom, bestehen. Weder Ort noch Institution, sondern die Nachfolge in der Person sichert das, was Christus dem Petrus versprach: „Du bist der Fels, und auf diesem Felsen will ich meine Kirche bauen." Das hat ursächlich nicht mit Rom zu tun, obwohl für die Apostel und die Weitergabe ihrer Botschaft von unserer Erlösung die Metropole des römischen Weltreichs genau der richtige Ort war und die besten Voraussetzungen für eine weltweite Verbreitung (für die „Heidenmission") bot.

Auf der anderen Seite konnte es nicht ausbleiben, daß das Christentum und die Kirche des Bischofs von Rom, wie die Kirchen um die Patriarchen von Alexandrien, Antiochien oder Ostrom-Konstantinopel in sich aufnahmen, was sie jeweils „vor Ort" vorgefunden hatten. Nach dem Untergang des Imperium Romanum war es die Kirche Roms – sie hatte sich damals bereits in ihren Kirchenbauten und Liturgie als dominierende Kraft etabliert und manifestiert –, die gleichsam die Nachfolge Roms antrat. Wiederum ist darin Chance und Gefahr, Problematik zugleich zu erblicken. Worin nicht? bin ich versucht zu fragen. Jedes menschliche Tun, mag es noch so sehr der sichtbare, zeichenhafte Ausdruck göttlichen Wirkens bedeuten, unterliegt der Versuchung einer gewissen Vermengung und Überlappung von Amt, Inhalt, Macht und Wirklichkeit. Erst sehr viel später wurde das so gnädige Axiom erfunden und geprägt: „supplet ecclesia" – „Das ergänzt die Kirche" – was fast schon einer Instrumentalisierung gleichkommen könnte und nie als „Freischein" benutzt werden dürfte. Ich halte deshalb in diesem Zusammenhang noch einmal programmatisch fest: Am Anfang steht die Person, nicht die Institution!

Petrus, der Fels, wurde von Christus als der schlichte, ungebildete Fischer angesprochen und zum Werkzeug Gottes, ja zum Fels auserwählt, den die Mächte der Unterwelt nicht überwältigen können, obwohl er sogar seinen Herrn und Meister verleugnet hatte. Keine Frage, Paulus als Person wäre Petrus überlegen gewesen, aber der Heilige Geist, den Christus seinen Jüngern versprochen und ihnen gesandt hatte, schafft die Wunder, schenkt das Vollbringen. Sein Beistand ist das innerste Leben der Kirche, macht die Infallibilität, die Unfehlbarkeit in der Kirche aus, nicht die Qualität des Menschens, des Trägers des Petrusamtes, dem selbstredend hohe Würde und Qualifikation eigen sein sollte. Da sei Papst Johannes XXIII. zitiert, der einmal lächelnd meinte: „Papst kann jeder werden. Der beste Beweis bin ich."

Von der Eigenart, dem Temperament und den Fähigkeiten, auch von der Herkunft einer Persönlichkeit, der man die Last des Petrusamtes auferlegt, hängt ab, welche Akzente dieser Bischof von Rom an der Spitze der Kirche setzt, wie er auf die Nöte und Herausforderungen seiner Zeit einzugehen vermag. Jeder Papst – ähnliches gilt für uns alle in unseren jeweiligen Funktionen – war bzw. wird also stets neu zu einer je anderen Verkörperung des Petrusamtes mit jenem Charisma, das jeweils nur er einmalig unverwechselbar einzubringen vermag. Wenn ich nun hinzufüge, daß ich überzeugt bin, daß uns immer zur rechten Zeit die richtigen Persönlichkeiten für die Cathedra Petri geschenkt werden, dann denke ich in erster Linie an die letzten Päpste, die ich selber persönlich erleben und kennenlernen durfte. Gleichzeitig waren und sind sie alle Menschen. Wir sollten diesen Gedanken nie übersehen oder gar verdrängen. Es wäre furchtbar. Dann unterläge der Träger dieses schweren Amtes dem totalen Druck lehramtlicher Leistungspflicht, aber noch schlimmer, wir würden auf so unerträgliche Weise in die Pflicht genommen, daß darin sogar unsere Beziehung zu Gott und Jesus Christus selbst Schaden erleiden könnte. Menschsein und Menschlichkeit sind für den Papst und für ei-nen jeden und eine jede von uns die Grundlage des Wirkens Gottes in dieser Welt; denn die Gnade setzt die Natur voraus: „gratia supponit naturam."

Von Papst Johannes XXIII. wissen wir, daß ihn die Sorgen und die Last seines Dienstes vor allem am Anfang seines Pontifikats kaum mehr schlafen ließen, bis er eines Nachts vermeinte, eine Stimme zu hören, die ihm sagte: „Nimm dich nicht so wichtig, Giovanni!" Wie natürlich, welch wunderbarer Mensch war Papst Johannes XXIII., der sich als „Pfarrer der Welt" verstand und sagen konnte: „Meine Familie ist die ganze Welt." So empfanden und liebten ihn auch die Menschen. Gerade aber unter diesen Gesichtspunkten ist die Geschichte des Papsttums noch lange nicht zu Ende geschrieben. Auch hier gilt: Groß von Gott denken und den Horizont öffnen und weiten für das Einmalige, das uns durch jeden Menschen geschenkt wird! Freilich, es gilt auch zu unterscheiden zwischen den Eigenarten und Eigenheiten und dem vergänglich Alltäglichen, das auch die Person im Petrusamt oder jene in der Nachfolge der Apostel ausmacht. Da gäbe es weniger Ärger, da nähmen wir gegebenenfalls die einzelnen Individualitäten etwas weniger ernst, manches von ihnen weniger tragisch. Da dürften auch sie zuerst Menschen sein und dann erst die Würden-

und Amtsträger. Sie gehörten auch als solche eingestuft. Andererseits sollten wir ihnen auf dieser Ebene begegnen und entgegentreten. Nochmals sei wiederholt: Wir müssen aus den überkommenen Klischees ausbrechen und uns getrauen, zu einer Gemeinde von Mitchristen – immer Frauen und Männer –, ohne Obrigkeitsangst zu reifen. Den Amtsträgern bleibt zu wünschen, sie mögen keine Berührungsängste nach rechts und links, ins Volk haben, aber auch keinen unbegründeten Dünkel. Menschsein ist gefragt; Gott gibt das Gelingen und Vollenden.

Als Papst Leo XIII., dem als Übergangspapst Gewählten, der Dekan des Kardinalkollegiums recht ehrerbietig devot zu seinem 90. Geburtstag mit den Worten gratulierte: „Mögen Eure Heiligkeit in gleicher Rüstigkeit den 100. Geburtstag feiern können", da gab er zur Antwort: „Warum der Vorsehung Gottes Grenzen setzen?"

Kein blinder Kadavergehorsam

„Roma locuta causa finita" – „Rom hat gesprochen, die Sache ist erledigt". So verführerisch einfach hat alles einmal geklungen. Natürlich muß es verbindliche Letztverfügungen in unserem gesamten zwischenmenschlichen Bereich geben, auch in der Kirche. Doch da geschah viel Unrecht durch Mißbrauch. Heute unterliegen viele wieder der Versuchung, ganz besonders angesichts der Schwerfälligkeit der weltumspannenden internationalen Einrichtungen wie UNO, NATO oder der EU, ihre Frustration dadurch abzubauen, daß sie bei radikalen, faschistischen Gruppierungen Zuflucht suchen. Verführerisch auch der Gedanke – manche spielen ganz offensichtlich damit und erblicken darin ein mögliches „Fundament" einer Veränderung zum besseren hin –, wenigstens in der römisch-katholischen Kirche mit einem Papst als unfehlbarem Oberhaupt auf Ordnung, Glaubwürdigkeit und Überzeugungskraft bauen zu können: „Roma locuta, causa finita" – so ist es, so hat es zu sein, gleichgültig, wie es nach unten hin aussehen mag. Wir haben Prinzipien, wir haben Fundamente.

Wodurch ist Christus ans Kreuz geliefert worden?, möchte ich hier fragen. „Wir haben ein Gesetz, und nach diesem Gesetz muß er sterben." Zweifelsohne sind viele von uns, wieder die Jugend voran, der vielen faulen Kompromisse und der nicht mehr einzulösenden Wahlversprechungen einer seit Jahrzehnten geführten Gefälligkeitsdemokratie überdrüssig. Viele wünschen eine starke Hand herbei. Die Wahlergebnisse beweisen es überall. Daß viele deshalb die Flucht in das Rechtsaußen unserer Gesellschaft oder in einen anarchistischen Liberalismus antreten, wen darf es verwundern? Zu alledem zeigt sich überall, daß Macht korrumpiert und die Großen sich immer alles „zuschieben" können. Aber – ich betone es mit Emphase – Rom ist und kann kein Kommando dagegen sein!

In diesem Zusammenhang sei vermerkt, daß es gewisse Kreise gibt – meist sind sie keineswegs identisch mit dem, was wir Tatchristen nennen –, die unterstellen, es gäbe vor allem für den Klerus so etwas wie den Kadavergehorsam. Im Gehorsam, so wurde uns gesagt, habe man ein „obsequium rationabile" – „eine rational vollziehbare Nachfolge" – zu erblicken. Durchaus sei auch das ins Gewicht gebracht, beklagt und als dringend reformbedürftig eingemahnt, weil es jedem Vertrauen in die Person und dem Selbstverständnis eines Gliedes der Kirche Jesu Christi unwürdig und zuwiderlaufend ist: Wozu die vielen, unendlich langen Eidesformeln, angefangen vom Antimodernisten-Eid für Weihekandidaten bis hin zu den zu beschwörenden Glaubensregistern, die ein als Pfarrer zu installierender Priester vor seinem Dechant abzulegen hat? Zurück zur Einfachheit des Evangeliums: „Eure Rede sei ja, ja oder nein, nein!" Ebenso heißt es in jenem Buch, dem Evangelium, auf welches widersinnigerweise die erwähnten Eide abzulegen sind: „Ihr sollt nicht schwören!" Ich will damit klar sagen, daß auch für uns Christenmenschen, auch im Klerus und bei der theologischen Forschung gelten muß: Die Gedanken sind frei. Es bedrückt mich sehr, daß gerade unter Papst Johannes Paul II. uns in der letzten Zeit so vieles von Rom „in scriptis" vorgelegt wurde, bei dem man sich des Eindrucks nicht erwehren kann, dahinter stehe die Absicht, alles festzuschreiben, was nur irgendwie in Frage gezogen werden könnte. Abgesehen davon, daß kaum jemand mehr von uns, vor allem uns Seelsorgern in der Lage ist, sich mit den unendlich vielen Drucksorten (143 Bände der Hefte der „Verlautbarungen des apostolischen Stuhles“, erschienen bis 2. 2. 2000) auseinanderzusetzen, vermeine ich sagen zu dürfen: Auch darin kommt die Eigenart und der Charakter dieses jetzigen Papstes zum Ausdruck. Es muß sofort hinzugefügt werden: Die Kurie hat maßgeblichen Anteil daran. Aber wer oder was ist wirklich Rom?

„Roma locuta“ besagt dieses alles mitnichten. Erstens geht es bei dem Inhalt, den diese Maxime ausdrücken soll, keineswegs primär um disziplinäre Fragen. Zweitens hängt, wie wir schon sahen, die Unfehlbarkeit in Glaubens- und Sittenfragen, wie es einmal im Katechismus hieß, nicht an Rom, sondern liegt bei den Bischöfen und in Sonderheit bei dem Nachfolger im Petrusamt, bis jetzt dem Bischof in Rom. Das „Roma locuta“ – „Rom hat gesprochen“ ist eine oberflächliche Simplifizierung, die dem Sachverhalt nicht annähernd gerecht zu werden vermag. Nur in lehramtlichen Entscheidungen nämlich, denen langwierige Konsultationen mit Fachleuten vorausgehen, sowie im Konsens mit allen Bischöfen gilt, wenn da der Papst dies als solches „ex cathedra“, unter dem Beistand des Heiligen Geistes, zur verbindlichen Lehre der Kirche feierlich zum Glaubenssatz, zum Dogma erklärt. Dann heißt es „causa finita“, dann ist ein aufwendiger und meist auch nötiger Prozeß zur Wahrheitsfindung abgeschlossen. Dann erst ist der Inhalt dieses Dogmas der Diskussion und dem Zweifel entzogen.

Uns wurde in der Dogmatik in Rom nachdrücklich beigebracht, daß Dogmen meist nur ganz knappe Lehräußerungen enthielten. Man solle also immer genau differenzieren und bedächtig damit umgehen. Wir sollten uns obendrein vor apodiktischen und absoluten lehramtlichen Äußerungen bzw. Deklarierungen hüten. Nicht zuletzt – und ich studierte, wie erinnerlich, in den 50er, 60er Jahren in Rom – solle alles in Hinblick auf die Ökumene mit großer Bedächtigkeit und in sensibler Liebe zu allen Mitmenschen vorgetragen werden. Immer wieder wurde uns von unseren Professoren – es sei ihnen gedankt – nahegelegt, groß von Gott zu denken, je größer umso besser. Gott paßt in kein Dogma. Er übersteigt alle unsere Denkkategorien. Uns Menschen ist darin eine Verständigungsbasis geschenkt, womit wir uns im gemeinsamen verstandesmäßigen Bemühen besser, wenn auch immer nur begrenzt menschlich, der Unendlichkeit Gottes nähern können. Dafür mußte auch unter schmerzlichem Ringen, bei teils schlimmen Verwundungen über die Jahrhunderte hinweg und durch die vielen Konzilien eine gemeinsame Begrifflichkeit, eine Terminologie aufgebaut werden, um unser Glaubensverständnis wenigstens in ein uns alle verbindendes Glaubensbekenntnis einbetten zu können.

Noch einmal, über und vor allem sei gesagt: Gott begegnen wir viel einfacher, viel direkter, viel spontaner im Gebet, in der Liturgie, in Eucharistie und in den Sakramenten. Obendrein darf an das Wort des großen Augustinus erinnert werden: „Gott ist dir näher als du dir selbst." Zum letzten Mal hat Papst Pius XII. ein Dogma, das von der leiblichen Aufnahme Mariens, im Jahre 1954 promulgiert. Ich bin überzeugt, daß es für jeden Papst eine fast unmenschliche Belastung bedeuten muß, sich in hohem Ethos und dienend zu einer Entscheidung und Handlung solcher Dimension durchzuringen. Von Papst Johannes XXIII. wird erzählt, er habe sich folgendermaßen geäußert: „Ich weiß, daß ich unfehlbar bin, aber ich möchte davon keinen Gebrauch machen." Seit dem letzten Konzil gibt es regelmäßig Bischofssynoden zu gewissen Themen und Problemkreisen und Versammlungen von Bischöfen bestimmter Kontinente und Regionen. So wird ein gewisser Informationsstrom nach Rom und umgekehrt ermöglicht. Der Papst faßt dann die wichtigsten Beratungspunkte in einem Synodenpapier zusammen. Dieses wiederum ist ein Arbeitsbehelf für die Erledigung unserer gemeinsamen Aufgaben, den Menschen das Heil in der Erlösung durch Jesus Christus näher zu bringen und auf ihre Sorgen, Nöte und Probleme einzugehen. In solch kollegialem Vorgang und Gedankenaustausch mag sich auf heutige Weise verwirklichen, womit die Päpste signierten, nämlich daß sie „servi servorum dei" – „Diener der Diener Gottes" sind. Ein Mangel solcher Synoden ist freilich, daß die Abschlußdokumente, die aus dem Vatikan kommen, oft ganz anders aussehen als die Vorlagen einer Synode.

Leben ist mehr als all die Grundsätze, Papiere und Verordnungen, mögen sie selbst aus Rom kommen. Gefahr droht dort, wo in Einzelfällen verabsolutiert, fundamentiert und zementiert wird. Wenn sich das gar noch paart mit Fanatismus, dann muß heiliger Zorn her, damit uns dieser weiterhelfe: „Groß von Gott denken, je größer umso besser!" Wie schön, daß erst kürzlich Kardinal König – der Grand Seigneur jener Generation von Bischöfen, die das Konzil mitgetragen haben, denen man gerne mit Respekt und Hochachtung begegnet, weil sie Persönlichkeiten von Format sind, ihr Wort ausgewogen und von Gewicht ist – als Tugenden der Zukunft gefordert hat: Ehrfurcht, Toleranz, Friedensliebe und Solidarität. Mögen sie ihren Platz auch in der römisch-katholischen Kirche finden!

„Modo Romano" und die Pille

Bei Führungen in unserem Stift, besonders, wenn es sich um Mitmenschen handelt, die nicht der katholischen Kirche angehören oder ihr sehr kritisch und distanziert gegenüberstehen, erzähle ich gerne anhand einer Verordnung aus der berühmten Bulle „Summi Magistri" des Papstes Benedikt XII. vom Jahre 1331, wie Verordnungen Roms katholisch, das heißt für alle Betroffenen erträglich und nachvollziehbar erlassen wurden: Im Spätmittelalter sollte nochmals das Verbot des Fleischgenusses von Vierbeinern eingeschärft werden. Es besteht eine ganze Literaturgattung solcher Vorschriften – „De esu carnium" – „Über den Genuß von Fleisch" –, einer Tatsache, welcher wir die Fischteiche bei vielen Klöstern verdanken. Da es immer wieder Verstöße gegen dieses Verbot zu beklagen gab, griff Rom ein. Papst Benedikt XII., vordem Zisterziensermönch, schrieb die besagte, nach ihm benannte „Benedictina".

Zur damaligen Zeit gab es in jedem Stift zwei Küchen – eine für alle Mitbrüder, das Refektorium, den Speisesaal und eine zweite, die Prälatenküche, von der aus die Gäste und kranken Mitbrüder in Anwesenheit des Abtes versorgt wurden. In der Benedictina wird das Fleischverbot prinzipiell in Erinnerung gebracht, allerdings mit der Einschränkung, es stehe dem Oberen frei, kranke, schwächliche und alte Mitbrüder, neben den Gästen, deretwegen immer das Fasten gebrochen werden kann, an seine Tafel zu laden. „Man achte aber immer darauf", so heißt es in der Bulle weiter, „daß stets auch eine genügende Anzahl von Mitbrüdern im Refektorium verbleibe". Der Grundsatz ist gewahrt, dem Abt obliegt die menschliche Auslegung. „Katholisch", so legte es unserem Konvent in Exerzitienvor-trägen der Exeget und Prälat Professor Wolfgang Beilner ans Herz, „katholisch ist das, und: konservativ und progressiv, alt und neu, eben, leben und leben lassen'." Wir werden im Folgenden weiter darauf eingehen.

Wir müssen wohl allesamt lernen, im richtigen Sinn, im echt römischen Sinn katholisch zu werden. Römisch oder römischer ist keineswegs derjenige, der immer irgendwo seine Verbindungsleute im Vatikan sitzen hat, bei ihnen Rückfrage hält oder der es gar nötig hat, einen Pfarrer bei der Glaubenskongregation gleichsam zu verpetzen. Wir alle sind römischkatholisch, wenn wir möglichst lebendige, durchaus kritisch denkende und handelnde Glieder der allgemeinen Kirche Jesu Christi sind. Um ehrlich zu sein, im richtigen Sinne verstanden, dürften wir uns sogar alle eben als Römer fühlen, vergleichbar dem Wort von John F. Kennedy im Berlin der Mauer: „Ich bin ein Berliner." Richtig, da schlägt meine persönliche Liebe zu Rom durch, der Stadt, ihrer Geschichte, ihrem so lebendigen Treiben und der Tatsache, daß wir nur dort lernen können, katholisch zu sein, wenn man am Schluß immer miteinander reden und leben kann. Bleiben wir dabei: römisch und katholisch besagt progressiv und zugleich konservativ, Tradition und Vision, weil auf die Ewigkeit gerichtet, weltumfassend, zu Gunsten einer Globalisierung aus der Kraft unserer Erlösung in Jesus Christus. Rom heißt „und", die Einheit in der Vielfalt, die Klammer um alle. So wäre es eine totale Verengung der Sicht, päpstlicher sein zu wollen als der Papst in Rom. Genau darin gründet nicht selten das Mißverständnis zwischen Nord und Süd in Europa. Obendrein möchte ich an dieser Stelle ein Wort von Papst Johannes Paul II. zitieren, der einmal sagte: „Gott hat den Menschen in die Autonomie entlassen." Das kann doch nicht zugunsten einer römischen Kommandozentrale zu interpretieren sein.

Unter vielen Gesichtspunkten, nicht nur den hier angeführten, fühle ich mich recht wohl als römisch-katholischer Christ, wenngleich ich hoffe und bete, daß Rom nie mehr zum Ärgernis oder gar zu einem

Fels der Spaltung werden möge. Ich wünsche mir vielmehr, daß es auf Langzeit gelingen möge, gemeinsame Lösungen zu finden, um unserem Herrn Jesus gerecht zu werden in seinem Wunsch und innigsten Gebet: „ut omnes unum sint" – „daß alle eins seien!" Aber was heißt schon eins oder eins sein? Es sei versucht, im folgenden Kapitel darüber einige Gedanken vorzulegen. Abschließend möchte ich nochmals wiederholen: Dem Apostel Petrus und allen seinen Nachfolgern gilt das Wort des Herren: „Du aber stärke deine Brüder!"

Doch merke auch als Fazit: Nicht alles, worin sich manche Kleriker, und mögen sie hochgestellt sein, auf Rom berufen, kommt tatsächlich aus Rom. Sogar dort, wo gelegentlich manche Herren den Eindruck vermitteln möchten, das von ihnen in Umlauf Gesetzte sei die Linie des Papstes, und selbst, wenn sich gewisse Personen bemüßigt fühlen, förmlich aufspringen zu müssen, um sich der Presse zu stellen und den Standpunkt Roms zu verteidigen, selbst in solchen Situationen ist genau zu überprüfen, ob darin wirklich die Linie oder die Meinung des Papstes in Rom zum Ausdruck kommt. Ich denke da etwa an den Fall, als einige wenige italienische Kardinäle voreilig vorpreschten und in Österreich die Bischöfe Andreas Laun und Kurt Krenn ihre Stimmen erhoben, um öffentlich dagegen zu protestieren, daß den in Kosovo von ihren Feinden vergewaltigten und geschwängerten Frauen, die wohlgemerkt muslimischen Glaubens waren, Pillen verabreicht wurden, um ihnen im nachhinein die persönliche Entscheidung zu ermöglichen, ob sie ein Kind wollten, das ihnen ein Feind in ihren Leib gezwungen hatte und in dem sie ein Leben lang an den Tatbestand einer die Menschenwürde verachtende, kriegerische Gewalttat erinnert würden. Ob sich die Herren Moralapostel je bei Fachleuten erkundigten, in welch erniedrigenden, demütigenden, menschenverachtenden, fast tierischen Abläufen solche Vergewaltigungen im Rahmen der Kriegsgeschehnisse vorgenommen werden? Zum Glück, so erfuhr ich von einem bekannten Gerichtspsychiater, der im Verlauf seiner Tätigkeit rund 140 Tatbestände von Vergewaltigungen zu begutachten hatte, sind die Frauen bei derartigen Übergriffen in den wenigsten Fällen empfängnisfähig. Schließlich, Menschen werden nicht nur durch mechanische Abläufe ins Leben gerufen. Aber Garantie ist diese Vorsorge der Natur nicht. Bischof Laun, von deutschen Kollegen „Mini-Inquisitor“ genannt, müßte dies aus seinen Moralvorlesungen wissen.

Abschließend sei nochmals betont: Bei der Stellungnahme der erwähnten Bischöfe gegen die Kosovo-Frauen und die ihnen verabreichten Pillen stellte sich schnell heraus – in manchen Zeitungen war das dann nicht so genau wiedergegeben –, daß weder Papst Johannes Paul II. noch ein anderer offizieller Vertreter des Vatikans dazu Stellung bezogen hatte. Für Österreich ist es Kardinal König und dann in seinem Gefolge Kardinal Schönborn zu danken, daß manches, worüber die Menschen entsetzt und erregt waren, wieder zurechtgerückt werden konnte. Obwohl dieser Sachverhalt gar nicht in die Zuständigkeit unserer Kirche fiel – diese Frauen sind wie gesagt Muslime –, war und ist der Schaden für die ganze römische Kirche nachhaltig. Aus der Einsicht in diese Zusammenhänge fragten sich viele: Wo war in diesem Augenblick der Vertreter des Papstes in Österreich? Auf Urlaub in Apulien?

Der folgende Brief, an mich adressiert, mag es wiedergeben. Ich möchte ihn abgedruckt wissen, damit jenen Herren die Stimmung aus dem Kirchenvolk vermittelt wird, die sich stets wichtigtuerisch bemüßigt fühlen, ihre Prinzipien zu reiten, ohne Rücksichtnahme auf Schmerz und Wohl der Betroffenen, ohne eine andere Problemlösung anbieten zu können und ohne Rücksicht zu nehmen auf die Opfer, die vor die moralische Entscheidung gestellt und mit der peinlichen Verpflichtung konfrontiert sind, für sich in einer ganz konkreten Notlage als Menschen mit freiem Willen selbst zu entscheiden. In welche Nöte Frauen geraten können (zugegeben: ein Mißbrauch ist nie auszuschließen), um sich zu einer solchen Tat hinreißen zu lassen, das scheint in den angesprochenen Äußerungen dieser Herren kaum eine Rolle zu spielen. Darin erblicken aber unsere Mitbürger Hochmut und Verlogenheit. Die Empörung ist bei vielen von ihnen grenzenlos. Im Hinterkopf vieler braver Gläubiger schwingt da ja etwas ganz anderes noch immer mit, nämlich Papst, Bischöfe, Priester handelten ihrer überkommenen Ausbildung gemäß „im Namen Gottes“, wie Rom sie interpretiert. Nur für den konkreten Fall sei gesagt: Besagte Herren konnten sich in dieser Form nicht auf Rom berufen, noch handelten sie römisch. Alles weitere möge dem folgenden Brief aus Wien vom 22. August 1999 entnommen werden:

„Verehrter Herr Prälat,

wenn diese in der Kronen Zeitung – leider sehr populistisch abgehandelten – veröffentlichten Schilderungen der Wahrheit entsprechen (und es gibt kaum Grund, daran zu zweifeln), dann kann ich nicht begreifen, daß die katholische Kirche laut Aussage von Bischof Krenn die Abtreibung auf diese grausame Art entstandener Kinder als Sünde bezeichnet. Irgendwo gibt es eine Grenze des menschlich Vertretbaren, und die ist meines Erachtens hier überschritten. Ohnmächtig steht man solchen Ansichten gegenüber, dürfte seiner gegenteiligen Meinung eigentlich nicht Ausdruck verleihen, und selbst wenn, würde diese Äußerung nie gehört werden.

Nur zur Erklärung: Ich selbst stand nie vor einer Entscheidung bezüglich Abtreibung, habe einen Sohn, bin inzwischen nach 42 Ehejahren 65 Jahre alt. Meine Empörung hat also mit keinem persönlichen Erlebnis zu tun, entspringt nur meinem menschlichen Empfinden.

Entschuldigen Sie, bitte, daß ich Sie mit diesem Brief belästige, aber irgendjemanden mußte ich das einfach sagen. Ich glaube an Gott und liebe Ihn, nicht aber die Institution Kirche, obwohl ich wider meinen Gerechtigkeitssinn den Austritt noch immer scheue.

Danke, daß Sie mir „zugehört" haben. Ich grüße Sie mit großem Respekt."

Was hatte Jesus den geifernden älteren Herren in Anwesenheit der Sünderin gesagt? „Wer von euch ohne Sünde ist, der werfe den ersten Stein auf sie!" Ich weiß schon, das trifft, so werden unsere Herren sagen, hier nicht das Problem. Im Geist des Evangeliums geschah es aber auch nicht. Für mich freilich traurig, daß dadurch die „Institution Kirche", wie im Brief steht, in ihrem Ansehen und wahren Charakter zu Schaden kommt, der tief in den Herzen der Menschen sitzt. Leider muß ich hinzufügen: auch darin, wie die gesamte so leidige Causa Groer behandelt wurde. Es wird großer Anstrengungen bedürfen und lange Zeit dauern, bis das bereinigt werden kann, von einer Überlegung des Wiedergutmachens ganz zu schweigen. Diese Chance wurde in den Augen vieler mutwillig von einigen wenigen zerstört und wird letztlich unserer Kirche, also uns allen, zur Last fallen. Daher muß noch einmal gesagt werden: selbst für die römisch-katholische Kirche in ihrer zu einem solchen System gewordenen, sie belastenden Ausformung muß gelten, daß trotzdem von Fall zu Fall, von Person zu Person genau zu unterscheiden ist und Gott sei Dank bei weitem nicht alles römisch ist, worauf sich gewisse Herrschaften zu berufen herausnehmen.

Kein Fleisch am Freitag und Friedhofprobleme

Immer klaffen Theorie und Praxis weit auseinander. Vielfach gelingt es Verantwortlichen nicht, ihr Wissen um Gesetze, Normen und Verhaltensregeln, um Moral und Ethik so in ihrem persönlichen Leben zu verarbeiten, daß sie es in ihrem Wirkungskreis weiterzugeben und auf konkrete Fälle anzuwenden imstande sind. Ich denke, daß wir uns auch vor Augen zu führen haben, daß vieles, was da gedacht war als Weg hin zum ursprünglichen Sinn, zum Wesentlichen, daß viele dieser Erneuerungen des Konzils, manch darin bedingte Abkehr von Ritualisierungen, Bräuchen und Gewohnheiten und somit grundlegende Eingriffe in ein System von über Jahrzehnte und Generationen oder gar Jahrhunderte gewachsenen Altgewohntem daran scheitern mußten, daß ihre Durchführung leider nur einseitig oder primär über den Intellekt vermittelt wurden und ins Leben gelangen sollten. Über Texte und Verordnungen, auch jene der Diözesansynoden als Umschlagplatz für die konkrete Ortskirche, sollten in den Seelsorgsalltag der Pfarrgemeinden, ja in das Leben der gläubigen Menschen übersetzt werden, wovon manche mit der Durchführung Betrauten, häufig eben die Geistlichen, noch nicht einmal selbst überzeugt worden waren. Es gab und gibt zu wenig Einschulungen, Seminare und Bemühungen, all dem Neuen Einpflanzung zu schenken. Zu tief sitzt das Altgewohnte noch in unseren Mitmenschen, ganz besonders denen der älteren Generationen, die den Großteil des Kirchenvolks ausmachen, auch wenn dieses Altgewohnte sachlich vom Sinn her ausgedient hat. Der Widerstand regte sich auch dann, wenn jedermann irgendwie verspürte, daß eine Erneuerung dringend vonnöten war, nicht zuletzt, um die Deckungsgleichheit zwischen dem zu vermittelnden Heil und der äußeren Form wiederherzustellen. Ganz abgesehen davon, daß sich die Weltkugel in der Zwischenzeit oftmals gedreht hatte und eine völlig neue Zeit angebrochen war. Aber das Alte beizubehalten war bequemer und der Mentalität des normalen österreichischen Durchschnittskatholiken wohl auch besser entsprechend als beunruhigende Reformen. Wie angenehm, wenn alles „da vorne" abläuft ohne eigenes Zutun! Einer unserer Professoren in Salzburg, der uns Philosophiegeschichte, Metaphysik und Psychologie in bleibender und noch in unseren Ohren nachklingender anschaulicher Deutlichkeit beizubringen bemüht war, Pater Ildefons Betschart aus dem Schweizer Kloster Einsiedeln, faßte dies einmal in das Bild eines Menschen, der in der Kirche während einer langen Predigt plötzlich aufwacht und seinen Nachbarn mit der Frage anstubst: „Predigt's noch?"

Für die Entwicklung in der nachkonziliaren Zeit ist auf besondere Weise zu berücksichtigen, daß uns im Klerus nicht nur Generationen, unterschiedliche Temperamente, Charaktere und mittlerweile auch Nationalitäten trennen, sondern daß es auch die unterschiedliche theologische Ausbildung ist. Der Grundkonsens gerade in der Perzeption, der personalen Aufnahme des Reformgutes, kam auf dieser Ebene weitgehend nicht zustande. Solch geteilte Auffassungen eines einerseits zu schnellen und heftigen Reformschubs seitens der Progressisten, andererseits das zaghafte Festhalten oder nur äußerliche Durchführen von Verordnungen, von denen der verhaltene, fast ängstliche, aber sehr exakte Seelsorger noch nicht überzeugt war – das alles verursachte große Verunsicherung unter den Gläubigen. So konnte es auch geschehen, daß so viele positive Veränderungen am Ziel vorbeigingen, nämlich an einer Verinnerlichung, einer Reform zurück zum Wesentlichen, zur Urform christlichen Lebens. Vor allem einer tieferen Spiritualität wegen und, um Christ sein zu können vor dem Hintergrund der neu gewonnenen Erkenntnisse, die uns das Konzil und überragende Theologenpersönlichkeiten geschenkt hatten, waren die Reformen in die Wege geleitet worden. Düstere Wolken zogen erst zu einem Zeitpunkt am Himmel auf, als sich herausstellte, daß es Gegenbewegungen gibt, Bestrebungen, die über Rom liefen und ab einem bestimmten Zeitpunkt den Eindruck aufkommen ließen, es könnte vieles wieder zurückgenommen werden. Also wozu? Die eingeleiteten positiven Veränderungen wurden tatsächlich „im Sprunge gehemmt", wie Weihbischof Krätzl schrieb.

Katastrophal waren die Folgen, wenn etwa die Integrationsfigur für diesen Erneuerungsprozeß, der von Volk und Klerus verehrte, weil bewährte Vertreter und Konzilsteilnehmer, auf plumpe, unmenschliche und fast schon unchristliche Weise ins Ausgedinge geschickt wurde, damit seine Stelle jemand einnehmen konnte, dem ein einschlägiger Ruf vorausging, der schon vom Erscheinungsbild und Auftreten her, aber auch durch Aktionen und durch Verstrickungen in fragwürdige Abläufe, dann das genaue Gegenteil signalisierte. Der Gipfelpunkt der Verunsicherung und beste Nahrung für Resignation, Auszug aus der Kirche und Spaltung bis hinein in die Familien wird dann erreicht, wenn man handgreiflich fassen kann, daß dahinter, wie von vielen vermutet, System steckt.

Einer meiner holländischen Mitbrüder, der seit Jahrzehnten als Mann des Fortschritts und als sensibler, von den Menschen geschätzter und beliebter Seelsorger in einer unserer Stiftspfarren wirkt, bedankte sich nach meiner ersten Konfrontation mit dem theologischen Vertreter von Bischof Krenn bei mir und sagte: „Endlich trittst du auf und wehrst dich gegen alles, was in Österreich passiert! Tu es weiterhin; denn in meiner Heimat hat Rom durch falsche Bischofsbesetzungen unsere Kirche ruiniert. Höre, was ich dir sage: In Amsterdam gibt es noch fünf katholische Pfarrkirchen bei etwa einer Million Katholiken. Ich wollte dieses Jahr, während meines Urlaubs für die Sonntagsgottesdienste meine priesterlichen Dienste anbieten. Man bedeutete mir: Wir brauchen euch Priester nicht mehr!" Darauf soll später noch Bezug genommen werden. Jetzt möchte ich nochmals ansetzen, um gleichsam wie in einem Lesebuch, in dem wir gemeinsam blättern und uns der Vorgänge erinnern, die in uns nicht mehr präsent und jungen Menschen nicht bekannt sind, das erzählen, woran manches gescheitert ist – es mag sogar zweitrangig sein, aber wir sollten ja aus Schaden klug werden, weil wir vorankommen wollen und müssen.

Die Vorgabe durch das (veränderbare) Kirchengesetz, an Freitagen auf Fleischgenuß zu verzichten, hatte den eigentlichen Sinn verloren, an Freitagen im Gedenken an den Tod unsers Erlösers am Kreuz ein Opfer zu bringen. Das Freitagsläuten „zur dritten Stunde“ blieb weithin noch Gewohnheit. Für diejenigen, die sich Fisch leisten konnten – das Preisverhältnis zu Fleisch hatte sich wesentlich verändert –, wurde eine solche Speise einmal in der Woche zu etwas ganz besonderem. Für andere wiederum konnte es zu einer finanziellen Frage werden. Sie konnten sich Fisch nicht leisten. Natürlich wäre auf Speisen ohne Fleisch und Fisch auszuweichen gewesen, allerdings unter mehr Arbeitsaufwand für die Hausfrauen. Obendrein müssen in unserer Arbeitswelt und bei unseren Tagesabläufen viele ihr Essen außer Haus einnehmen. In Gaststätten ist Fisch erheblich teurer und gar nicht immer auf der Speisekarte. Deshalb gab es schon längst vor Aufhebung des Gebots die Dispens vom Abstinenzgebot für alle, die nicht daheim essen konnten. Der Sinn des Freitagsgebots war also längst nicht mehr gegeben, das Kirchengebot ausgehöhlt, für wen war alles zusammen noch ein Opfer? Also änderte man ab: Nicht mehr die Enthaltsamkeit von Fleisch und Fleischspeisen – bei Suppen hatten die Kasuisten, die Kirchenrechtler ohnedies schon weit früher Festlegungen getroffen, wie weit eine Suppe, etwa die Gulaschsuppe, zu den Fleischspeisen zählte – sollte den Freitag als Tag unserer Erlösung auszeichnen, sondern ein persönliches, selbst gewähltes, freiwilliges Opfer. In der ersten Zeit nach dem Konzil empfahl man gerne etwa den Rauchern, auf die Zigarette oder Zigarre zu verzichten. Das wäre vermutlich ein Opfer, darin zeige sich obendrein, ob man noch Herr über sich selber wäre und sein könnte.

Diese beabsichtigte erneuerte Sinngebung für die einstmals eingeführte Übung des Fleischverzichts, die auf Langzeit guter Brauch geworden war, ist nicht gelungen. Niemand ist sich heute noch des Freitagsopfers bewußt. Für das, was man abschaffte, um einen Sinn neu zurückzugewinnen, fand man keine nachfolgende, leicht verständliche, für alle in die Praxis umsetzbare Alternative. Das Abstinenzgebot sitzt noch immer so tief bei vielen frommen Seelen, daß sie die Nichteinhaltung gerne ihren wichtigsten Sünden zuzählen und sie in der Beichte bekennen: „Ich bin am Sonntag nicht in die Kirche gegangen, habe das Freitagsgebot nicht gehalten.“ Auf die Frage dann, ob da noch etwas zu beichten wäre, kommt meist die Antwort: „Ich habe gelogen. Mein Jesus Barmherzigkeit!“ Da ist nichts aus der individuellen Beichte verraten, nur allgemein aus der Praxis gesprochen. Ich tue es deswegen, um zu erklären, daß bis heute sehr vieles leere, hohle, schale Form geblieben ist, daß eben so vieles, was im Konzil gut bedacht und beschlossen wurde, trotzdem nicht greift, aus mehrfachen Gründen vielleicht nicht greifen konnte.

Zum Freitag füge ich hinzu: Da gibt es zum Glück auch ein verändertes, theologisches Verständnis, das Freitag und Sonntag in Verbindung bringt. Wir dürfen uns erlöst wissen, gewiß dadurch, daß Jesus Christus aus Liebe zu uns Menschen selbst unser Fleisch angenommen hat und für uns alle als Mensch am Kreuz gestorben ist. Als Gemeinschaft der Glaubenden, als Volk der Erlösten leben wir in erster Linie aus dem Wissen um die Auferstehung des Herrn. Darin ist unser Selbstverständnis, das der ersten Christengemeinschaft in Jerusalem begründet, die sich nach Pfingsten und Geistsendung als solche erst konstituieren konnte. Es gibt daher auch eine Akzentverschiebung, die ebenfalls ihre tiefere Umsetzung bis in die letzten Pfarrgemeinden hinein noch nicht erreichen konnte.

Wie überall zu sehen, erfordert das theologisch grundlegend veränderte Konzept von Kirche, von Erlösung, in Summe das gesamte durch das Konzil erfolgte Aggiornamento immer noch und wieder unseren ganzheitlichen Einsatz und Willen zur Umsetzung und Weitergabe. Auch Standvermögen und klare Sicht sind gefragt, um etwas auf Langzeit zu verändern, was seit Jahrhunderten ein fester Bestand des Glaubens im Volk war. Die „Verheutigung“, die Aktualisierung der Inhalte unseres Glaubens, bleibt immer eine Herausforderung auf unsere ganze Zukunft hin. „Ecclesia semper reformanda“ – „die Kirche muß zu jeder Zeit reformiert werden” –, und dies, weil der Gegenstand unseres Glaubens der unendliche, unfaßbare Gott ist. Es sei nie vergessen, weil wir sonst der irrigen Meinung verfallen, mit unserem Bemühen und mit den Verordnungen und Weisungen der Kirche wäre uns Gott bereits ein „bekannter Gott“. Wir müssen uns bewußt sein, daß wir in allen unseren Bemühungen, Gebeten und Bestrebungen – ich rede gar nicht von „Bravsein“ – nur den bescheidenen Versuch einzubringen vermögen, um mit Paulus zu sprechen, uns immer nur dem „unbekannten Gott" zu nähern, wissend, vertrauend, daß er unser Leben ist, daß wir uns in seiner Liebe bewegen und sind. Umso bedauerlicher ist, daß es seit Jahren Bremsmanöver gibt, daß da Persönlichkeiten zu Schaltstellen geholt wurden oder sich emporzuhieven verstanden, die einen Kurs zurück einschalteten, bevor noch der Inhalt des Konzils auf weite Gebiete hin so richtig in Schwung gekommen war. Da zeigt sich recht drastisch, daß vieles nicht zuletzt an jenen Menschen zu scheitern droht, die in den Dienst der Kirche gerufen sind, vor allem wenn sie sich als Amts- und Würdenträger gebärden.

Um zu zeigen, wie sehr schon vor dem Konzil die Umsetzung der Paragraphen unterschiedlich weitergegeben werden konnte, welcher Handlungsspielraum jedem Seelsorger zur Verfügung stand, möchte ich aus meiner Praxis Vorfälle schildern, die tatsächlich passiert sind. Es geht mir um die Begriffe Amt, Dienst, Mensch und Würde, nicht um einen Traktat theologischer Aussagen, sondern vielmehr um meine Eigen-erfahrungen, anhand derer ich Abläufe zeigen möchte, die einfach der menschlichen Vermittlung, der Menschlichkeit im Dienste der Mitmenschen, keineswegs also eines Übermenschen bedürfen. Mag zwar stimmen, daß Erfahrungen nicht austausch-, nicht einmal übertragbar sind, so heißt es doch: „verba docent, exempla trahunt" – „Beispiele spornen an, Worte belehren".

Kurz nach meinem Amtsantritt als „Pfarrer" – ich konnte und wollte zu diesem Zeitpunkt nur als „Provisor" mit provisorischer Zuständigkeit den Seelsorgsdienst für die Pfarre Eibenstein übernehmen, ich sollte die wissenschaftliche akademische Laufbahn einschlagen –, wurde ich zu einer sterbenden Frau gerufen. Mit etwas geheimnisvoller Wichtigtuerei klärte mich der damalige Mesner auf, es handle sich dabei um eine Frau, die mit einem Mann, sogar einem evangelischen, unverheiratet, „zusammen gestanden" war, wie es damals im Volksmund hieß. Für mich ein klarer Tatbestand also dafür, das anzuwenden, was wir im Kirchenrecht als Möglichkeit für den Fall gelernt hatten, jemanden, der im Angesicht des nahenden Todes ein „Zeichen der Reue" abgab, von allen Sünden, auch von allen Inkriminierungen von Kirchenstrafen absolvieren zu können. Ich konnte also, dessen war ich mir auch als kaum Dreißigjähriger schnell bewußt, diesen Kanon des Kirchenrechts anwenden, der da lautete: „Si quis aliquid signum poenitentiae dederit" – „wenn jemand ein Zeichen der Reue gibt", dann kann er oder sie die Sterbesakramente empfangen und in der Folge auch kirchlich beerdigt werden. Aus der Bevölkerung hörte ich damals die recht harte Meinung: „Wir gehen da jeden Sonntag zu den Gottesdiensten. Die haben sich um nichts gekümmert, ja waren nicht einmal verheiratet. Und solche werden einmal genauso beerdigt wie wir? Da sind wir ja die Dummen!"

Weil ich die Stimmung im Volk kannte, nahm ich mir erstmals und zum einzigen Mal für den Versehgang einen Ministranten, in diesem Fall den Mesner, mit, um einen Zeugen zu haben. Somit war bezeugt, daß ich dieser Sterbenden tatsächlich die Sterbesakramente gespendet hatte. Etwa zur selben Zeit verweigerte ein Pfarrer in der Nachbarschaft für einen plötzlich verstorbenen Bauern das kirchliche Begräbnis deswegen, weil dieser fast nie an Sonntagen den Gottesdienst besucht hatte. Große Empörung und Trauer vor allem bei den Angehörigen. Auch dieser Priester konnte sich auf das Kirchenrecht und auf ein Kirchengebot berufen. Ich selbst klärte meine Gemeinde, für die ich Verantwortung trage, damals über den wahren Sachverhalt auf, nahm diese Gelegenheit zum Anlaß, um über Erlösung, über Taufe und über die „Gemeinschaft der Heiligen" zu sprechen und beerdigte diese Frau ganz normal auf dem Friedhof, der sich in Eibenstein um das Bergkirchlein herum erstreckt. Auch dieses war nicht ganz so selbstverständlich; denn da gab es schließlich einen großen Friedhof und einen kleinen – den für die Selbstmörder, die Andersgläubigen und die armen Leute. Es dauerte lange Zeit und ich mußte oft wiederholen, daß man mich im Falle meines plötzlichen Todes mitten im kleinen Friedhof, eben unter den armen Sündern beerdigen möge, bis ich jene Mitglieder der Pfarrgemeinde bewegen konnte, für die wir keine Grabstelle auf dem großen Friedhof mehr finden konnten, für sich und die Familie eine Grabstelle auf dem kleinen Friedhof anzukaufen.

In der Zwischenzeit ist es mir gelungen, die äußere Gestaltung des gesamten Areals um die Kirche so zu verändern – übrigens im gemeinsamen Arbeitseinsatz und mit vereinten Kräften, alt und jung –, daß ein gemeinsamer Gottesacker aller daraus geworden ist und jeder Besucher an seinen eigenen Tod gemahnt und insbesondere daran erinnert wird, daß wir als Christen an ein Leben nach dem Tod und an „die Auferstehung des Fleisches“ (jetzt: „von den Toten“) glauben. Wen verwundert es, daß ich auf diesem Friedhof für mich selbst meine bescheidene letzte Ruhestätte vorbereitet habe? Ich fühle mich mittlerweile wirklich in Eibenstein „en famille“ und konnte auf die Grabplatte dort eingravieren lassen: „In patria“ – „in der Heimat“. Sicher, wenn ich einmal da unten ruhen werde, so konnte ich die „Pfarrkinder“ instruieren, dann bin ich sogar dereinst „ein Waldviertler“. Um mir aber in der Öffentlichkeit Schaden zuzufügen, wurde von einigen gezielt in Umlauf gesetzt, ich hätte mir eine „aufwendige Gruft“ errichten lassen. Die Gruft aber war nicht teurer als jedes andere nur halbwegs schön gestaltete Grab auf demselben Friedhof. Daß ich wirklich Heimatgefühl erfahren und in der Pfarre Eibenstein heimisch werden konnte, verdanke ich einem Menschen, der mir dreißig Jahre lang ein Daheim im Pfarrhof schuf. Es war eine Frau, deren Namen ebenfalls die Grabplatte schmückt. Wenn ich nicht Zeit finde, ein Lichtlein in Dankbarkeit anzuzünden, dann tun es die Menschen der Pfarrgemeinde, die immer großen Respekt vor einer Persönlichkeit hatten, die als Mensch unter Menschen lebte, ohne jede Einmischung in Pfarrangelegenheiten, stets hilfsbereit und freundlich, die aber anfänglich darunter litt, daß sie halt die „Wirtschafterin“, die „Pfarrersköchin“ benannt wurde, obwohl jedermann im Ort verspürte, daß sie mehr war, wenn sie den Haushalt mit Niveau und Charme führte, in dem sich nicht nur ihr Pfarrer, sondern auch immer wieder viele gute Freunde wohl fühlen konnten. Dialog muß in der Familie, aber auch im Pfarrhaus beginnen! Nie zuvor gab es so viele trauernde Menschen in Eibenstein wie bei ihrem Begräbnis.

Ein weites Kapitel der Verdrängung von Problemlösungen, von bisher nicht erfolgter Aufarbeitung menschenunwürdiger Verhaltensweisen gehörte in Offenheit einmal in den Dialog geholt, damit wir das bewältigen können, was da immer noch zwischen den Zeilen und in den Herzen und Gehirnen des christlichen Volkes (nicht aus eigenem, sondern aus kirchlichem Verschulden) eingeschrieben ist, ohne daß wir deswegen schon beim Grundsätzlichen angelangt wären. Ich komme nochmals zurück zu dem oben angesprochenen Begräbnis. Es fiel in die Winterzeit. Ich holte meine Schlittschuhe heraus, kleidete mich demgemäß und ging mit den Jugendlichen auf das Eis der Thaya. Anscheinend war ich auch andersherum auf dem Eis gelandet, denn eine damals knapp sechzigjährige Frau, die nie bei einem Gottesdienst noch bei einer anderen pfarrgemeindlichen Veranstaltung zu sehen war, entsetzte sich über meine Tat: „Was haben wir jetzt für einen modernen Pfarrer!" Es war mit jenem Unterton gesprochen, aus dem eine gewisse Verachtung herauszuhören war: „Das verstößt doch gegen die guten Sitten, das macht man nicht! Ein Pfarrer sieht anders aus. Er hat zumindest ein Kollar zu tragen." Nicht die Person, der Mensch war also gefordert, die Uniform mußte es sein!

Natürlich sind wir alle längst aus solchen Formeln ausgebrochen, und gerade in Österreich wurden die klerikalen Kleidungsvorschriften immer großzügig gehandhabt. Ich fand dies in Geras so vor und in unserem Orden besonders wohltuend offen praktiziert: Wir tragen gerne und zu den gegebenen Anlässen, im Kloster häufiger, unseren schönen weißen Habit, betrachten ihn aber wie ein Festkleid, etwa dem Abendkleid der Damen vergleichbar! Meist aber gehen wir außer Haus, wie ich gerne sage, „als Mensch verkleidet". Für uns alle kein Thema. Die Menschen kennen uns und wir sie, auch ohne klerikale Brandmarkung. Der Mensch zählt. Das war es eigentlich auch, was ich damals der älteren Dame aus Eibenstein antwortete, die mich für so modern hielt: „Wie immer ich vor Ihnen erscheine, ich weiß, wer ich bin, und Sie hoffentlich auch. Selbst wenn ich im Pyjama vor Ihnen stünde, gnädige Frau."

Um so schlimmer, wenn da jetzt wieder jene Gestalten öffentlich auftreten, bei denen ihre Protesthaltung unserer vermeintlichen Laxheit gegenüber schon aus dem „Gewerbeschein" (= das humorvoll im Klerus so genannte Kollar) herauszuschauen droht. Natürlich fehlt das andere in Schwarz nicht und das dazugehörige Gehabe. Es gibt das „Wiener Kollar", in dem viele Bischöfe in Österreich offiziell auftreten. Ein Gegensatz dazu: 30 Jahre später bedankte sich eine Bäuerin bei mir – es war während eines Festes, das aus gegebenem Anlaß mir zu Ehren von der Pfarrgemeinde veranstaltet wurde –, daß ich

Freundschaft und Herzlichkeit nie verborgen, sondern in Gegenwart aller recht deutlich gezeigt habe und daß das „Kirchenvolk“ immer mitbekam, wer meine Freunde – he- and she-friends – waren und daß sich alle in den Alltag der Pfarre integriert fühlten.

Evangelium vor der Kirchentür

Eine andere Episode kommt mir auch noch in den Sinn: Es war vor Weihnachten, im ersten Jahr meines Aufenthalts in der kleinen Pfarre Eibenstein. Nach Jahren – darüber freute sich das Kirchenvolk – war da wieder ein Pfarrer, der sich um den Kirchenchor annahm und selber Orgel spielen und dirigieren konnte. Ich bereitete also auch auf diese Weise das Fest vor. Trotzdem wollte ich noch genauer wissen, wie es Brauch war, den Heiligen Abend und die folgenden Festtage zu feiern. Damals standen, wie in gewissen Orten bis heute noch, einige Männer recht hartnäckig vor der Kirche. Sie betraten erst nach der Predigt den Kirchenraum und verließen ihn noch während der Kommunionausteilung. Es war eine Folge ihres Religionsunterrichts, in dem sie gelernt hatten, die Messe bestünde aus drei Hauptteilen: Opferung, Wandlung und Kommunion und der Pflicht, den Sonntagsgottesdienst zu besuchen werde man dann gerecht, wenn man wenigstens zu den Hauptteilen in der Kirche anwesend ist. Wem trifft hiefür die Schuld? In Eibenstein benötigte ich Jahre, um diese Unsitte abzuschaffen. Ich forderte die Männer auf, entweder mitzufeiern oder gleich ins Gasthaus zu gehen. Auch verlas ich ein- oder zweimal das Evangelium gesondert für die Vor-der-Tür-Steher, so daß auch die Frauen aufmerksam wurden, „welcher der ihrigen“ zu dieser Gruppe gehörte. Der letzt Übrigbleibende war ein alter Veteran, der auf meine Frage, warum er uns nicht die Ehre seines Besuchs in der Kirche gebe, antwortete: „Wären Sie im Krieg gewesen ...“. Mit ihm starb diese Unsitte aus.

Zurück zur Vorbereitung auf meine erste Weihnacht in Eibenstein. Bevor ich an einem der Adventsonntage die Kirche betrat, befragte ich die Männer, die vor der Kirche standen: „Wie habt ihr bis jetzt Weihnachten gefeiert?“ Kurze Antwort, eine Stimme aus dem Kreis der Umstehenden: „Herr Pfarrer, Sie sagen es. Wir tun es!“ Der Wortlaut im Dialekt blieb bis heute in mir haften. Ich war einer der Ersten, der über Vorwahlen seine Kandidaten für die Pfarrgemeinderatswahl ermitteln ließ. Ich überließ die Auswahl auf demokratische Weise, indem ich vor jeder Ortskapelle Zettel austeilte, immer den dort Versammelten. Mit dieser Liste erbrachte die Wahl selbst immer Namen von Mitarbeiterinnen und Mitarbeitern, die sich in die Verantwortung für das Leben der Pfarrgemeinde einbinden ließen und zupackten, wenn es darum ging, Feste zu feiern, kirchliche und weltliche. Freude belebt wie frischer Atem jede Gemeinschaft, ganz besonders dann, als sie aus der Kraft des Glaubens geschöpft wird. Luther wußte es, wenn er schrieb: „Die Freude ist der Doktorhut des Glaubens.“ Die Art, Gottesdienste zu gestalten, ist von Wichtigkeit. Es braucht dazu zwar den Letztverantwortlichen, der sich vorstellen kann, wie vorzugehen ist, aber die Entscheidung muß rückgekoppelt werden zu allen Entscheidungsträgern, zugunsten der gesamten Gemeinschaft, dem gemeinsamen Erleben und dem lebendigen Mitvollzug zuliebe. Ob diese Integrationsfigur, die Bezugsperson – modern auch „Animateur“ oder „Manager“ genannt –, die gemeinschaftsbildende und -fördernde Autorität in unseren Pfarren nur der Pfarrer, der Geweihte sein muß und kann?

Mir ist sehr wohl der Satz bekannt vom Vorbild, vom Profil dieser „forma gregis“, jener Person, nach welcher die „Herde“ zu formen ist und geformt wird. Doch beziehen wir solche wohlklingenden Parolen nicht erneut aus der Mottenkiste der Jahrhunderte und eines anderen Kirchenverständnisses als dem heutigen? Mehr Glaube und Vertrauen in die Führung und Präsenz Gottes und in die Reife und die verantwortungsbewußte Eigenständigkeit der Glieder mit den vielen ihnen geschenkten Eigenschaften und Fähigkeiten dieser Kirche Gottes helfen uns um vieles weiter. Unsere Aufgabe würde erleichtert, aus einem Funktionärschristentum mit Anweisungen und Verboten wie Geboten aus dem rubrizistisch Kulthaften endlich auszubrechen, um – ich wiederhole mich absichtlich – aus unserem Wesen als fortlebender und fortwirkender Leib Christi leben und wirken zu können.

An diesem Punkt drängt es mich, einzubekennen, daß ich zwar mich selbst aus Liebe zu Rom, zur Kultur und Geschichte des Römischen gerne als „Römer“ – im kirchlichen Sinn natürlich verstanden und mit Augenzwinkern! – fühle, daß ich aber gerade deswegen im Römischen keine statische, absolutistische, schon gar nicht eben nur eine Macht erblicken kann. Zur Macht in Verbindung mit unserer Kirche hätte es nie kommen dürfen. Rom als Stadt und Staat war immer auch ein Schmelztiegel, in dem sich nicht nur die vielen Völker des Imperium Romanum einbringen konnten. Rom assimilierte, integrierte und schuf neu, nicht zuletzt im Bereich des Religiös-Mystischen und Mythologischen und fast noch mehr, so bin ich versucht zu sagen, im Kultischen. Der Ritus, die Einrichtungen, viele Feste wurden aus dem Etruskischen übernommen und leben im Christlichen, also gepaart mit dem Jüdischen, weiter. Mein 1998 verewigter, hervorragend talentierter und geschickter Mitbruder und Etruskologe Ambros Pfiffig hinterließ nicht nur ein Buch mit dem Titel „Religio Etrusca“, es bereitete ihm und uns auch immer Freude, wenn es ihm gelang, uns beizubringen, was die Römer und über sie auch wir aus dem etruskischen Kultgeschehen übernommen hatten, sogar den Bischofs- bzw. Abtsstab.

Vor meinem geistigen Augen steht der Zusammenbruch des alten Rom. Viele Strukturen leben aber in der römischen Kirche weiter. Neue Machtkonstellationen ergaben sich, das justinianische römische Recht wurde als Grundlage in unser Kirchenrecht aufgenommen. Kirchenstaat und Vatikanstaat, alles mag zu gewissen Zeiten Berechtigung gehabt haben, aber immer drohte Gefahr oder kam es zu Brüchen und Abspaltungen, oder es wurden die größten Chancen für die Kirche Christi vertan, wenn – wie beim Ritenstreit, den die Jesuiten im 16. Jahrhundert zugunsten der Missionierung Chinas erfolglos in Rom führten – den Römern die Flexibilität fehlte. Schade um die vertane Kraft jener, die sich da an der Macht weideten, dem Pomp und der triumphalistischen Ausformung eines nur hierachischen Kirchen- und Amtsverständnisses erlegen waren und die Zeichen der Zeit nicht erkannten, die nach Erneuerung unter Miteinbeziehung aller nach Rom orientierten und in Rom gebündelten Kräfte verlangten! Der Fall des antiken Rom sollte Warnung sein.

Es stimmt zwar, daß das Petrusamt nur in der Nachfolge des Bischofs von Rom besteht. Für mich wäre es allerdings unvorstellbar und ebenso beklagenswert, sollte es noch einmal notwendig werden, die Umkehr zum eigentlichen Wesen unserer Kirche, ganz besonders unter den gänzlich veränderten Gegebenheiten der Neuzeit, unseres zunehmenden globalen Weltverständnisses mit Blick in die Zukunft und mit einer so guten Freifahrtkarte, wie sie uns durch das Zweite Vatikanische Konzil in die Hand gedrückt wurde, nur durch einen totalen Bruch mit dieser unserer römischen Tradition erreichen zu sollen. Ich stimme Hans Küng, dem Tübinger Professor und Priester der katholischen Kirche, dem man die Lehrbefugnis durch Rom entzog, nur weil er sich als großartiger, mutiger Vordenker getraute, seine Meinung frei zu sagen, voll zu, daß tatsächlich in Papst Johannes XXIII. erstmalig die römische Kirche das Mittelalter verlassen habe. Im Augenblick kann man die Sorge nicht ganz loswerden, die Zielrichtung und viele Maßnahmen wären nach hinten, zurück wieder in das Mittelalter gerichtet. Dabei ist es uns bis jetzt noch nicht einmal gelungen, von der Basis her umzusetzen, was uns dieser Roncalli-Papst geschenkt und in unser aller Verantwortung gelegt hat. Ich weiß schon, dies alles geschah nur in der ungeahnten und nie versiegenden Kraft des Heiligen Geistes und zusammen mit den Bischöfen, den Vertretern einer Weltkirche, die schon „global", auf den ganzen Globus bezogen, also katholisch war, noch bevor das Wort global den heutigen Wortsinn erhalten hatte.

Es wird nach dem bisher Gesagten hoffentlich nicht überraschen, wenn ich etwa bis jetzt zu den nicht zu überhörenden Anfragen der Frauen nach Diakonat oder Priestertum noch keinerlei Stellung bezogen habe. Ich möchte dies erst tun, wenn es uns gelungen ist, die eigentliche Grundlage für den Blick in die Zukunft zu gewinnen, wie insgesamt das Priestertum in Hinkunft auszusehen haben wird. Zudem ist die so stark rückläufige Anzahl von Berufungen doch ebenfalls als ein deutliches Zeichen vom Himmel zu verstehen, daß wir nämlich in dem, was wir sind (siehe Augustinus) zuerst weg von dem allzu kulthaft Kultischen hin zum Wesentlichen, zu unserem Sein als Kirche kommen müssen. Erst danach stellt sich konsequentermaßen die Frage nach den Kultträgern und diese, so bin ich überzeugt, völlig neu. Deshalb sei auch in diesem Zusammenhang die Aufforderung eingebracht: „Groß von Gott denken, je größer umso besser!" Um das Grundsätzliche im Detail, im alltäglichen Vollzug, in den kleinen Chancen einer für jeden von uns möglichen Erneuerung und Veränderung, aus meiner eigenen Erfahrung, gewiß aus der Sicht eines Dorf- und „Bauernpfarrers" etwas zeigen zu können, kehre ich nochmals zu einigen „Bilderbuchgeschichten" zurück.

Ich durfte und konnte viele geradezu elementare Erfahrungen aus dem vollen Leben schöpfen. Zu jeder Zeit erwies sich für mich die über Jahre gesammelte Erkenntnis wichtig, vor allem daß es für jede Gemeinschaft immer von Nutzen ist, wenn es gemeinsame Aufgaben praktischer Art zu meistern gibt, also Innen- und Außenrenovierung der Pfarrkirche, Befestigung der Friedhofmauern, Kirchenheizung, Pfarrheim, Pfarrhof samt den dafür nötigen Geldbeschaffungen. Für mich waren alle diese Aktionen gute Möglichkeiten, die Sinnhaftigkeit von Veränderungen den Mitchristen vorzuführen und zu erklären. Nie bekam ich damit Probleme. Ich predigte nicht nur lange vor dem Konzil über die anstehenden Neugestaltungen, über Symbole und Zeichen, ich sprach immer auch vor oder nach den Gottesdiensten mit der Pfarrgemeinde, begründete und zeigte, welch andere Lösung ebenfalls denkbar wäre, etwa wenn es beispielsweise um den Versammlungsraum der gesamten Ortskirche von Eibenstein ging. In einem solchen Gemeinschafts- beziehungsweise Kirchenraum werden die meisten getauft, heiraten sie, empfangen die Sakramente, feiern wir zusammen frohe und traurige Anlässe bis hin zum letzten Kirchgang. Es muß also gelingen, daß sich jedes Glied dieser über die Jahrhunderte zusammengewachsenen, aus sechs kleinen Dörfern entstandenen Orts- und Pfarrgemeinschaft – ich sprach sie oft als Pfarrfamilie an –, mit „ihrer" und „seiner" Kirche identifizieren kann!

Man könnte schlußfolgernd sagen: Praktisches Christentum mit Handarbeit und im Einsatz für eine gemeinsame Sache – sie konnten auch im Sinne der Caritas oder für die Missionen durchgeführt sein – nähren oder begründen nicht selten sogar ein praktiziertes Christentum. In jedem Fall ergibt sich Identifikation mit der Sache selbst, weil sie etwas wert geworden ist, weil man selbst Hand angelegt und sich beteiligt hat. Entscheidend ist wieder auch die Bezugsperson. Wohl gemerkt, auch dabei muß diese nicht der Pfarrer sein. Von ihm aber muß Begeisterung und Vision ausgehen. Sie sind in Summe gute Weggefährten zu jedem gemeinsamen und dann auch höheren Ziel hin. Gleiches gilt für Jugend und Jungschar, fast noch mehr für die Ministrantinnen und Ministranten. Solange es mir möglich war, die Kinder als Religionslehrer direkt anzusprechen, mit ihnen Völkerball zu spielen, „Schnitzeljagden" ins Gelände zu unternehmen, indem ich ihnen Papierschnitzel als Wegzeichen legte, solange kamen sie selbstverständlich zu jedem Gottesdienst, bei denen sie alle nur zu erledigenden Arbeiten und Aufgaben gerne übernahmen und bis heute stets gerne tun. Selbst dort, meine ich, sollten wir praktisch denken, um dann den Mitvollzug auf jener Ebene anzugehen, auf der wir Eltern, Lehrer, Seelsorger und Gemeinde erst Glauben und Gläubigkeit, also Vertrauen, geistbegabte Spiritualität zu vermitteln vermögen, soweit es überhaupt von uns abhängt und wir alle Kirche werden können. Daß da Gesang und Spiel, Feste und persönliche Begegnungen wichtig sind, steht außer Zweifel. Es mögen für viele der Leser lediglich Erinnerungen an hoffentlich glücklich erlebte Zeiten geweckt werden. Ich will ja weiterführen: Jene heute im Alter um die 40 Jahre stehenden Mitchristen, denen ich als junger Priester sehr viel Zuwendung angedeihen lassen konnte, stehen vielfach schon lange dem Anschein nach weit entfernt von Kirche und Pfarrgemeinschaft. Ausnahmen bestätigen jede Regel. „Kirchen-Enthaltung" dürfte eine der Bezeichnungen für solches Verhalten lauten. Da hat sich aber – das ist zur Kenntnis zu nehmen – vieles grundlegend verändert. Alle diese Gesichtspunkte und andere mehr sollten wir in unsere Betrachtung auch zur Lage und über die Situation der Kirche miteinbeziehen.

Zunächst wurden bei uns auf dem Lande die Kleinstrukturen zerstört, die Schulen aufgelöst, große Verwaltungseinheiten und Schulgemeinden geschaffen. Motto: Die Kinder verdienen die bestmögliche Ausbildung, also Großschulen! An Gemeinschaft und Familie dürften die Planer und Umgestalter wenig gedacht haben. Jetzt pendeln nämlich die Kinder frühmorgens, müssen an Nachmittagen von weither abgeholt werden oder kehren gar erst abends in ihre Familien zurück, die dann unter Umständen schon um einen anderen „Herrgottswinkel", den des Fernsehers, versammelt sind. Ich verstehe, ohne dieses alles weiter ausschmücken zu wollen, daß dann der Sonntagvormittag die einzige Zeit bleibt, zu welcher sich die ganze Familie allmählich am gemeinsamen Tisch versammeln kann – dann nämlich, wenn sich die Jugendlichen vom Disco-Besuch erholt haben. „Die Zeiten ändern sich, und wir müssen uns mit ihnen verändern" – „tempora mutantur et nos mutamur in eis" –, trotzdem verfolgt mich oft der Gedanke: Was habe ich falsch gemacht, daß die junge Generation nicht mehr zu den Gottesdiensten kommt? Eine der Erklärungen, so kommt mir vor, liegt darin, daß diese Generation aus Protest ihrer Elterngeneration gegenüber an Sonntagen daheim bleibt. Früher gingen viele auch aus Gewohnheit oder weil es eben gute Sitte war und weil man im Dorf „angeschaut" worden wäre. Der Kirchgang entsprang nicht immer innerem Bedürfnis. Im Gegenteil, zu Hause erhob der eine oder andere oft herbe Kritik an Kirche und Pfarrer. Darin sind die Jungen ehrlicher und konsequenter. Doch ich beobachte mit großer Freude, daß sich diese jungen Familien sehr engagiert um ihre Kinder bemühen, auch um ihre religiöse Bildung und Einbindung.

Wiederverheiratete Geschiedene

Bevor ich meine Einblicke in das Leben mit der mir anvertrauten Pfarrgemeinde – 1963 zählte sie 363, heute nur noch knapp 220 „Seelen" – beende, will ich nochmals das Thema „forum internum – forum externum" aufgreifen, wieder anhand eines meiner Erlebnisse, das für mich bleibend und sehr lehrreich war. Es geht um die Problematik geschiedener Wiederverheirateter. In letzter Zeit mehren sich die Berichte in den einschlägigen Klatschspalten, wer da nicht aller aus der High Society vom kirchlichen Höchstgericht in Rom „geschieden" wurde. Natürlich handelt es sich dabei jeweils um die Annullierung einer Eheschließung, bei der entweder ein Formalfehler vorlag oder ein wesentlicher Inhalt dieses Sakramentes nachgewiesenermaßen nicht erfüllt wurde. Wenn etwa nachzuweisen ist, ein Ehepartner habe dem anderen schon vor der Eheschließung erklärt, er verweigere das Recht auf Nachkommenschaft, dann fehlt ein integrierender Bestandteil des Sakraments der Ehe. Oder wenn etwa ein Partner nicht im Vollbesitz seiner Kräfte war, vielleicht alkoholisiert (dies passiert, ich spreche aus Erfahrung: auf dem Land gibt es den dummen Brauch des „Vorziehens“: Burschen versperren mit einem Seil die Zufahrt zur Kirche. Der Bräutigam muß sich mit Geld und Wein „befreien“), oder es wurde jemand zur Ehe gezwungen. Heute ist Rom verhältnismäßig offen geworden und bereit, auch aus Gründen eher psychologischer Natur eine Ehe zu annullieren, für nichtig zu erklären. Natürlich erfordert ein Prozeß zunächst bei der zuständigen Diözesanbehörde und dann in Rom Zeitaufwand, eine gewisse Beharrlichkeit, die entsprechenden Zeugenaussagen müssen gesichert werden, und ganz zum Schluß – dies muß ich bei selbst kritischer Haltung dem Bürokratismus Roms gegenüber sagen – spielt auch Geld eine Rolle, aber bei weitem nicht so viel, daß sich nur Menschen aus Monaco oder solche aus reichen Häusern eine Annullierung leisten könnten.

Nur wenige besitzen den Mut und die Hartnäckigkeit und natürlich auch die Argumente, ihren Status zu verändern. Daher kommt es häufig dazu, daß Geschiedene, wenn sie einem Partner begegnen, von dem sie überzeugt sein können, nun endgültig den Mann oder die Frau fürs Leben gefunden zu haben, in die Lage versetzt werden, für ihre Partnerschaft zwei Wege zu beschreiten: Wenn sie keinen weiteren staatlichen Ehevertrag schließen, nicht unter „gleichem Dach“ leben, ergo nicht, wie schon geschildert, „zusammengestanden“ sind, dann können sie zwar „sündigen“, sich aber immer wieder lossprechen lassen und die Kommunion empfangen. Falls sie aber ihr Verhältnis wenigstens vor dem Staat in Ordnung bringen wollen, standesamtlich wieder heiraten, gelten sie als geschieden und wiederverheiratet. Es trifft sie also der Ausschluß von den Sakramenten und aus der vollen Gemeinschaft der Gläubigen: sie sind nicht in den Pfarrgemeinderat wählbar, nicht zugelassen zum Patenamt usw. Zugegeben, auch für diese Fälle machen manche Bischöfe für ihren Zuständigkeitsbereich Zugeständnisse. Doch das ist die kirchenrechtliche Sachlage, für die nicht immer leicht Verständnis bei den Betroffenen und bei anderen Mitmenschen zu wecken ist.

Ich hatte den Fall, daß ein älterer Herr, dessen erste Ehe während seines Kriegseinsatzes gescheitert war, nach seiner Rückkehr eine neue Existenz für sich und eine Partnerin aufbaute. Beide waren gläubig und beteiligten sich am Leben der Pfarrgemeinde. Beide waren vom Sakramentenempfang ausgeschlossen, wußten es und hielten sich daran. Bei einer Romreise unserer Pfarrgemeinde, die ich führte und bei der ich mit dieser Gruppe in den Katakomben Eucharistie feierte, sah ich danach den damals gut siebzig Jahre alten Herrn abseits stehen und weinen. Wohl nie zuvor hatte ihn der Ausschluß aus der Gemeinschaft so getroffen wie an jener Stätte, an der sich die ersten Christen zum Brotbrechen versammelt hatten. Ich verspürte, daß hier zu handeln war, lud zu einem Beichtgespräch ein, konnte dabei feststellen, daß es zum Vollzug des „Aktes der Ehe" gar nicht mehr kommen konnte und erteilte Absolution und in der Folge auch die Möglichkeit zur vollgültigen Teilnahme an der Eucharistiegemeinschaft. Dieses „in foro interno", also im Dialog des Beichtgesprächs, aus dem ich entscheiden und die Absolution erteilen konnte. Ich füge hinzu, daß ich auch immer den Grundsatz anwendete: „In dubio pro reo" – im Zweifelsfall habe ich mich auf die Seite des „armen Sünders" zu schlagen: „Wer von euch ohne Sünde ist ..." Da selbst in einer Kleinpfarre das „Forum externum", die öffentlich bekannte Tatsache, ersichtlich wurde, ergab sich für mich gerade im Rahmen dieser Romreise schnell die Chance, mit einem sensiblen Hinweis Klarheit zu schaffen.

Jahre später erfuhr der Mann – von dem ich mit großem Respekt und nur deswegen berichte, um die feinen Unterschiede anzudeuten, worin sich die Praktiker und Seelsorger von den rigiden „Moralaposteln" mit Blickrichtung nach oben oder Rom abheben –, damals bereits 92 Jahre alt, vom Tod seiner ersten Ehefrau. Er kam zu mir und bat mich, die kirchliche Eheschließung mit seiner jetzigen Gefährtin vorzunehmen. Nach einer wirklich ergreifenden, im engsten Kreis der Freunde gefeierten Trauung in der Pfarrkirche luden die „Jungverheirateten" zu einem Imbiß ein. Da erhob der Bräutigam das Glas, stieß mit mir an und sagte: „Herr Pfarrer, für mich enden heute lange Jahre furchtbarer Bedrängnis."

Es drängt mich, ein weiteres Erlebnis wiederzugeben, das mich in meinem ersten Priesterjahr für den Rest meines Lebens und Wirkens ergriff und tief beeindruckte, weshalb ich bis zum jetzigen Augenblick kein Verständnis dafür habe, in welchem Ton, ohne jede einfühlende Rücksichtnahme auf die Betroffenen die Höchstverantwortlichen von oben herab über „Fristenlösung", Abtreibung und Schwangerenberatung (Deutschland!) schreiben, sprechen und verfügen. Ich war in einem sehr bekannten, von Touristen und aus der Umgebung gern besuchten Kloster in Deutschland, um mich auf meine Lizentiatsprüfung in Rom vorzubereiten. Alle Patres waren beim Konventamt in der Kirche. So bat mich der Pförtner, in den Beichtstuhl zu kommen, eine Frau wolle beichten. Ich hatte nur Zeit, das Einleitungsgebet zu sprechen, da bekannte diese gut aussehende, gepflegte und vornehm gekleidete Frau, sie wäre Mutter von acht Kindern und hätte in einem Anfall von Überforderung die Abtreibung des neunten Kindes vornehmen lassen. Bis an mein Leben höre ich das Schluchzen dieser Frau und Mutter, die mir im weiteren Gespräch einbekannte, es gäbe weder wirtschaftliche noch familiäre Gründe zu einer Abtreibung, es gäbe auch bei ihr selbst physisch keinerlei Veranlassung, obendrein lebte sie glücklich mit ihrem Mann und ihrer ganzen Familie, sie habe einfach den Verstand verloren und durchgedreht.

Ich muß sicherlich nicht weiter erzählen. Dieses mein Schlüsselerlebnis auf diesem Gebiet liegt heute fast 40 Jahre zurück. Noch immer haben die angeblich Zuständigen nichts gelernt. Ich bin jenen Bischöfen dankbar, die um Lösungen für Frauen ringen, die aus unterschiedlichsten Ursachen in Panik geraten, vor einer Abtreibung stehen und dringend Rat und Hilfe benötigen, nicht Belehrung über Tod oder Tötung oder darüber, was Rom und der Heilige Vater sagen. Wann endlich beginnen wir zu begreifen, daß wir es mit Menschen in schlimmster persönlicher Not zu tun haben, die selbstverständlich nie gegen ein Moralprinzip zu verstoßen die Absicht haben, aber eben nicht ein und aus wissen, die Hilfe und nicht Belehrung brauchen. Unmenschlich ist es, menschliche Zuwendung zu verwehren oder gar das Ringen der Seelsorger auch jener im Bischofsamt als „Doppelmoral" abzutun, wie ich es in der „Frankfurter Allgemeine Zeitung" vom 12. November 1999 (S.12) las. Ich gebe diesen Artikel des „Dominikanerpaters Basilius Streithofen" deswegen wieder, weil da wie kaum sonst die ganze Tragik zum Ausdruck kommt, wie weit entfernt von der Realität unseres Alltags die Amtskirche agiert und die wahren Seelenführer mit Hohn belegt und ins Abseits gestellt werden.

Abtreibung und Prinzipienreiterei

Ich kann mich oft des Eindrucks nicht erwehren, manche Vertreter der Kirche meinten, die Menschen seien für die Gesetze und Prinzipien da und nicht umgekehrt. Sie selbst wiederum wären von Amts wegen befugt, über diese Gesetze zu wachen und über sie zu verfügen. So ähnlich liegen die Unterschiede auch in Haltung und Auffassung der eigentlichen „Funktionärskirche" und dem Volk Gottes, wie sie der besagte Dominikanerpater Basilius Streithofen als „Vorsitzender des Instituts für Gesellschaftswissenschaften Walberberg e.V. in Bonn" im nachfolgenden Artikel unter dem Titel „Fremde Federn" in der „Frankfurter Allgemeinen Zeitung" darlegte. Er schrieb:

„Tiefe Risse durchziehen die katholische Kirche Deutschlands und Europas. Da gibt es eine auf den Erhalt des finanziellen und institutionellen Status quo bedachte Funktionärskirche, die sich immer größere Apparate schafft und immer mehr Menschen in Brot hält. Sie ist robust, weil finanziell gemästet, und nur äußerlich auf Religiosität oder Amt angewiesen. Da gibt es die Gemeindekirche herkömmlicher Prägung, das wenig medienwirksame Leben mit den Sakramenten und Gottesdiensten. Spürbar verliert sie ihre Fürsprecher auf sämtlichen institutionellen Ebenen. Nun sitzt man fest und ist weitgehend manövrierunfähig. Eine der Ursachen ist in der Politik der widersprüchlichen Botschaften zu suchen. Sie ist geradezu das Signum der deutschen Kirchenführung unter Bischof Lehmann geworden. Die lehramtliche Position wird formal vertreten, aber die praktischen

Konsequenzen werden verschleppt, ja konterkariert, indem man gegenläufige Signale an die Gläubigen aussendet."

Und Pater Streithofen fährt fort: „Nach diesem Strickmuster geht es von einem Thema zum anderen: eine im Letzten unehrliche Strategie, die von den Gläubigen nicht geschätzt wird. Eine verräterische Äußerung tat Bischof Lehmann, als er den heuchlerischen Umgang der Bischofskonferenz mit dem Verbot des Papstes, kirchliche Abtreibungsscheine auszustellen, so kommentierte: ‚Ach, ich habe ein bißchen gelernt, mit Texten umzugehen.' Wenn man in der Kirche also nur fünf Jahre Theologie studiert haben muß, um alles weginterpretieren und den ganzen Vatikan für Luft erklären zu können, dann wird das sehr bald Anhänger unter den Gläubigen finden. Dann wird zu Recht jedwede bischöfliche oder päpstliche Willensäußerung als bloße Wortklauberei enttarnt werden: irrelevant für den selbst denkenden Bürger. Eine Tragödie für die Kirche. Wie kann die Kirche Scheine ausstellen, die den Weg zur straffreien Abtreibung eröffnen, wenn Abtreibung unter der Kirchenstrafe der Exkommunikation steht? Wer soll eine solche Doppelbotschaft verstehen? Wenn man aus Rücksicht auf das Ansehen der Bischöfe auch nicht von Beihilfe zum Mord sprechen möchte, so kann doch am Tatbestand einer Mitwirkung der Kirche an einem Abtreibungssystem nicht gezweifelt werden. Allein die Bischöfe tragen dafür die Verantwortung."

Für Streithofen gibt es keine Zweifel: „Roma locuta – causa finita". Rom hat sich nicht – vielleicht zur Überraschung vieler – von Sachzwängen, dem Notstand der öffentlichen Meinung und unverhohlenen politischen Drohungen erpressen lassen. Man kann Rom keine Vorwürfe machen. Papst und Glaubenskongregation haben ein klare, nie doppelbödige Position vertreten. Sie haben nie die Öffentlichkeit und die Medien durch gezielte Indiskretionen instrumentalisiert. Am Ende hat sich – theologisch gesprochen – die Wahrheit durchgesetzt. Manche Bischöfe scheinen einfach nicht dazuzulernen. Nun hat man die nächste Sackgasse aufgebaut: die Beratung durch ‚Donum Vitae'. Was geschieht hier? Wieder wird eine Doppelbotschaft ausgesendet: Wir können das nicht verantworten, aber ihr vom ZdK (Zentralkomitee deutscher Katholiken) sollt es machen! Manche Bischöfe vertreten inzwischen eine Zwei-Klassen-Moral: die Moral des formal unbescholtenen Klerus und die Moral der Berufskatholiken, die auch mal gegen päpstliche Anweisungen verstoßen dürfen. Die Folgen sind absehbar. Vor allem die Einmischung der Länder in innerkirchliche Angelegenheiten ist dabei aufmerksam zu notieren. In Bayern und Baden-Württemberg haben sich höchste Stellen bereit erklärt, ‚Donum Vitae' massiv finanziell zu stützen. Wichtig ist die Beobachtung, daß erstmals in größerem Umfang ein Experiment unternommen wird, das in der nächsten Zukunft Schule machen könnte: Eine Allianz von Politik und Laienkirche entwindet mit schweigender Duldung der Bischöfe den Diözesen Institutionen, um sie unter eigener Regie weiter zu betreiben. Der springende Punkt dabei ist, daß diese Institutionen weiter als katholisch und kirchlich gelten sollen. Man kann sich leicht vorstellen, daß eine solche Transaktion Nachfolger finden wird. Die politischen Parteien können ein Interesse daran haben, sich eine gefügige Kirche zu schaffen. Mit anderen Worten: Die Parteien brauchen eine deutsch-katholische Kirche."

Soweit der Kommentar des eifernden deutschen Dominikaners: „Sie legen anderen Lasten auf ....", „Nicht Herren eures Glaubens, sondern Diener eurer Freuden" heißt der Auftrag an uns! Solange in solchem Ton, so völlig abwegig und geradezu zynisch ein Vertreter jenes Ordens sich äußert, der für die gesamte Kirchengeschichte durch das Brandmal seiner Mitwirkung bei der Inquisition stigmatisiert ist, so lange ist das Mittelalter in der römischen Kirche in dem in Rom verankerten „Funktionärsapparat" weiter präsent, der die Realität und die Nöte der Menschen mißachtet und am Kirchenvolk vorbei, von oben nach unten einfach Prinzipien herunterbetet! So lange erübrigt sich die Frage nach der Doppel-Moral! Das muß einmal gesagt werden, auch wenn ich persönlich mit aller Deutlichkeit mein Bekenntnis zum Schutz menschlichen Lebens ablegen möchte.

An dieser Stelle erscheint es dringend angebracht, einiges zum Thema „Die Bischöfe und ihre Vollmacht" anzusprechen. Ich beziehe mich dabei auf einen Artikel, den Dr. Wolfgang Seibel SJ in Reaktion auf die so beklagenswerte Debatte über die „Schwangerschaftskonfliktberatung" in „Stimmen der Zeit" (217[1999] H.11, 721-722) in Deutschland veröffentlichte. Ausgehend von der Feststellung, daß das Bischofsamt zu den ältesten Verfassungselementen der Kirche gehört, sich etwa um 200 n. Chr. der „monarchische" Episkopat durchsetzte, sich dieser aber als „Communio ecclesiarum", als Gemeinschaft eigenständiger Ortskirchen verstand, zeigt der Autor, daß Rom um die Mitte des dritten Jahrhunderts eine gewisse Vorrangstellung zu beanspruchen begann. In diesem Versuch erblickten viele Kirchen, besonders jene des Ostens, einen „Angriff auf das Bischofsamt und dessen Kollegialität" (Hermann Josef Pottmeyer), den sie ablehnten. Später setzte sich, besonders im Westen, die Meinung durch, der Bischof von Rom als Nachfolger Petri habe ein Amt der „Einheit für die Gesamtkirche" inne. Aus dem Ehrenprimat entfaltete sich über die gregorianische Reform im elften Jahrhundert, vor allem nach der Abspaltung der Ostkirche, immer mehr der Jursidiktionsprimat, der schließlich zu den Festlegungen im Papstdogma des Ersten Vatikanischen Konzils führte. Der deutsche Reichskanzler Bismarck stellte damals an die deutschen Bischöfe die berechtigte Frage, ob sie denn nun „Werkzeuge" des Papstes, dessen „Beamte ohne eigene Zuständigkeit" seien.

Das Zweite Vatikanische Konzil ließ sich wieder vom Leitungsgedanken der „Communio ecclesiarum" inspirieren: Die Gesamtkirche ist eine Gemeinschaft von Kirchen, die nur in ihrer differenzierten Vielfalt die universale Kirche zur „Fülle ihrer Einheit" bringen. „Die Kirche Jesu Christi", so heißt es, „ist wahrhaft in allen Ortsgemeinschaften der Gläubigen anwesend, die in der Verbundenheit mit ihren Hirten im Neuen Testament auch selbst Kirchen heißen". Die Bischöfe sind „nicht als Stellvertreter der Bischöfe von Rom zu verstehen". Das Ziel der Beschlüsse des Zweiten Vatikanums war, so formulierte Kardinal Ratzinger, eine „Wiederherstellung des Organismus der Einzelkirchen in der Einheit der Gesamtkirche". Dem Bischof wird die „ordentliche, eigenständige und unmittelbare Gewalt" nicht vom Papst, sondern durch die Bischofsweihe erteilt. Er ist also kein Vertreter des Papstes in der Art eines „weisungsgebundenen Beamten".

Wolfgang Seibel schreibt gegen Ende seines Artikels: „Die Entwicklung seither ging jedoch in die Gegenrichtung. Der Zentralismus wurde nicht abgebaut, sondern verschärft und ausgeweitet .... Wenn die Bischöfe ‚Stellvertreter und Gesandte Christi' sind und eine ‚eigene Gewalt' besitzen, warum dann ein solches Mißtrauen und eine solche Geringschätzung ihrer Fähigkeiten? Warum wird ihre Vollmacht nicht ‚bestätigt, gestärkt und in Schutz genommen', wie es das Konzil wollte, sondern eher ausgehöhlt und desavouiert?“ Dieser letzte Satz Seibels bezieht sich auf die deutsche Situation in Verbindung mit der Schwangerschaftskonfliktberatung. Bleibt hinzuzufügen, daß man sich in Österreich oft des Eindrucks nicht erwehren kann, daß gewisse Herren der Bischofskonferenz nur verängstigt nach Rom schielen, ohne sich dort zu getrauen, im richtigen Sinne und mit angemessenem Nachdruck vorstellig zu werden (Fall Groer und Co.). Andere wiederum nutzen solche Schwächen aus und gebärden sich wie Vertreter Roms, mit oder ohne Weisungsgebundenheit.

Ich schweife ab, aber es mögen hoffentlich gewisse Einsichten in unsere Gesamtsituation in Kirche und Welt deutlich werden. Daher noch kurz ein Gedanke aus einem ganz anderen Gebiet, dem der Wirtschaft, zu der induktiven und deduktiven Methode. Letztere ließe sich überall anwenden, aber dann gäbe es weniger Abhängigkeiten, weniger Machtkonzentration und – dieses ist die konsequente Folge – auch weniger Risiko. Ich darf dies aus meinen Erfahrungen mit der Energieversorgung meines Stiftes beleuchten: Das ganze Stift, alle Betriebsanlagen bis hin zu Hotel und Meierhof, fremde Betriebe wie Berufsschule, Bauernkammer und Straßenmeisterei werden von unserem 1990 errichteten Fernwärmewerk versorgt, das wiederum durch Biomasse, Hackgut von Abfallhölzern aus den Wäldern ringsum, gespeist wird. Wir könnten auf dieser Basis auch eigenen Strom erzeugen. Natürlich sind wir eine kleine, verschwindene Einheit, also eine „quantité negligeable“. Doch wir sind den „Multis“ in keiner Weise ausgeliefert, wir sind unabhängig und frei. Würden die Politiker die kleinen Einheiten durch Gesetzgebung und Preisbildung fördern, einen Anreiz schaffen, gegen die totale Abhängigkeit von Öl und Gas anzukämpfen, das wir importieren und auf Devisenbasis zu verrechnen haben, dann könnte man die immer größer werdenden Machtkonstellationen wenigstens ein klein wenig unterlaufen. Wir würden nicht in eine fatale Monopolisierung geraten. Die kleine Einheit natürlich ist nicht so leicht beherrschbar, schafft vor allem keine Abhängigkeiten, aber ergäbe in Summe ebenfalls die erforderliche Versorgung, ganz besonders dann, wenn die Regierungen über eine Regierungsperiode hinaus zu planen begännen. Jedenfalls: Auf dem Land könnten wir unabhängig werden, den Landwirten zusätzlich Arbeit und Erwerb verschaffen, und das Geld bleibt im Lande.

Macht, Obrigkeitsdenken, Untertanenmentalität, Schuldkomplexe – über die Jahrhunderte wurden sie von einer „Funktionärskirche" geschürt und praktiziert. Endlich, im letzten Konzil, wurden Versuche eingeleitet, alle diese (gewiß aus der jeweiligen Zeit heraus zu verstehenden) Entwicklungen und Gegebenheiten abzubauen und in den schlichten, einfachen Gläubigen, in uns allen, das Volk Gottes zu respektieren. Da bleibt uns noch viel Arbeit auf allen Ebenen zu leisten, um das Volk Gottes zum richtigen Selbstbewußtsein und Selbstverständnis und zu verantwortungsbewußtem Handeln zu wecken. Aus diesen Gründen ist es so wichtig, in hartem Kontrast zu solchen überkommenen Einstellungen das wahre Sein unserer Kirche nach den Worten des Kirchenlehrers Augustinus bewußt zu machen. Auf diese Weise wird dann endgültig offenbar, welche Welten an gelehrtem und gelebtem Leben uns trennen. Wie sehr käme es nicht nur auf Menschlichkeit an, sondern auch auf die Menschen, die der Herr gerufen hat, „vor ihm zu stehen und ihm zu dienen".

„Empfangt, was ihr seid, und seid, was ihr empfangt!"

Ich gebe im folgenden eine Predigt meines Mitbruders Augustinus Wucherer-Huldenfeld wieder, dem emeritierten Professor für christliche Philosophie und Mystik an der Katholischen Theologischen Fakultät der Universität Wien. Er war bemüht, unseren Konvent zum Fest des heiligen Augustinus, nach dessen Regel wir bestrebt sind, unser Leben zu gestalten, in den gemeinsamen Gottesdienst einzuführen. Da ich selbst nicht in der Lage wäre, in so feinnervig profunder Form das Darzustellende vorzutragen, seien deshalb seine Gedanken und der Text dieser Ansprache (veröffentlicht in „Geraser Hefte“ 44(1999 S. 4-8) im „Originalton“ und unter Voranstellung seines Augustinus-Mottos „Empfangt, was ihr seid, und seid, was ihr empfangt!“ unterbreitet:

„Liebe Mitbrüder, Schwestern und Brüder im Herrn! Zusammengekommen sind wir nun, um die Eucharistiefeier zu begehen. Die Aufgabe einer Ansprache in dieser Feier ist vor allem eine mystagogische, das heißt, die Ansprache soll in die Feier des Mysteriums einführen, das hier und jetzt Ereignis wird. Sie soll uns anregen, uns dafür zu öffnen. Heute, am Festtag des heiligen Augustinus (28. August 1999), ist es naheliegend, daß wir dafür ihn selbst, den Bischof von Hippo, den Kirchenlehrer und Ordensvater, zur Sprache kommen lassen, und zwar sein Verständnis der Eucharistie, zudem dies von brisanter Aktualität ist, liegt doch für uns der Schwerpunkt auf der realen, anbetungswürdigen Gegenwart Christi unter den Gestalten von Hostien und Wein, wie sie am Altar (oder im Tabernakel) vor- und zuhanden sind. Von dieser substantiellen Gegenwart Christi sagen wir zu recht, daß sie unabhängig von uns auch bestehen kann, ob wir sie ernst nehmen oder nicht. Für Augustinus hingegen liegt der Schwerpunkt auf dem Empfänger der Sakramente, auf den miteinander Eucharistie-Feiernden, auf der sich in uns erneuernden Verbundenheit mit Christus, der in uns real anwesend ist.[1] In diesem Sinne sagt Augustinus in einer Predigt: ‚Empfangt denn und eßt den Leib Christi, selber in Christi Leib geworden zu Gliedern Christi; empfangt und trinkt Christi Blut. Löst euch nicht wieder auf, eßt das Band eurer Einheit („manducate vinculum vestrum“); erkennt eure Würde, trinkt euren Preis. Wie sich dies (das Band der Einheit) umwandelt in euch, wenn ihr es eßt und trinkt, so wandelt ihr euch um in Christi Leib, wenn ihr fromm und folgsam wandelt. ... Indem ihr

---

1 Vgl. dazu Wilhelm Gessel, Eucharistische Gemeinschaft bei Augustinus (Cassiciacum, Bd.21), Würzburg 1966; Josef Ratzinger, Volk und Haus Gottes in Augustins Lehre von der Kirche (Münchener Theologische Studien, II. System. Abt., Bd. 7), München 1954; derselbe, Die Lehre Von der Eucharistie. Vorlesungsnachschrift als Manuskript vervielfältigt, o.J.

in ihm das Leben erhaltet, seid ihr in seinem Fleische mit ihm. Denn nicht so bedeutet dieses Geheimnis das Fleisch Christi („neque enim hoc sacramentum Christi corpus ita commendat"), daß es euch davon trenne. Der Apostel erwähnt, daß dies in der Schrift vorausgesagt sei: ‚Die beiden werden in einem Fleisch sein' (1 Kor 10,17) und an anderer Stelle sagt er von der Eucharistie selbst: ‚Ein einziges Brot, ein einziger Leib sind wir, die vielen.' So beginnt ihr nun zu empfangen, was ihr begannt zu sein."[2]

Und Mitbruder Augustinus Wucherer-Huldenfeld fuhr fort: „Augustinus folgt hierin nicht nur der Theologie der Kirchenväter[3], sondern er geht zurück auf den paulinischen Abendmahlsbericht. Da lesen wir: ‚Der Kelch des Segens, den wir segnen, ist er nicht Gemeinschaft mit dem Blut Christi?' – also Gemeinschaft, das heißt Vereinigung, communio, Kommunion mit dem Leben Christi! ‚Das Brot, das wir brechen, ist es nicht Gemeinschaft mit dem Leib Christi?' – wiederum communio, Vereinigung (untereinander) mit und in Christus! Daraus zieht Paulus die Folgerung: ‚Weil ein Brot [ist], sind wir ein Leib, die Vielen; denn alle haben wir teil an dem einen Brot.' (1 Kor 10,16 f.) In der Teilhabe, in der Beteiligung an Christi Leib werden wir wirklich sein geistlicher, pneumatischer Auferstehungsleib. Wir werden in die reale Präsenz, in die wirkliche Gegenwart des erhöhten Christus unter den Gestalten von Brot und Wein einbezogen. Die Realpräsenz steht nicht isoliert für sich, sondern bezieht uns ein in die Wirklichkeit des Herrn. Die reale Präsenz ist in Bewegung, sie ereignet sich als umfassende Kommunion, sie versammelt die getrennte Menschheit, sie ist als lebendiges Füreinandersein in Christus da, um uns hineinzunehmen in den Raum, den Christus durch seine wirkliche Anwesenheit bildet, um uns eben dadurch zum Leib des Herrn zu

---

2 Sermo 3, n.3 f., veröffentlicht von M. Denis, in: G. Morin, Sancti Augustini Sermones post Maurinos reperti. Miscellanea Agostiniana, Bd. I, Rom 1990, 19 f. – Die Echtheit dieses Sermo wird allerdings von E. Dekkers bezweifelt.

3 „Kirchenväter" nennt man ganz allgemein die Schriftsteller der alten Kirche, sofern sie in aufrichtiger Lehrgemeinschaft mit der Kirche standen und sich durch ein sittliches Leben ausgezeichnet haben.

machen. Dieser Leib, der Leib des Auferstandenen, ist der offene Raum, in den wir alle einbezogen werden, in dem er selbst sich seine neue Welt auferbaut. Mit anderen Worten: Über der wirklichen, realen Gegenwart des Herrn in den Gaben ist nicht die Anwesenheit des erhöhten Herrn zu vergessen, der als der eigentliche Gastgeber verborgen (sakramental) mit den Seinen zu Tische sitzt. ‚Während später [....] sich die ganze Aufmerksamkeit auf die Gaben konzentriert, ist in der Schrift der Glaube an die Gegenwart des Herrn in den Gaben eingefügt in der Überzeugung, daß das Abendmahl ein zu Tisch-Sitzen mit dem Auferstandenen ist, der als der Gastgeber mitten unter den Jüngern, mitten unter uns, das Brot bricht.‘[4] Dabei ist zu beachten: Wir sind mit ihm da, der in den Gaben real als der sich selbst Hingebende da ist, der zugleich und nicht minder real bei uns bleiben will und selbst wohnen mag. Damit spreche ich eine vergessene Wahrheit an, die Augustinus immer wieder bewegt hat: Die wirkliche, reale Gegenwart Christi in uns durch den Glauben."[5]

Und weiter fuhr unser Mitbruder in seiner Ansprache vor unserem Konvent fort: „Augustinus beruft sich immer wieder auf das Wort des Epheserbriefes (3,17): ‚Es wohne Christus durch den Glauben in euren Herzen!‘ Wohnen ist dasselbe wie in uns gegenwärtig sein, in uns zu Hause und für uns offen sein. Bedenken wir ernsthaft, was dies besagt, er mag in mir wohnen, er würdigt mich seiner Anwesenheit, so überschreitet das alles Sagbare. Wie soll ich dem entsprechen? Welche Haltung sollte ich da einnehmen? Vor ihm und ihm gegenüber kann ich die Knie beugen, aber vor mir selbst kann ich doch nicht niederknien? Kann man nach der Kommunion noch knien? Aber drängt uns die Frage nach einer liturgisch angemessenen Haltung nicht ins Nebensächliche ab? Sollten wir nicht lieber fragen, wie wir alltäglich ernst nehmen können, daß er durch unser glaubendes Offensein für ihn in uns anwesend sein mag? Nehmen wir überhaupt das eigene Herz wahr? Sind wir einander im Herzen nah oder entfernt? Wenn also Christus im Innersten unseres Wesens

---

[4] J. Ratzinger, Die Lehre von der Eucharistie, a. a. O. 67

[5] Gottlieb Söhngen, Christi Gegenwart in Glaube und Sakrament. München 1967.

wohnt und wohnen mag, sind wir alle nach Augustinus ‚heilige Tempel' und als heilige Tempel eine ‚Wohnstätte Gottes'. Das ist ein Grundgedanke der Klosterregel des Augustinus (IV. Kapitel, Vers 6 der Regel): ‚Gott, der in euch wohnt (vgl. 2 Kor 6,16), wird euch [...] selbst bewahren'. Und ‚ehret in euch einander Gott', weil ‚ihr dessen Tempel geworden seid!' (Regel I, 8). Jede und jeder von uns hier ist ein Tempel, ein Ort der Anwesenheit Gottes in Christus. In seiner Auslegung des Psalms 131,4 führt Augustinus den Gedanken der persönlichen Einwohnung weiter: ‚Gewiß sind sie zum Tempel Gottes geworden: nicht nur jeder einzelne ein Tempel Gottes, sondern auch alle zusammen Gottes Tempel', also ein gemeinsamer Ort der Anwesenheit Christi und seines Geistes, der durch den Glauben im Herzen wohnt, und daher sind nach Augustinus alle zusammen ‚ein Herz und eine Seele in Gott', das heißt nicht nur für Gott, nicht nur auf ihn hin ausgerichtet, sondern Er ist in wirklicher Gegenwart, real präsent in uns da und wir in ihm."[6]

Augustinus Wucherer-Huldenfeld weiter: „Spätestens seit dem Ausgang des Mittelalters neigt man dazu, im Gegensatz zu realen, wirklichen Christusgegenwart im Sakrament die Christusgegenwart durch den Glauben (durch die Gnade bzw. durch den Heiligen Geist) in uns für eine weniger wirkliche und uneigentliche Gegenwart zu halten: Unter den Gestalten von Brot und Wein ist Christus wirklich da, real gegenwärtig und anzubeten. Dagegen ist er in dir, in uns bloß geistig da. Hier ist seine Gegenwart eben nur eine spirituelle, verdünnte, bloß in Gedanken ... Da ist er weit weg von uns. Man glaubt, in Brot und Wein einfach den Thron Gottes gegenwärtig zu haben. Man sagt dann: In der Kirche ist Gott gegenwärtig, da wohnt Gott, und vergißt, daß wir von der realen Präsenz Christi in uns auszugehen haben – eine erhabene Würde, die freilich so groß ist, daß sie einem unglaublich vorkommen kann. Darum ruft uns Augustinus zu: ‚Erkennt eure Würde!' Für Augustinus war das an-

---

6 Vgl. dazu Näheres in dem Artikel von A. K. Wucherer-Huldenfeld, Die grundlegende Spiritualität der Augustinus-Regel. In: Ursprüngliche Erfahrung und personales Sein. Ausgewählte philosophische Studien II, Wien 1997, 269-275.

ders und er sah es deutlicher als andere: der wahre Leib Christi (corpus Christi verum), der lebendige und wirkliche, das ist die Kirche, wir, die Glaubenden.[7] Das verborgene Geheimnis des sakramentalen Leibes unter den sakramentalen Gestalten ist der Leib Christi, den wir mit ihm bilden. Das eucharistische Sakrament ist dazu da, den wahren Leib aus den Gläubigen zu errichten und zu erbauen. Der Inhalt (res) der Eucharistie, ihr Mysterium, ist der ganze Christus, Haupt und Glieder.[8] Der auf uns zukommende Herr bezieht uns durch die Eucharistiefeier jetzt ein in seinen Leib und bildet so die Kirche.[9] Um dieses Einverleibtsein und -werden geht es jetzt. Das ist zu feiern. Habt die Herzen oben und richtet euch aus auf dieses sein Kommen![10] Erhebend ist für Augustinus dieses sakramentale Geheimnis: ‚O Zeichen der Einheit! O Band der Liebe!'[11] ‚Wie sich dies [das Band der Einheit] umwandelt in euch, wenn ihr eßt und trinkt, so wandelt ihr euch um in Christi Leib.'"

Und unser Mitbruder schloß seine Ansprache mit den Worten: „Um das soeben Gesagte besser verstehen zu können, hören wir zum Abschluß noch einige Augustinus-Texte. In einer Osterpredigt sagt Augustinus zu den Neugetauften: Wir ‚müssen auf Grund des Ansehens des Apostels [Paulus] euch aufmerksam machen und euch nahe bringen, was das ist, das ihr empfangen habt oder empfangen werdet. Nun hört kurz, was der Apostel oder vielmehr Christus durch den

---

7 Erst in der Frühscholastik erhält dieser Leib die Bezeichnung „corpus Christi mysticum" im deutlichen Unterschied zum „corpus Christi verum", mit dem jetzt (nicht nur) terminologisch der sakramentale Leib, das Altarsakrament bezeichnet wird. Eine folgenschwere Akzentverschiebung!

8 Tractatus in Evangelium Joannis, 26, n.1 (CC 36, 265): „Unter dieser Speise also und diesem Tranke will er [der Herr] die Gemeinschaft des Lebens und seiner Glieder verstanden wissen."

9 Die Eucharistie ist das Sakrament, „quo in hoc tempore consociatur Ecclesia": Contra Faustum, l. XII, c. 20 (PL 42, 265).

10 Vgl. dazu Sermo 7, n. 3, in: Miscellanea Agostiniana, a. a. O. 463 f. und Sermo 227 (PL 38, 1101).

11 Tractatus in Evangelium Joannis, 26, n. 13 (CC 36, 266): „o signum unitatis! O vinculum caritatis!"

Apostel über das Sakrament des Herrenleibes sagt: ‚Ein Brot, ein Leib sind wir, die vielen. Ja, so viele Brote dort aufgelegt sind, ein Brot ist es. Ja, so viele Brote auf dem Altartisch Christi heute auf dem ganzen Erdkreis waren, ein Brot ist es. Aber was heißt das: ein Brot? Er [der Apostel] erklärt es ganz kurz: ein Leib sind wir, die vielen. Dieses Brot [am Altartisch] ist Christi Leib, von dem der Apostel sagt, indem er die Kirche anredet: ‚Ihr aber seid Christi Leib und Glieder.‘ Was ihr empfanget, das seid ihr („quod accipitis, vos estis“) durch die Gnade, durch die ihr erlöst seid.‘[12] Und in einer anderen Predigt heißt es: ‚Was ihr seht, ist ein Brot und ein Kelch, das melden euch eure Augen. Nach der Lehre des Glaubens aber ist das Brot der Leib Christi, der Kelch das Blut Christi [...] Diese Dinge heißen Sakramente, weil in ihnen etwas anderes mit den Augen gesehen, etwas anderes mit dem Geiste verstanden wird. Wenn du den Leib Christi verstehen willst, so höre den Apostel, der zu den Gläubigen sagt: ‚Ihr aber seid der Leib Christi und seine Glieder‘ (1 Kor 12,27). Wenn ihr also der Leib Christi und seine Glieder seid, so liegt euer eigenes Geheimnis (mysterium) auf dem Tische des Herrn: euer eigenes Mysterium empfanget ihr. Ihr antwortet Amen zu dem, was ihr selber seid, und unterschreibt diese Antwort. Du hörst: Leib Christi, und du antwortest: Amen. Sei ein Glied am Leibe Christi, auf daß dein Amen wahr sei: ‚Ein Brot, ein Leib sind wir viele‘(1 Kor 10,17).‘[13] Dieses Eucharistie- und Kirchenverständnis kann auf eine kurze Formel gebracht werden: Ein Leib seid ihr. Leib Christi seid ihr, Leib Christi empfangt ihr. Ihr empfangt, was ihr seid („quod accipitis, vos estis“),[14] und ihr seid, was ihr empfangt („vos estis, quod accepistis“)[15].“

---

[12] Tractatus de dominica sanctae Paschae, in: Miscellanea Agostiniana, a. a. O. 462 f.

[13] Sermo 272 (PL 38, 1247).

[14] Siehe Anm. 2.

[15] Sermo 227 (PL 38, 1099). Vgl. auch E.p.30,2 (CSEL 34,1; 124, 7-8). Hier stellt Augustinus in gleichgeordneten Sätzen das Gliedsein an dem einen Leib, den Besitz des einen Hauptes, das Gegründetsein in der einen Gnade und das Leben aus dem einen Brot nebeneinander: „Cum unius corporis membra simus, unum habeamus caput, una perfundamur gratia, uno pane vivamus.“

Weil es sehr wichtig ist, wen mein Mitbruder Augustinus Wucherer-Huldenfeld in dieser Predigt zitierte – unter anderem Kardinal Ratzinger –, sind auch die Fußnoten hinzugefügt.

Gemeinsames vor das Trennende stellen

Vom heiligen Augustinus, dem Bischof und Kirchenlehrer von Hippo, einer der markantesten Persönlichkeiten der gesamten Kirchen- und Menschheitsgeschichte (man lese nur seine „Confessiones") stammt die Aufforderung (Klosterregel), das „Gemeinsame vor das Trennende zu stellen". Dieses Wort diene als Motto, als Aufforderung zur Überwindung all dessen, was mich aufzuzählen drängt, worin und wie weit wir in lächerlichen Nebensächlichkeiten auseinandergedriftet sind. Diese so geringfügigen Unterschiede, in denen sich aber grundlegend andere Auffassungen manifestieren – nämlich solche, die bis zum Konzil Gültigkeit hatten und jene, in denen die inhaltlichen Aussagen des Konzils ihren Niederschlag finden. Dabei handelt es sich mitnichten um lehramtlich auseinanderklaffende Zeremonien und Handlungen, geschweige denn um Dinge, über welche man in dogmatische Probleme geraten könnte, es geht lediglich um Praktiken im Rahmen der Sakramenten- und Gottesdienstgestaltungen, geradezu banale Geringfügigkeiten, die aber als Ausdruck unterschiedlicher „Weltanschauungen" mißbraucht und für „Glaubenskriege" und Parteiungen benutzt werden können. Die versuchten und allmählich immer kräftiger werdenden Bremsmanöver gewisser einflußreicher „Römer", die es anscheinend mit der Angst zu tun bekamen, manches könne ihnen entgleiten, sowie auch all derjenigen, die darin ihre Chancen sahen und sich deshalb als Römer gebärdeten, weil es opportun und politisch zielführend geworden war – die vereinten Vertreter dieser Seite also traten konsequenterweise gegen diese Belanglosigkeiten den Kampf an und machten Front gegen jene anderen, die sich redlich bemühten, die positiven, die erneuernden, auf das Wesentliche abzielenden Impulse des „Aggiornamento" aufzunehmen und sie in bestmöglicher Form umzusetzen. Diese Verwirklichung der Ziele des Konzils, unter Auswertung der jeder einzelnen Ortskirche zukommenden Selbständigkeit und des darin begründeten Handlungsspielraums, war schwierig und erst am Anfang. Der sich abzeichnende Rückfall, der bald, so mußte der Eindruck entstehen, von Rom her unterstützt und gedeckt und von gewissen Bischöfen gefördert wurde, brachte Verwirrung in das Kirchenvolk. Es zeigte sich einmal mehr, daß es offenbar nicht gelungen war, Einheit in der Vielfalt zu wahren und das Wesentliche hinlänglich zu vermitteln. Um die Inhalte mit feinen Differenzierungen bzw. Rückführungen sollten alle in ihren je eigenen Zeichen, Formen und gesunden Überlieferungen bemüht sein. Den Kern und die springenden Punkte darzustellen und sie der Basis mundgerecht aufzubereiten, das wäre die Aufgabe und Herausforderung für alle gewesen.

Diese Nahtstellen einerseits hin zum Heil und zur Offenbarung, andererseits zum Auftrag Jesu, die Erlösung als Geschenk für alle Menschen zeitgemäß, in der Sprache und in den Zeichen unserer Zeit wieder offen und frei darzulegen, war Anliegen des Konzils, der Konzilsväter und der damit befaßten Fachleute. Die gute und „gesunde Lehre" galt es herauszuschälen aus der Erstarrung überholter Formeln und Formen und sie aus der Ideologisierung und Indoktrinierung vergangener Perioden zu befreien. Ein solcher Prozeß echter Erneuerung aus dem Wesen- und Seinsinhalt in der Kirche Jesu Christi kann nie als abgeschlossen gelten. Man bedenke einfach und schlicht: In allen sakramentalen Vorgängen, in jedem Gebet, in jeder Glaubensaussage ist die Unendlichkeit Gottes unser Gegenüber, zu der alles aus unserer so begrenzten, engen menschlichen Dinghaftigkeit in Bezug gesetzt werden soll. Dieses in sich Unendliche, für uns Unsagbare und Unbegreifliche, das Ungeschaffene in sinnenfällige, vergängliche und veränderbare Zeichen, Riten, Gesten und Formeln zu übersetzen, muß seit Menschengedenken das vordringliche Bemühen jener sein, die sich dazu berufen fühlen. Hier sei nicht auf die Zuständigkeit oder die Vollmacht dieser damit Befaßten eingegangen. Es kommt mir an dieser Stelle lediglich auf die Feststellung an, daß es ganz gewiß zu allen Zeiten schon schwierig gewesen sein mußte, in Bereichen, die sich förmlich zwischen Himmel und Erde, zwischen Göttlichem und Menschlichem bewegen, diese Wesentlichkeiten zunächst einmal eingebracht, sie über die Jahrhunderte als feststehend bewahrt zu haben, dann aber plötzlich darin grundlegende Veränderungen vorzunehmen und dies an eine Vielzahl von Mitmenschen überzeugend weiter vermitteln zu wollen und zu müssen.

In unserer Zeit gibt es fortlaufend Weiterentwicklungen aufgrund stupender Erfindungen, geradezu brutale Umwälzungen und grundlegende Modernisierungen. Über alle diese Entwicklungen werden die Mitarbeiter über Jahre ihrer aktiven Arbeitszeit in vielen Sitzungen und Besprechungen, in Seminaren, Übungen mit Videos und sämtlicher Methoden moderner Informatik, Didaktik und Kommunikation geschult und weiter gebildet. Wurde dieses seitens der Kirche und in diesem Fall von oben nach unten je so gemacht? Wurden die Vermittler, die „Frontkämpfer", auf deren Schultern die Durchführung aller Beschlüsse des Konzils abgeladen wurde, wurden die Seelsorger und alle übrigen Mitarbeiterinnen und Mitarbeiter in der Pastorale, die wichtigsten Multiplikatoren je auf solche in der Wirtschaft und im Verwaltungsbereich übliche, lange erprobte Weise in die neuen Sachverhalte eingeführt und damit vertraut gemacht? Bei uns – dieses sei, um Zweifel zu vermeiden, betont – handelt es sich immer nur um quasi „Durchführungsbestimmungen", nicht um „Neuerfindungen", wobei Gott und die Offenbarung so unendlich ist, daß jede(r) von uns immer Neues entdecken kann. Darum geht es nicht. Ich rede von der Weitergabe jener Neuerungen, die uns das Konzil geschenkt hat. Zugegeben, vor dreißig Jahren waren diese Schulungssysteme auch im weltlichen Bereich noch nicht in der jetzt gewohnten Form entwickelt. Obendrein – es ist keine Schande für eine Institution mit unserer Tradition im Gepäck! – hinkt die Kirche auf diesem Gebiet meist um vieles nach.

Doch rufen wir uns in Erinnerung: Es gab zunächst die offiziellen Konzilstexte in Latein, dann die Kommentare und Verlautbarungen, die zu Zeiten des Konzils über ein erstklassig funktionierendes Pressebüro in ihren Kernaussagen an eine breite Öffentlichkeit weitergegeben wurden. Dann kamen zuerst provisorische Übersetzungen in die Ortskirchen. Es dauerte lange, bis die offiziösen Übersetzungen nachgeliefert werden konnten. Schließlich berief man in den einzelnen Diözesen die Diözesansynoden ein – als Plattform, der Transformatorfunktion zukommen sollte. In der Tat gingen davon sehr gute, wichtige Impulse aus, die bei allen Beteiligten Begeisterung auslösten. Allerdings blieb nach dieser Phase der gemeinsamen Sitzungen von Bischöfen, Priestern, den Vertretern der Katholischen Aktion und dem einfachen Kirchenvolk als weiterreichendes Instrument der Vermittlung wieder primär nur das gedruckte Wort als „Verteiler“ nach unten übrig. Genau aber an dieser Nahtstelle hätte man gezielte Schulungen vor allem auch für eine einheitliche Durchführung in der Alltagspraxis und in den Pfarreien durchführen müssen, um unterschiedliche Auslegungen und Vorgangsweisen zu vermeiden, aber auch um den Intentionen des Konzils gerecht zu werden. An diesen „Schaltstellen“ wirken nämlich die Männer und Frauen in der Seelsorge. Mit anderen Worten: Den jeweiligen Seelsorgern, den Pfarrern, Kaplänen und Pastoralhelfern und -helferinnen war die Last aufgeladen, in ihren Gemeinden die Erkenntnisse, Einsichten und die Erneuerung, die vom Konzil im Wirken des Heiligen Geistes ausging, in den Alltag zu bringen. Immer handelte es sich dabei um unterschiedliche Charaktere und Talente und Einstellungen zu den gewünschten Umstellungen.

In dieser Betrachtung sollte nicht zu gering angesetzt werden, daß uns Theologen, die wir zu unterschiedlichen Zeiten, teilweise in Abständen von fünfzig und mehr Jahren, Theologie studiert haben, völlig unterschiedliche Auffassungen gerade im Traktat „De ecclesia – Über und zur Kirche“ trennten und immer noch trennen.

Um das Bild abzurunden: Über allem dominierte die römische Kurie, die mit einem solch straffen, einseitig juridischen Instrumentarium leicht in der Lage war, zu herrschen und zu beherrschen. Trotz der tiefgreifenden Umwandlungen durch das Konzil blieb bei vielen in der Kurie die angestammte Haltung virulent bestehen, nach Paragraphen zu verfügen. „Mutatis mutandis“, das heißt trotz der schon getroffenen Veränderungen und unter anderen Gegebenheiten wird in Rom Macht ausgeübt. Dies zeigt sich immer mehr, und ich finde meine Vermutungen und Eindrücke in dem Buch „Wir klagen an. Zwanzig römische Prälaten über die dunklen Seiten des Vatikans“ (Aufbau Verlag, Berlin 1999, im italienischen Original „Via col vento in Vaticano", Mailand 1999) bestätigt. Dort ist zu lesen, daß viele Entscheidungen der Kurie, gerade was die so fragwürdigen Bischofsbesetzungen anbelangt, an Papst Johannes Paul II. vorbeizulaufen scheinen und offensichtlich bewußt vorbeigeführt werden. Darüber hinaus ist die Tatsache nicht zu übersehen, daß sich der Vatikan eben in Rom, im Herzen Italiens, befindet. Und auch darin gilt wieder das Axiom „Actiones sunt suppositorum" – was einer tut, das tut er auf dem Hintergrund seines Seins, seiner Entwicklung, seiner Abstammung und der Geschichte seines Volkes. Die Internationalisierung im Vatikan wurde schon von Papst Paul VI. durch mehrere Neubesetzungen der Büros in den Dikasterien betrieben. Mit Papst Johannes Paul II. hielten dann seine polnischen Landsleute Einzug in das Zentrum dieser kirchlichen Machtausübung, aber das hatte zur Folge (ich zitiere aus dem eben genannten Buch):

„Da sie völlig unerfahren sind, überlassen sie die schwierigen Aufgaben jenen achtzig Prozent treuen und kundigen Beamten, die fernab von aller Öffentlichkeit im Hintergrund wirken und von Johannes Paul I. so beschrieben wurden: ‚Das unverzichtbare Uhrwerk, das in der Kirchengeschichte stets die genaue Uhrzeit anzeigt.' Die neuen ausländischen Oberhäupter der Kirche, allen voran die Polen, wissen sehr wohl, daß sie sich in nichts wirklich auskennen. Die Regierungsangelegenheiten legen sie daher völlig in die Hände ihrer Monsignori-Sekretäre, Mädchen für alles, die sich als die großen Herren aufspielen. So hat jeder Kardinal einen wahren Hofstaat an Vasallen unter seiner Befehlsgewalt, und zu Versammlungen erscheint er, in der Regel unvorbereitet und desinteressiert, an der Leine seiner Handlanger. Auf diese Weise gebraucht und mißbraucht jeder beliebige Speichellecker skrupellos die Macht seines Vorgesetzten, auch dann, wenn es um Entscheidungen von größter Wichtigkeit geht, wie zum Beispiel Amtseinsetzungen oder Amtsenthebungen. Jeder weiß, daß es die Kirche Christi ist, doch Gott verpachtet sie den Entschlossenen. Und da stehen sie, die Karrieristen, bereit, die Erbpacht in Besitz zu nehmen und für ihre Zwecke zu nutzen – ein ganzes Leben lang."(S.92, 93)

Dieses Zitat mag schrecklich klingen und jeden schlichten Katholiken zutiefst erschüttern. Wo man mit Macht bestimmt oder mit

Macht regiert, da unterliegen die meisten Vasallen dieser Macht der großen Gefahr, von ihr abhängig zu werden, in ihr förmlich zu ersticken. Für mich besteht auch in diesen allzu menschlichen Verhaltensweisen kein unmittelbares Problem zum Inhalt selbst, zum Göttlichen. Ich kann, eben auf dem Hintergrund meiner Ausbildung und des Umgangs mit Rom, hindurchschauen und weiß mich zu bewegen. Je älter ich übrigens werde, umso freier und befreiter stehe ich über diesen Strukturen der Macht. Ich fühle mich deshalb auch gedrängt, mit meinen Mitchristen in den Dialog darüber einzutreten, wie wir alle als Kirche, als Volk Gottes diese über die Jahrhunderte angewachsenen und belasteten Machtstrukturen aufzubrechen vermögen. Außer Zweifel aber steht: Das Ärgernis, das wir darin geben, der Schaden, der durch solchen Machteinfluß weltweit entsteht, ist katastrophal! Dem allen gegenüber kann nur das „Wehe!" unseres Herrn und Erlösers Jesus Christus entgegengeschleudert werden. Ich bin der festen Meinung, bestärkt durch viele Gespräche und Kontakte zu Mitmenschen, vor allem zu solchen, die, wie es erst unlängst Kardinal König ausdrückte, „viele äußere Formen des Christentums immer stärker ablehnen", gleichzeitig aber nach dem Wesentlichen suchen, daß wir uns diese Gesichtspunkte einmal in aller Offenheit, ohne Wertung und ohne Vorwürfe sagen müssen; denn „das Christentum muß sich wandeln von einer äußerlich geprägten Gestalt zu einer verinnerlichten Glaubenshaltung" (Franz König).

Bis zum „... Absterbens. Amen"

Wenn ich jetzt wieder auf die Schwierigkeiten zurückkomme, die wir mit der Durchführung vor allem der vom Konzil ausgehenden liturgischen Neugestaltung hatten und haben, dann soll zum besseren Verständnis das ganze Ausmaß dessen deutlich werden, was uns anvertraut und aufgebürdet war. Nur aus solchen Einsichten und in diesem Zusammenhang wird zwingend verständlich, weshalb wir alle gemeinsam bestrebt sein müssen, das zu überwinden, was wir bis jetzt nicht zu bewältigen imstande waren, nicht zuletzt weil gewisse Gruppierungen daraus Kapital zu schlagen bemüht sind. Trotzdem sollten wir nicht unzufrieden sein. Es mußten ungeheuer große, tiefgreifende Veränderungen vorgenommen werden. Gebete wie das „Vater unser", das „Gegrüßet seist du Maria" hatten wir mit den Gläubigen umzulernen, alle liturgischen Antworten mußten in Deutsch einführt werden usw. Verständlich daher, daß es Schwierigkeiten gab – nicht zuletzt deswegen, weil es verhältnismäßig lange Zeit dauerte, bis die deutschen liturgischen Texte in ihrer jetzt gültigen Form verbindlich vorlagen. Die Zwischenstadien, das Umlernen von Latein in die deutsche Sprache in den Gebetstexten, die nach ihrer offiziellen Zulassung zur Meßfeier nochmals verbessert werden mußten, dieses alles brachte sehr viel Substanzverlust und kostete Energie und Einsatz, den manche, ganz besonders die älteren Gläubigen, nicht mehr mitvollziehen konnten.

Die Folge war eine massive Verunsicherung im gläubigen Volk. Die angestrebte Verinnerlichung sowie die spirituelle Dimension der Reformen konnten weitgehend nicht erreicht werden. Bei vielen guten, frommen Mitchristen blieb das dumpfe Gefühl, die Erneuerung habe der Kirche mehr Einbrüche als Aufbrüche gebracht und sei auf Kosten der religiösen Substanz gegangen. Bei vielen entstand zumindest eine innere Distanz, sie wollten auch die ständigen Neuerungen nicht. Sie wollten ihre Ruhe. Sie wollten auch nach zwanzig Jahren Kirchenabsenz ihr „Vater unser ..." bis zum „... Absterbens. Amen" mitbeten können. Richtig, es handelt sich vor allem um jene Mitchristen, die sich bisher kaum je aktiv beteiligten, die als in die Kirche Hineingeborene immer im Hintergrund bleiben wollten, die mehr ihrem Gefühl nachgingen und zu allen „heiligen Zeiten" halt das Bedürfnis nach einem gelegentlichen „Seelenbad" verspürten. In dieser ihrer, jetzt verunsicherten Haltung hatten sie wenig Probleme mit dem Kirchenbeitrag. Es stand dafür, zu zahlen; denn alle Feste und Feierlichkeiten waren im Familienkreis wichtig. Die Kirche verstand es normalerweise, diese immer klaglos abzuwickeln. Diesen unseren Mitchristen war/ist es durchaus wichtig, daß Taufe, Erstkommunion und Firmung, auch die Trauung und schließlich eine „fesche Leich" einen festen Platz in ihrem Leben einnehmen konnten, ohne daß man sich dafür besonders engagieren mußte. Solange obendrein alles in Latein zwischen Pfarrer und Ministranten oder Mesner abgelaufen war, konnte nie die peinliche Situation entstehen, daß ein liturgischer Anruf des Priesters in der Leere und Unkenntnis der Umstehenden, der „Betroffenen", verhallte. Grundlegendes hatte sich verändert, was bei einer nicht zu kleinen Schicht österreichischer Katholiken einen gewissen Unmut erzeugte.

Hierin sehe ich neben vielen anderen Gründen einen Ansatzpunkt, weshalb manche der eben Angesprochenen nach Auswegen und nach Personen Ausschau hielten, in denen sie das gute Alte bewahrt und gewährleistet sahen. Es gab sie.

Was Bischof Kurt Krenn anbelangt, wurde mir von dem verstorbenen Abt Othmar Rauscher aus Schlierbach, dem Stift, an dessen Gymnasium Krenn knapp nach seinem Wiedereintritt in die Kirche maturierte, erzählt, der Maturant Kurt Krenn habe damals erklärt, er wolle Priester werden. Darauf meinte der das Gespräch führende Pater: „Dann kannst du vielleicht auch bei uns in den Orden eintreten." Antwort: „Da kann ich nicht Bischof werden."

An diesem Punkt sei trotz der Tatsache, daß sich vieles sehr viel besser hätte entwickeln können, einmal laut und vernehmlich eingebracht, auch wenn es die Gedankenabfolge unterbrechen sollte: Wie sähe die römisch-katholische Kirche heute ohne das „Aggiornamento" und ohne den gewaltigen Impuls aus, der vom Zweiten Vatikanischen Konzil ausgegangen ist? Wären unsere Kirchen voller, gäbe es mehr Mitfeiernde, wenn die Liturgie noch in Latein vorgetragen, die Kirchengebote forscher eingefordert würden, der Klerus in der „Hochwürden-Verkleidung" der Soutane auftreten müßte oder in Rom etwa die Germaniker in ihren roten Roben das Stadtbild belebten und schon in diesem Stadium ihrer Ausbildung deutlich machten, daß sie „ad maiora", zu Höherem, berufen seien? Die Illusion, der fatale Irrtum, daß diese Erneuerungen an allem schuld seien oder, anders besehen, die vermeintliche Hoffnung, ein mutiger, energischer Rückwärtsgang, gepaart mit dem Griff in die liturgische Mottenkiste des 19. Jahrhunderts könnte als Wunderheilmittel gegen unsere verderbte Gesellschaft jedenfalls innerhalb der katholischen Kirche eingesetzt werden: Dieser Traum ist irreal. Im Gegenteil, erst in solcher Gegenüberstellung wird der ganze Umfang und die Bedeutung des

Wirkens des so menschlichen Papstes Johannes XXIII. und seines Konzils richtig faßbar.

Ganz sicher gäbe es auch nicht mehr Berufungen für das Priestertum oder mehr Schwestern und Brüder in den Klöstern. Unsere Gesellschaft ist es, die sich unabhängig von Tendenzen, Bestrebungen und Richtungskämpfen innerhalb unserer Kirche und aller übrigen Glaubensgemeinschaften in den Jahrzehnten seit dem Zweiten Weltkrieg grundlegend gewandelt hat. Jene, die sich wieder in die alten Formeln zwängen möchten, um sendungsbewußt der Welt das Heil aufzudrängen, mögen zwar in ihrer auffälligen Kleidung, durch ihre Verhaltensweisen und wegen ihrer tridentinischen Messefeier Aufsehen erregen, sie machen aber letztlich eine verschwindende Minderheit aus, die in dieser ihrer quantité négligeable meinetwegen durchaus zur Abdeckung der Bedürfnisse und Vorstellungen einiger weniger extravaganter Zeloten und Ewiggestriger dienen sollen. Als solche sollte man sie auch betrachten und ungeschoren wirken lassen in der communio ecclesiarum, der Vielzahl der Ortskirchen. Jede Auseinandersetzung mit solchen Splittergruppen kommt einer Aufwertung für sie gleich. Sie mögen auf ihre Weise „selig" werden, man sollte sich lediglich um ihre Einbindung unter dem Motto „getrennt marschieren, vereint schlagen" bemühen. Das mag furchtbar in diesem Zusammenhang klingen, aber geht es uns nicht allen um denselben Gott, um seine frohe Botschaft, um die Umkehr, die Rückkehr der in Jesus Christus erlösten Menschen zu Gott hin?

Wenn ich das so formuliere, dann fühle ich mich konsequenterweise gedrängt, eine Korrektur oder Einschränkung bezüglich des Begriffs und Inhalts von „Umkehr" vorzunehmen: „Kehrt um und glaubt an das Evangelium", lautet die Einladung, die wir vor allem in der Fastenzeit immer wieder hören. Jeder von uns denkt sofort an sein Versagen, an Buße tun, schlicht an die moralische Kategorie einer solchen Aufforderung. Richtig! Wir haben täglich und ein Leben lang Veranlassung, uns zu bessern, unser Versagen und unsere Sünden zu beklagen und um Vergebung zu bitten, wobei natürlich die Erkenntnisse etwa der modernen Gen-Forschung und der gesamten Vererbungslehre – ich möchte unter keinen Umständen in dieses heiße Thema einsteigen – schon eine gewisse Relativierung unseres bisherigen Schuld- und Sündenverständnisses zulassen. Unsere Einsichten und Meinungen beispielsweise zum kirchlich so leidigen und unglücklich behandelten Thema der Veranlagung zur Homosexualität sollten vor diesem Hintergrund objektiviert werden. Doch das ist es gar nicht, was mich darzustellen drängt. Vielmehr muß der Begriff der Umkehr, des Umdenkens, der „Metanoia“, in einen weiteren Zusammenhang gebracht werden: Abkehr vom Ich, vom Menschen und menschlichen Denken und Tun, vom einseitigen Vertrauen in die eigene Tüchtigkeit und davon, daß wir uns den Himmel verdienen können und wollen. Er ist uns schon geschenkt.

Wir sind Erlöste, denn: „Er hat uns gerettet; mit einem heiligen Ruf hat er uns gerufen, nicht aufgrund unserer Werke, sondern aus eigenem Entschluß und aus Gnade, die uns schon vor ewigen Zeiten in Christus Jesus geschenkt wurde; jetzt aber wurde sie durch das Erscheinen unseres Retters Jesus Christus offenbart. Er hat dem Tod die Macht genommen und uns das Licht des unvergänglichen Lebens gebracht durch das Evangelium.“(2 Tim.1,9-10). Solche und ähnliche Aussagen gibt es sehr viele im Neuen Testament. Ich finde diese Texte wunderbar im Stundengebet integriert. Mit anderen Worten: Der Gläubige weiß sich eingebunden und geborgen im Göttlichen. Er wendet sich also Gott zu, kehrt um und heim zu ihm, in allem, was er ist und empfindet. Er sieht und kann sein eigenes Leben in der Größenordnung und Perspektive Gottes und in der Hin- und Rückkehr zu Gott begründen. Deshalb beten wir auch im „Vater unser“ nach dem Lobpreis „Geheiligt werde dein Name“ das „Dein Reich komme, d e i n Wille geschehe“. Das sind die Dimensionen, die das Christ-sein ausmachen. „Groß von Gott denken, je größer umso besser!“ Dann kann keiner mehr argumentieren, wie es einer der Zuhörer bei einem Vortrag tat: „Die Kirche verkündet immer nur Regelverhalten, keine Inhalte.“

Das unverdaute Konzil

Ich kehre zurück zu meinen Überlegungen, die sich mit der Durchführung der Beschlüsse des Konzils und den damit verbundenen Problemen befaßt, und zwar deswegen, weil wir ja das Gemeinsame anstreben, eine gemeinsame Basis finden wollen. Deshalb sind alle Unsicherheiten aus dem Weg zu räumen. Generell sei gesagt, daß es immer schwierig ist und war, über das Formale hinaus Wesentliches, Geistliches, Spirituelles zu vermitteln, schon gar, wenn dieses Inhaltliche vom Göttlichen abzuleiten ist. Weil es oft nicht gelang, von dem Neuen zu überzeugen, ging Liebgewordenes, Gewohntes und im Brauchtum Erlebtes verloren, wurde gelegentlich sogar den Gläubigen gewaltsam entzogen. Dieses obendrein mit der Begründung, das bisher Praktizierte müsse gewandelt und durch die Reformen des Konzils zu den Wurzeln und zum Wesentlichen des Christentums zurückgeführt werden. Das war der Sinn der Reform. Das „Aggiornamento“, das „Verheutigen“ der frohen Botschaft, das „Fensteröffnen“, wie es Papst Johannes für jeden verständlich gesagt hatte, geriet in den Hintergrund, weil halt die Umsetzung immer schwieriger ist als die Zielsetzung. So fand ein Gutteil der Reformen keinen direkten Eingang in die Alltagspraxis. Ganz im Gegenteil! Zu viele unserer Mitbrüder und Kollegen verordneten einfach die Veränderungen in der Gestaltung etwa der Gottesdienste, der Gebete in der Muttersprache, die Hinwendung zur Gottesdienstgemeinschaft, indem als erstes ein „Volksaltar“ ohne geistige Einführung und Erklärung in den Kirchenraum gestellt wurde. Oft waren die Seelsorger selbst gar nicht in der Lage, die tieferen Bezüge zu solchen elementaren Veränderungen herzustellen. Oft geschah dies geradezu unter Schändung des bisherigen „Hochaltars“ und unter Verletzung der religiösen Gefühle des Kirchenvolks.

Solch eifrige Geistliche, die durchaus bemüht waren und meinten, ihr Bestes geben und alles im Gehorsam durchführen zu müssen, was ihnen von oben her aufgetragen war, wurden sich wohl kaum der Tatsache bewußt, daß sie den Gläubigen vieles von ihrer individuellen religiösen Identität entzogen. Wie konnte etwa eine schlichte alte Frau, die über die Jahrzehnte ihres Lebens vor einem bestimmten Heiligenbild gebetet und dort ihre Sorgen abgeladen hatte, es fassen, daß diese oder dieser Heilige plötzlich durch eine von Rom verordnete Kalenderberichtigung im Martyrologium Romanum wertlos geworden war? Eine große Anzahl der im Volk seit Jahrhunderten sehr beliebten Heiligen wurde degradiert, weil ihre Lebensbeschreibungen mehr im Legendären verwurzelt waren und kaum durch streng historische Quellen belegt und rekonstruiert werden konnten. Aber gerade das Legendäre, die meist recht volkstümliche Ausschmückung, hatte ihre Verankerung in den Herzen der Menschen. Den „Sitz im Leben" gaben zusätzlich kostbare Belegstücke der Kunst, auf ansprechbare, allgemein verständliche und obendrein schöne Art und Weise ab. So ließen sich Sinne und Gefühle ansprechen. Dabei mußte es sich keineswegs nur um Gipsstatuen handeln, die des Materials wegen von einigen der Verantwortungsträger im Übereifer aus den Kirchen verbannt wurden.

Dieser kurze Einblick in das Geschehen nach dem Konzil möge genügen, um deutlich zu machen, weshalb vieles nicht greifen konnte und weshalb die braven Kirchgänger von uns ihrer Innerlichkeit, ja des Glaubens ihrer Kindheit beraubt und in ihren Gefühlen verletzt wurden. Eine totale Unsicherheit griff um sich und dort, wo der geistige und geistliche Mitvollzug den Gläubigen nicht vermittelt werden konnte, wurde manchen ihre geistliche Beheimatung genommen. Daß dann auf weite Strecken ein gewisses Vakuum übrig blieb, liegt auf der Hand und hatte natürlich auch noch andere Ursachen.

Wollen wir nicht verhehlen, daß die Sonntagsgottesdienste zwar früher besser besucht waren als späterhin, aber es auch einfacher war, einem solchen Gottesdienst „beizuwohnen", um die „Sonntagspflicht" erfüllen zu können. Jetzt war da die Rede von einer „actuosa participatio", also von einer aktiven Beteiligung aller Anwesenden. Bisher war das wesentlich einfacher: Der Priester vorne auf Distanz, mit dem Rücken zum Volk, alles in Latein, während nur wenige in den meisten Dorfkirchen, und dies weit über die Zeit des Konzils und die Restaurationsjahre hinaus, ohnedies nur bei einem gewissen recht begrenzten Standardrepertoire mitsangen: die Deutsche Messe von Franz Schubert. Sie war so ausgesungen, vielerorts in solcher Überdehnung des Rhythmus unartikuliert und im Tempo gleichgeschaltet gesungen, daß ich darin mit meinen Ohren bis an mein Lebensende geschädigt bleiben werde. Ich meide diese in sich schöne Messe, die neben der Michael-Haydn-Messe ein nachgerade revolutionärer Bestandteil der Liturgie-Geschichte geworden ist, obwohl wie so unendlich vieles in unserer Kirche erst „a posteriori“ – „im nachhinein“ – erlaubt wurde. Immer wird erst jeder Fortschritt bzw. jeder Eingang des zeitgemäßen menschlichen Bezugs, Empfindens und Geschehens etwa in die Liturgie, aber auch in kirchliche Strukturen, zuerst mit Verbot und Strafe belegt. Hier zeigt sich, wie sehr die Vorstellungen auseinanderklaffen zwischen dem Vertrauen in das Wirken des Heiligen Geistes im Volke Gottes und dem Bewußtsein jener, die da vermeinen, alles und jedes müsse von oben nach unten auf den Buchstaben genau administriert und mit Macht möglichst von Rom aus durchexerziert, kontrolliert und widrigenfalls bestraft werden.

Doch nochmals zurück in die Situation unseres Kirchenvolks zum Zeitpunkt des Vatikanischen Konzils, des Eingreifens des Geistes Gottes, der sich des „Quasselkopfs Roncalli“ bediente, wie ein Kurialer den früheren apostolischen Delegaten für Bulgarien noch bezeichnet hatte, der aber den „Glauben der Kirche“ ins „update“ des 20. Jahrhunderts gebracht hatte. Bis zu dieser Zeit wußte sich der durchaus fromme Kirchenbesucher – ich kenne viele Frauen, die dies taten – während der Meßfeier gar nicht anders zu beschäftigen, als leise den Rosenkranz zu beten. Natürlich gab es den „Schott“ oder die deutschen Texte aus Klosterneuburg, mittels derer man nachvollziehen konnte, was der Priester „labiliter“, indem er die Lippen bewegte, oder laut in Latein vorsprach, vorsang und betete. Allerdings gaben nur die Ministranten die lateinischen Antworten auf die Gebetseinladungen des Priesters, und dieses oft in völliger Verballhornung, ganz abgesehen davon, daß sie die Texte nicht verstanden.

Auch viele Priester waren überfordert

Noch ein Gesichtspunkt ist zu berücksichtigen: Viele ältere Priester und Pfarrer waren total überfordert von den Veränderungen in der Liturgie. Unser wohl in Latein und in den klassischen Sprachen bestausgebildeter Mitbruder, der Etruskologe Ambros Pfiffig, obendrein ein guter Musiker, war lange Zeit nicht in der Lage, die deutschen Texte in freier Modulation vorzutragen. Das Chorgebet und die Gottesdienste wurden in den Jahrzehnten seines langen Lebens immer lateinisch, und zwar auf einem bestimmten Tenor (meist e oder f: von „tenere", auf derselben Tonhöhe halten), dem „tonus rectus", rezitiert. Jetzt sollte sie unser Senior, der Herr Universitätsprofessor, auf einmal in deutscher Übersetzung, und zwar in freiem Rhythmus und Tonabfolge, wie einen üblichen Text, aber dem Inhalt konform und angemessen, vortragen. Hinzu kam, daß die ersten Übersetzungen sehr mangelhaft waren. Unser Mitbruder – er war kein Einzelfall – war lange Zeit unglücklich mit dieser Entwicklung und wehrte sich daher gegen die Einführung des deutschsprachigen Chorgebets in unserer Kommunität lange mit dem Hinweis: „Hier muß Rom erst die Dispens dazu aussprechen!"

Wie schon gesagt, mußten leider die Sprechtexte, die Gebetsrufe und die Antworten auch in den Brevieren einige Male verändert, ja, verbessert werden, bis sie in jene Form gebracht werden konnten, die jetzt auf längere Zeit wird bestehen können. Diese Vorgänge zeitigten natürlich Ermüdungserscheinungen selbst bei den gut gesinnten und bereitwilligsten Gläubigen.

An diesem Punkt drängt es mich, zwei Fragen zu stellen: Warum war es notwendig, bei so großer Vielfalt der seit dem Konzil eingeführten Formen der Liturgien die tridentinische Meßfeier zu untersagen? Hätte man nicht Rücksicht nehmen sollen auf unsere älteren Kollegen? Obendrein wäre dann das Lateinische und gerade dieser seit Generationen zelebrierte und praktizierte Ritus nicht in die Gefahr geraten, mystifiziert und in das Elitäre von gewissen Außenseitern entrückt zu werden. Gewiß, die Erlaubnis hiezu wurde später, zu spät nachgereicht; denn die Separatisten hatten sich längst der lateinischen Liturgie und der tridentinischen Messe bemächtigt, auch wenn diese Herren, streng in Schwarz und mit Stehkragen gestylt, dieser unserer immer noch offiziellen Liturgiesprache oft kaum anders als „labialiter" fähig sind.

Meine zweite Frage, sicherlich müßig, sie im Nachhinein zu stellen: Warum war es nicht möglich, diese so tiefgreifende Jahrhundertreform besser und länger vorzubereiten und durch Einschulungen an die „Endverbraucher" weiterzureichen? Da fehlte amerikanisches Management! Obendrein hätten wir uns bemühen müssen, den Menschen vor allem das Gefühl zu vermitteln, daß ihnen in dieser Reform die Inhalte, der Reichtum des Wortes Gottes neu geschenkt werden, und zwar in jahrhundertealter Kultkontinuität. Es sei in diesem Zusammenhang in Erinnerung gerufen, daß Latein als Kultsprache erst relativ spät (im sechsten Jahrhundert) Eingang in die Liturgie der römischen Kirche fand. Darüber hinaus kann man den Gläubigen immer wieder vor Augen führen, daß der Kult unserer Kirche aus der Tradition, also aus dem Übernehmen und Weitergeben entstanden und nie gänzlich aufgelöst worden ist. Nichts wurde zerstört, sondern immer auf dem Vorhandenen weitergebaut und entfaltet. Also die Kultkontinuität, die Wahrung des durch die gesamte Menschheitsgeschichte Gewachsenen, steht Pate für viele unserer Feste, unserer Riten und Formen. Es ist gar nicht anders denkbar. Dem Menschen stehen eben nur gewisse Ausdrucks- und Aufnahmemöglichkeiten zur Verfügung. Ausschlaggebend ist der Inhalt. Wir Christen glauben, daß dieser Inhalt von Gott durch den Fleisch gewordenen Sohn Gottes Jesus Christus geschenkt wird. Als er in der „Fülle der Zeit" kam, da war eben die Zeit reif, da gab es viele Vorformen, die dann erst ihren Inhalt und ihre Sinnerfüllung erhielten. Deshalb ist es so wichtig, keine hohle Ritualisierung zu tradieren, nur weil sie alt ist. Die Zeichenhaftigkeit unter dem Gesichtspunkt des Wesensbezugs gibt den Ausschlag.

Zur Verdeutlichung: Aus dem Mithraskult beispielsweise kennen wir die Siebenzahl einer Art Sakramente. Im ehemaligen Mithras-Tempel von Capua in der Campagna kann dies nachvollzogen und besichtigt werden. Diese heilige Zahl sieben wurde von Petrus Lombardus erst 1045 für die Anzahl der Sakramente in der Westkirche festlegt. Und ein weiterer wichtiger Gesichtspunkt: Die bedeutendsten Stätten des Wirkens unseres Herrn Jesus in Israel, die ältesten christlichen Heiligtümer in Kleinasien, Griechenland, Italien, ja in ganz Europa fußen größtenteils auf Vorgängerbauten, die sich ihrerseits an markanten exponierten Punkten, Plätzen, Bergrücken, Quellen u. a. befanden. Heute wissen wir zusätzlich, daß diese Orte auch unter dem Gesichtspunkt der Erdstrahlung ausgezeichnet sind.

Autochthon, erdverbunden, gesund, seit Menschengedenken von festem Bestand und somit eine sichere und die beste Voraussetzung sowie sicheres Fundament dafür, das „sacrum commercium", „den heiligen Austausch", die „communio" zwischen Göttlichem und Menschlichem, zu gewährleisten.

Mit Nachdruck und dankbar sei einmal festgehalten, daß uns allen die Erneuerung durch das Zweite Vatikanische Konzil einen Reformschub in einem weitaus größeren Ausmaß schenkte, als wir uns dessen immer bewußt sind. Natürlich waren und sind damit auch ungeheuere Umwälzungen verbunden, deren Folgen wir aus der Sache selbst oft gar nicht zu meistern imstande sind. Wollen wir daher mit großem Respekt anerkennen, daß, aufs Ganze besehen, dieser Quantensprung gelungen ist, wenngleich Fehler passierten. Noch lange sind nicht alle gebotenen Möglichkeiten ausgeschöpft. Ermüdungserscheinungen haben sich eingestellt. Viel schlimmer allerdings: Bei vielen von uns ist Frustration, ja sogar Resignation zu konstatieren – nicht der Reformen wegen, sondern weil ab einem bestimmten Zeitpunkt recht deutlich wurde, daß Rom, wer immer das sein mochte, zum Gegenschlag ausgeholt hatte. Aus Sorge oder aus Angst, die Reformen könnten in den eigenständigen Ortskirchen der großen Universalkirche eine gewisse Eigendynamik entfalten und an Selbstständigkeit gewinnen? Wie konsequent wurden da plötzlich dem Volk Gottes, und dies nicht nur in Österreich, gewisse Bischöfe vorgesetzt, bei denen man sehr schnell aufgrund ihrer Herkunft (etwa Opus Dei) und Ausbildung (weitgehend keine Praktiker noch Männer der Seelsorge, sondern Theoretiker, die daher von vornherein einschlägig gepolt waren oder sich polen ließen) erkennen konnte, daß die neue Generation nachkonziliärer Apostelnachfolger keineswegs den erwarteten zusätzlichen Schwung, noch weniger neue Ideen oder gar Begeisterung aus dem Einwirken des Heiligen Geistes durch das Konzil mitbrachten, sondern ganz im Gegenteil, daß sie sich zwar nachdrücklich und stets recht auffällig auf gewisse Buchstaben der Konzilstexte beriefen, dabei immer unterwürfig brav nach Rom schielten, aber daß sie das bis jetzt an der Basis Unbewältigte geradezu dazu benutzten, die Zweifler am Fortschritt, die mit dem Fortschritt Unzufriedenen, die noch mehr dem Alten verhaftet waren und sich nicht im Jetzt und Heute zu bewegen getrauten, den Zwiespalt zu nähren und zu bekräftigen.

So war es logisch und in diesen Kreisen möglich, auf einen Kurswechsel mit der Absicht hinzusteuern, andere mitzureißen und eine Wende einzuleiten, der man Nachhaltigkeit wünschte. Im Auftrag Roms? Wer waren die Drahtzieher in Rom? Gerne berufen sich gewisse Herren auf den Heiligen Vater Johannes Paul II. Wurde er nicht nur vorgeschoben? Jedenfalls zielt die Haltung gewisser neuer Gestalten von Bischöfen in diese Richtung, jener zumindest, bei denen auffällt, daß sie auf recht merkwürdige, ungewohnte Art und fast überall ohne Rücksicht auf die jeweilige Ortskirche von Roms und des Papstes, nämlich des Herrn Nuntius Gnaden in die jeweilige Diözese eingebracht wurden. In manchen Fällen geschah dies sogar unter Umgehung oder Verkehrung alter Wahlgewohnheiten. Schnell wurde für alle Unsicherheiten im Kirchenvolk den redlich bemühten und getreuen Reformern die Schuld in die Schuhe geschoben. Innerhalb weniger Jahre gelang die anscheinend angestrebte Spaltung zwischen Reformern und Gegnern der Reform. Die letzteren gaben vor, in Übereinstimmung mit dem Papst („Der Heilige Vater hat gesagt", Kurt Krenn) zu handeln. Aufgrund ihrer angeblichen Autorisierung und der Qualität ihres Amtes vermeinten sie, in der Lage zu sein, die unsicheren Verhältnisse und die gelegentlichen Zweifel im Sinne Roms klären und entscheiden zu können. Das erfreute jene Gutgläubigen, die Ruhe, Klarheit und Ordnung herbeisehnten. Die erklärten Gegner der Reform witterten Morgenluft und organisierten gezielt den Widerstand gegen alle übernommenen „unsicheren Zustände".

Zunächst wirkte sich diese Entwicklung in vielen belanglosen Dingen aus, man könnte durchaus meinen, es handle sich dabei um lächerliche liturgische Alltäglichkeiten, bei denen noch alte und neue Auffassungen parallel verliefen wie Hand- und Mundkommunion, das Unterhalten einer Patene beim „Kommunion-Austeilen", auch wenn die meisten Kommunikanten mit der Hand das eucharistische Brot in Empfang nehmen. Das peinlich genaue „Aufkratzen" etwaiger Brotsplitter auf dem Korporale, also dem Tüchlein, auf das man Kelch und Patene ab der Opferung bis nach der Kommunion stellt, gehört gleichfalls hierher, auch die vielen, liturgisch und rubrizistisch nicht mehr vorgesehenen Kniebeugen, mochte dabei das rechte Bein noch so verkürzt oder verkrümmt und unwürdig nach hinten verrenkt werden, oder das halbe Knien und Hocken in den Bänken usw. usw. Plötzlich kamen diese durch das Konzil vom Inhalt her aktualisierten und danach veränderten, völlig überholten Andachtsformen wieder zu Ehren. Ein Zeichen also, daß dem Alten und Veralteten der Vorzug zu geben sei, ohne Rücksicht darauf, ob darin die Sinn- und Akzentverschiebungen des Konzils ihren Ausdruck fanden oder nicht.

Wer je das Standardwerk über die Geschichte der Entwicklung unserer Meßfeier, beginnend mit dem Abendmahl und den frühen Gottesdiensten der ersten Christen, die sie über den Gräbern der Märtyrer in den Katakomben feierten, nämlich „Missarum Sollemnia“ des österreichischen Jesuiten Andreas Jungmann gelesen hat, der weiß, warum man ein Tuch unter dem Kelch brauchte und ebenso eine Kelchabdeckung – eben in den Katakomben. Man stelle sich dieses bildlich und praktisch vor und vergleiche unsere heutigen Altäre damit! Wozu mehr hineingeheimnissen in solche abgelaufenen, überholten Praktiken, als nötig? Für Außenstehende oder Andersgläubige ist dieses Getue völlig unverständlich und lenkt total vom Inhalt der Gesamthandlung ab. Jetzt freilich, in dieser veränderten Situation, zelebrieren manche wieder aufs Neue auf recht auffällige Art, mit süßlich frommen, gewichtigen Blick alles das, was im Konzil schlicht aus der Einsicht in Wesen und Zusammenhänge liturgischen Geschehens freigegeben worden war. Nicht so sehr, daß sie darin ihre Unkenntnis zur Schau tragen – nein, sie vermeinen vielmehr, indem sie sich besonders fromm und dem Alten verpflichtet zeigen, mögen diese Nebensächlichkeiten noch so belanglos und geringfügig sein, könne man durch exaktes, korrekt wirkendes Einhalten noch immer bei manchen frommen Seelen Eindruck schinden.

In Sant‘ Anselmo in Rom dozierte zu meiner Zeit der selbst heute noch über jeden Verdacht der Laxheit erhabene Kardinal Augustinus Mayer OSB die Vorlesungen für Dogma II. In sein Gebiet fiel die Sakramentenlehre und die Geschichte der Sakramente. Ich werde nie vergessen, wie er uns damals vom Katheder aus vorzeigte, wie manche Priester mit größten Skrupeln die Patene in die Hand nehmen, um nach der Kommunion ja jedes Detailchen eines Brotrestchens aufschaben und im Kelch mitpurifizieren und konsumieren zu können. Seine Anweisung: Wenn ein Überrest, wie klein oder groß auch immer, nicht mehr den Charakter, das Zeichen von Brot wiedergibt, dann ist das kein „signum sensibile" – kein „sichtbares Zeichen" mehr für Brot noch für den „Leib des Herrn". Warum kommen solche Einsichten nicht mehr in unseren Gesten, Gebärden und in unserem Verhalten zum Ausdruck – ganz abgesehen von dem viel tieferen Geheimnis und der gewichtigen Wahrheit, daß wir alle, die wir um den Altar des Herren Jesu versammelt sind und mit seinem Leib genährt werden, diesen in und durch uns selbst verkörpern? Warum dann – ich beobachte solche offenbar gedankenlosen Abläufe immer bei Gottesdiensten gewisser, einseitig ausgerichteter hochwürdiger oder hochwürdigster Herren – trotzdem wieder Kniebeuge und nochmals Kniebeuge, und doch ganz sicher vor dem in uns selbst noch zur gleichen Zeit in Verdauung befindlichen Herrenleib? Es war so befreiend, daß uns das Konzil neue Wege zu einem vertieften Verständnis der „mirabilia Dei", der „Wundertaten Gottes" eröffnet hatte. Und jetzt?

Dabei kann ich ein Leben lang nicht vergessen und denke mit Entsetzen daran zurück, daß unsere so geschätzten Professoren und großartigen Priesterpersönlichkeiten in Rom jeden Tag nach dem Frühchor in die große Sakristei stürzten, sich eine Kasel überwarfen, um dann hinter einem von uns Studenten in den Keller (heute die Bibliothek in Sant'Anselmo) zu stürmen, wo Altar an Altar stand, jeweils nur durch eine bessere Bretterwand getrennt, damit jeder seine Privatmesse feiern konnte. In Latein ging das flott und trotzdem exakt – der Großteil lief ohnedies, weil immer gleich, aus dem Gedächtnis auswendig ab. Manche schafften solcherart diese Extremform einer Eucharistiefeier in zehn (!) Minuten. Das Volk war nur im Ministranten symbolisch vertreten! Schlimmer noch, es passierte sogar, daß einzelne Priester allein, „solo" sozusagen, Zelebrant und Chor in einem verkörpernd, ihre lateinische Messe sangen, um dadurch in den Genuß einer Meß-Dollar-Intention zu gelangen, wie man sie für die „missa cantata", also für ein „gesungenes Amt", damals bezahlte. Wer in solcher Rückblende noch Probleme mit der

Konzelebration aller zu einem Got-tesdienst anwesenden Priester haben sollte, der macht sich des Heilsegoismus verdächtig.

Das alles gehört zu den angeblich „guten alten Zeiten“! Kann jemand – und kein Zweifel, da wäre noch vieles aufzuzeigen, wofür man sich fast schämen müßte – wirklich nicht verstehen, daß wir uns nicht alle ohne Einschränkung über die Errungenschaften und Fortschritte des Zweiten Vatikanischen Konzils aus voller Überzeugung freuen können? Trotzdem ist da allem Anschein nach bei vielen gezielten gegenteiligen Entwicklungen ganz offensichtlich Politik im Spiel. Es dürfte um Macht gehen: Die einen fürchten, ihren Einfluß zu verlieren, andere wiederum streben zu Macht und Machtpositionen. Man möchte es nicht glauben, aber es gibt nur diese Erklärung, leider aus Erfahrung. So kam es wohl zu diesen gezielten vatikanischen Bremsmanövern, die in teilweise peinlichen Bischofsernennungen traurigen Ausdruck fanden.

Wie sonst hätte passieren können, daß da beispielsweise ein Kandidat zu höchsten Ehren kommen konnte, der in seinem Umfeld als „Schenkelklopfer“ verrufen war, was er allem Anschein nach durch eine gewisse gut in Umlauf gebrachte Marienminne zu kompensieren bemüht war, um von seiner Veranlagung und Neigung abzulenken. Es war doch vorhersehbar und kann nicht geleugnet werden, daß er dadurch für alle Zeiten verletzbar, angreifbar war. Freilich: Wir erinnern uns, daß zu diesem Zeitpunkt in Rom plötzlich Handlungsbedarf bestand, man mußte austauschen! Doch wie kam es zu einer solchen Empfehlung, durch wen? Obendrein hätte es ja bewährte, erprobte, auch von ihrer Ausbildung her bestqualifizierte Persönlichkeiten gegeben. Freilich hatten sich diese offenbar durch selbstständiges Denken und Handeln, das durchaus im Geist des Konzils erfolgt war, verdächtig gemacht. Wen wundert es, wenn das Taktieren mit Macht solche menschliche Hinfälligkeit offenkundig werden ließ und Rom eine so dramatische Blamage eintrug? Dieses freilich getrauen sich viele weder zu denken noch zu sagen. Alle Betroffenen und Zeugen sind in ihrer Sichtweise Übeltäter und Lügner!

Bei vielen Mitchristen, vor allem bei jenen Gläubigen, die sich bisher schon nicht getrauten, im Geist des Konzils als Volk Gottes zu leben, wurde trotz allem der Eindruck erweckt, Rom nehme die Zügel wieder (wie früher und wie gewohnt) straffer in die Hände. Man müsse sich also tunlichst mehr der Papst- als der eigenen Ortskirche zuwenden. Rom und die Papstkirche stellten sich auf Seiten jener – so demonstrierte man jetzt bei jeder Gelegenheit –, die in der Gunst der Obigen als „Auserwählte", „Zuverlässige" standen. Somit kam es immer mehr zu einer verderblichen Polarisierung. Die einen zollten den „neuen Herren" ihre Ergebenheit, Zuwendung, Treue und Rechtgläubigkeit; denn in ihrer Bestellung vermeinten sie ein Signal aus Rom, besser des Heiligen Vaters selbst, erkennen zu sollen. Andere, und sie dürften die Mehrheit ausmachen, wandten sich jedoch ab, erfuhren auf neue Weise Verunsicherung und wurden in ihren Hoffnungen schwer enttäuscht. Bald war Spaltung perfekt und für jedermann ersichtlich: Viele, vor allem im Klerus, verfielen in schlimme Resignation oder kapitulierten ganz einfach, weil sie sich in ihrem redlichen Bemühen, die Botschaft des Konzils in das Leben der Gläubigen einzupflanzen, nicht nur nicht bestärkt, sondern geradezu betrogen fühlten.

Andere im Klerus wechselten schnell die Himmels- und Windrichtung, leisteten Verrat in ihrem praktischen Wirken und Handeln an dem, wovon sie vielleicht ohnedies nie überzeugt waren, und liefen zur neuen „Partei" über. Sie spekulierten ganz einfach und nur zu menschlich, auf diesem Weg zum Karrieresprung ansetzen zu können. Parteien innerhalb der Kirche, innerhalb der Priesterschaft und aller pastoralen Dienste. Das ist die bittere Konsequenz. Das haben jene zu verantworten, die sich als (falsche, berechnende) „Römer" ausgeben und nicht minder alle diejenigen, die sich da als so unausstehlich sendungsberufene Zwischenträger betätigten. Für Letztere fehlt mir selbst unter der Voraussetzung, sie hätten „bona fide", also im „guten Glauben" gehandelt, jegliches Verständnis. So viel unangebrachtes, wichtigtuerisches Selbstbewußtsein, und dies wohl aus der Überzeugung, sozusagen dem „Heiligen Geist" ins Handwerk pfuschen zu müssen, zeugt letztlich doch von ausgesprochener Kleingläubigkeit. Oder handelt es sich dabei schlicht um Geltungsdrang?

Kurzum, ich kann nicht genug betonen, daß an der „Wende" in der österreichischen Kirche auch Kräfte am Werk waren, die im eigenen Land und bei Gott nicht nur im Klerus beheimatet sind. Dieses ihr Sendungsbewußtsein schlägt sich mittlerweile in vielen Aussendungen zu Papier, in Bürgerinitiativen und Sammelaktionen unter den unterschiedlichsten Titeln und Vorzeichen. Sie alle verursachen ein Klima der Zersplitterung, des Mißtrauens, des Stehenbleibens und des Rückschritts in viele Gruppierungen. Zudem werden da neue Galionsfiguren aufgebaut, in denen man angebliche „Bollwerke der Rechtgläubigkeit und der Papsttreue“ erblicken sollte. Sie rufen zur Gefolgschaft auf und begünstigen sogar Pressure groups, ja, sie sind teilweise sogar abhängig von solchen, die keine Mittel scheuen, um Andersdenkende innerhalb ein- und derselben Kirche auf gefährliche Weise öffentlich zu diskriminieren, zu bedrohen und zu verfolgen. Alles in allem richten sich diese Machinationen menschlichen Machtdenkens, die der Rückkehr zu den überholten Doktrinen, Ideologien und Strukturen einer vergangenen Epoche dienen sollen, die obendrein vorbei am Volk Gottes und der Mehrzahl der Gläubigen durchgesetzt werden, schlicht und einfach gegen die Sache und die Kirche Jesu Christi. Wir geben ein erbärmliches Zerrbild dessen ab, worin unsere Sendung und das Wesen unseres Glaubens bestehen.

Nirgendwo sonst wurde diese offenbar angestrebte „Wende“ so rücksichtslos und dreist eingeleitet, nirgendwo sonst ging die Einführung des neuen Bischofs mit solchem Paukenschlag und förmlich mit Brachialgewalt und unter großem Gefolge über die Bühne einer großen Öffentlichkeit wie in St. Pölten – vielleicht bewußt und gewollt, als „Auftakt“ sozusagen eines Neubeginns. Der erste Krach ließ nicht lange auf sich warten: Da gab es ja schließlich das so große Problem und die Gefahr der „Ministrantinnen“. Was wurde da innerhalb kürzester Zeit sinnlos Porzellan zerschlagen, Kinder und Eltern verletzt und enttäuscht, bis nach langem Zögern Rom endgültig diesen läppischen Sachverhalt klar stellte?!

Dreißig Jahre hatte Bischof Franz Žak verantwortungsvoll und segensreich gewirkt. Er war ein durchaus „gläubiger Römer“. Gute, persönliche Freunde machten ihm das im nachhinein zum Vorwurf: „Wie konntest Du denen trauen?“ fragte etwa Prof. DDr. Joseph Lenzenweger. Obwohl in der Heiligen Stadt als Kanonist ausgebildet, hätte Bischof Žak also Rom und den Vatikan besser kennen müssen. Er vertraute schlicht darauf, daß Rom ihm als Nachfolger den besten, zumindest einen geeigneten Kandidaten benennen werde. Dies in der Überzeugung und im Vertrauen, sein Werk des Aufbaus, der soliden, sukzessiven Umgestaltung im Sinne des Vaticanum II samt der angemessenen, bedächtigen Öffnung weg von einer Kleriker- hin zu einer Volkskirche könnte auf dem Hintergrund der durch ihn eingeleiteten Maßnahmen weitergeführt werden. Dem Nuntius gegenüber hatte Bischof Žak nur eine einzige Bedingung gestellt und dafür die Zustimmung erhalten, daß nämlich sein Nachfolger in keinem Fall Kurt Krenn heißen dürfe. Aus dem Radio erfuhr dieser verdiente Nachfolger der Apostel dann, daß in der Tat „the worst case" eingetreten war. Alles übrige dürfte bekannt sein. Verständlich daher die erbosten Reaktionen des verehrten Herrn Altbischofs.

Ich selbst hatte vor der Ernennung des neuen Bischofs mit Dr. Žak ein Gespräch mit dem Ziel geführt, er möge doch Vorsorge treffen, an der Kurie persönlich vorsprechen und den Namen seines Wunschkandidaten für seine Nachfolge dort (nicht nur in der Nuntiatur) zu deponieren. Ich erlaubte mir sogar, den damals Noch-Diözesanbischof nach eben seinem Wunschkandidaten zu befragen, um mich mit ihm darin abstimmen und solidarisieren zu können. Damals ich wurde ich viele andere im Zuge der Vorerhebungen und Kandidatensuche noch vom Nuntius schriftlich kontaktiert. Man sollte geeignete Persönlichkeiten vorschlagen und ihre Namen beim Vertreter des Papstes in Österreich einreichen. Zu diesem Zweck gab es ein Formular mit diversen Fragen. Der Gipfelpunkt dieses Vorgangs bestand aber darin, daß der Befragte unter Strafandrohung von schwerer Sünde mit niemanden anderen darüber sprechen durfte. Bischof Žak reagierte auch demgemäß und gab mir in diesem Augenblick zur Antwort: „Darfst du darüber überhaupt sprechen?" Ende.

Ein klares Wort für „Wir sind Kirche"

Diese anscheinend so geringfügige Episode wirft recht anschaulich ein Schlaglicht auf die ganze „Vergletscherung" und Verfilzung im „System" Kirche. Ich schreibe es bewußt an dieser Stelle, um einmal auch der Bewegung „Wir sind Kirche" Hoffnung zu geben. Ihr Einsatz im Kampf gegen die „Macht Kirche" ist dringend notwendig, und vieles sollte noch weitreichender hinterfragt und verändert werden, als es uns früher bewußt wurde. Gleichgültig, wie viele Unterschriften es da gegeben haben mag (Bischof Krenn zweifelt u. a. diese Listen deswegen an, weil nämlich auch „Un- und Andersgläubige" unterschrieben haben könnten), es gibt keinen Zweifel: Gemeinsam, d. h. wir alle, die wir uns als Kirche empfinden und verantwortlich fühlen, müssen den Staub und Ballast der Jahrhunderte abbauen, beginnend in so vielen Details, die in sich zweitrangig, fast belanglos sind, allerdings für andere wiederum bis jetzt als konstitutiver Bestandteil unserer Kirche betrachtet werden.

Ausschlaggebend für die gesamte Entwicklung unserer Kirche nach der Vorlage des Vatikanischen Konzils und im Hinblick auf Weltkirche und das beginnende dritte Jahrtausend nach Christi Geburt ist unser verändertes Selbstverständnis als Volk Gottes. Ich meine auch in diesem Zusammenhang, daß wir von unten nach oben, in den Fragen, die nicht gleich das Lehramt auf den Plan rufen, also induktiv und nicht umgekehrt beginnen sollten, immer mit dem starken Glauben, daß die großen Fragen wie Amt in der Kirche, Zölibat oder Gleichstellung der Frauen in weiterer Folge ganz konsequent einer Klärung zugeführt werden müssen und können. Zu alledem lautet unser Auftrag, Zeugen der Auferstehung zu sein und nicht – ich zitiere den Wiener Pastoraltheologen Paul M. Zulehner – uns „in die Schlafzimmer der Menschen einzumischen". Meine Meinung zum Kirchenvolksbegehren: Wir sollten, nicht zuletzt unter dem Gesichtspunkt, daß man den Gegnern dieser Bewegung aus dem Volk Gottes nicht so leicht Munition in die Hand liefern sollte, eine weitere Bandbreite ins Visier nehmen. Daß die ehrlichen Absichten jener Menschen, die mit ihrer Unterschrift, ihrem Einsatz, ihr Interesse an der Kirche Jesu Christi bekundeten, auf infame

Weise diskriminiert werden, dafür läßt Bischof Krenn keine Gelegenheit verstreichen.

Wie das ehrliche Eintreten dieser Menschen für die Kirche, besonders vor dem aktuellen Hintergrund unserer Zeit und ihrer Nöte, in das Lächerliche gezogen, verhöhnt und völlig falsch dargestellt werden kann, das zeigt neuerdings die einschlägige Passage der Silvesteransprache 1999, die Bischof Krenn in der Domkirche von St. Pölten hielt und die in „Kirche bunt" (2/2000, S. 4) abgedruckt war. Er behauptet dort: „‚Wir sind Kirche' ist das Leitwort heute von solchen, die in der Kirche eher ein profanes, soziologisches und politisches Gebilde sehen wollen als ein aus Gnade geschenktes göttliches Geheimnis. Wer die Dimension des Übernatürlichen der Kirche verneint, macht die Kirche zum Machbaren aus bloß natürlichem Tun. Die Kirche ist letztlich jedoch eine ‚Vorgabe' der göttlichen Liebe und nicht Resultat einer ehrfurchtslosen Kritik und Strategie. Erneuerung wird nicht gelingen, wenn die Ehrfurcht vor dem göttlichen Ursprung der Kirche durch kritischen Irrtum und profane Verfügbarkeit verletzt wird. Wir müssen deutlich widersprechen, wenn das wahre Wesen der Kirche in die Gefahr der falschen Lehre und der zerstörten Ordnung gerät ..."

Ist es nicht schade, daß wir Christen in solchem Ton miteinander umgehen? Es bedarf wohl keines Beweises für die Falschheit solcher Verdächtigungen. Was engagierte Christen wollen, ist eine lebendige Kirche, in der das Geheimnis der göttlichen Liebe im Licht unserer Zeit aufleuchtet. Wer kann und will als Getaufter, als Heil-Gemachter und Glied der „Gemeinschaft der Heiligen" in dieser seiner Gemeinschaft nur ein „soziologisches und politisches Gebilde" sehen oder „die Dimension des Übernatürlichen" leugnen? Hier handelt es sich um bösartige Unterstellungen, mit denen wieder die oberflächlichen Hörer und Leser beeindruckt und verunsichert werden. Diese Handschrift ist vielseitig nachzuweisen. Wiederum der Keil der Spaltung nach dem Motto „Divide et impera" – teile, keile auseinander und herrsche?

In solch verwerflicher, uns alle schädigender Form kann Bischof Krenn nur deswegen agieren, weil auf der anderen Seite „Kirchenfürsten" regieren, die sich in großer Robe gefallen, nie Manns genug sind, die eigentlichen Probleme und Entscheidungen mutig anzugehen, den Heiligen Vater „schonen“ oder die „spirituelle Weihe“ eines Gesprächs mit dem Papst durch die uns bedrängenden elementarsten Sorgen nicht „stören“ wollen. Da liegen keine lehramtlichen Problemfälle vor. Hier handelt es sich um menschliches Fehlverhalten. Niemand möge unseren Mitchristen verargen, wenn sie in Gefahr geraten, mutlos zu werden. Niemand kann der Jugend verübeln, wenn ein solches Kirchenbild für sie ein zu verachtendes „Leid-Bild“ ohne Leitbild-Wirkung geworden ist. Niemand kann der Bewegung „Wir sind Kirche“ noch den übrigen Gläubigen anlasten, „das wahre Wesen der Kirche in die Gefahr der falschen Lehre und der zerstörten Ordnung“ gebracht zu haben. Ganz im Gegenteil! Nicht sie waren es, durch welche die Ordnung gestört wurde. Ist etwa die Causa Groër in St. Pölten vergessen oder soll sie weiterhin vertuscht und unter den Teppich gekehrt werden, damit wieder einmal Ursache und Wirkung vertauscht werden können? In der Bevölkerung, auch im sogenannten gläubigen Volk weiß man noch um das üble Taktieren bis hin zu der von oben geschürten Erwartungshaltung, man dürfe anläßlich des dritten Pastoralbesuchs des Papstes eine Stellungnahme oder Klärung dieser betrüblichen Causa erwarten. Dies alles in einer Situation, die bis jetzt einmalig in der Geschichte Österreichs ist. Es spricht für das Volk Gottes, daß angesichts der katastrophalen Aufdeckungen und Auseinandersetzungen rund um die Vorfälle der vergangenen Jahre und trotz aller unwürdiger Vorgangsweisen – ich denke an die Absetzung des Pfarrers von Paudorf, Pater Udo Fischer, auf dem Höhepunkt des erbärmlichen Spektakels, der drei Jahre danach immer noch in seiner Pfarre segensreich wirkt –, eine halbe Million Menschen wie in einem mächtigen Aufschrei, ja Hilfeschrei sich bemerkbar machte, durch die teils beleidigenden Gegenäußerungen einzelner Kirchenvertreter verstärkt in die Medien gelangten und dadurch eine Gegenbewegung einleiteten.

Es ist zu billig, wenn die Gegner des Kirchenvolksbegehrens versuchen, alles an der Frauenordination oder an den Fragen Zölibat, Ehe und Sexualmoral aufhängen zu wollen. Alles Fragen, die uns alle bedrängen. Aber wiederum fehlt unseren Oberhirten der Mut, sich mit den tatsächlichen Anliegen, Nöten und Problemen der Menschen in Offenheit und Redlichkeit als Seelsorger auseinanderzusetzen. Die Debatten um den Dialog nehmen zusehens den Charakter des Peinlichen an, indem zwar einmal mit großem Aufwand zum Dialog geladen wurde, aber jetzt schon wieder verzögert, vertröstet oder rundum taktiert und theoretisiert, Rom eingeschaltet wird und sich die Verantwortlichen wahrscheinlich der trügerischen Hoffnung hingeben, es werde so am ehesten alles still und ruhig bleiben und wieder in Vergessenheit geraten. Ich erblicke darin die noch größere Gefahr für die Sache Jesu Christi, weil wir alle unglaubwürdig werden. Da hilft auch nicht die Aufforderung, wir müßten insgesamt eine Hinwendung zu mehr Spiritualität vollziehen. Solches verpufft vor allem dann ins Leere, wenn in der Öffentlichkeit die Spiritualität etwa daran gemessen werden kann, wie einschneidende Personalentscheidungen, aus welchen Gründen immer, in der angeblichen spirituellen Hochburg per „stille Post", Tür an Tür, abgewickelt werden.

Wo bleibt da die Menschlichkeit, der gute Umgang zwischen Kollegen in solchen Positionen? Als Schwestern und Brüder Jesu Christi müßten wir doch einander trauen und begegnen können. Falsche Verdächtigungen auszusprechen und hinter allem nur „das Böse" (Kurt Krenn malt gerne den Teufel an die Wand) entdecken zu wollen, kann nicht der Weg des Evangeliums sein. Hier wären endgültig alte Tabus und Klischees zu verlassen. Der heutige Mensch denkt und empfindet anders. Wenn Kirchenmänner in der Nomenklatura vergangen geglaubter Jahrhunderte und Systeme agieren, wendet sich der Durchschnittsbürger nicht nur von ihnen ab, sondern schließt von den Personen auf die Sache. Das allzu Menschliche, das Sünd- und Schuldhafte ist zu allen Zeiten und überall Teil unserer Existenz. Da gibt es zwar viele Heilige (viel zu viele in letzter Zeit aus dem Ordens- und Priesterstand), aber selbst für deren Heiligsprechungsprozesse tritt ein „Advocatus diaboli", ein Anwalt der Gegenseite, vermutlich nicht nur rhetorisch in Aktion. Priester, Mönche, auch Bischöfe und selbst Päpste sind nur Menschen. Die Kirchengeschichte, von manchen mit einer „Chronique scandaleuse" verglichen, kennt viele Belegexemplare. Ich will auf niemanden und nichts eingehen, aber doch festhalten, daß wir Grund haben, bescheiden, demütig und reumütig zu sein.

Dies alles sollte uns sehr nachdenklich stimmen, insbesondere in unserer Zeit, in der alles aufgedeckt und medial verwertet wird, wahrlich nicht immer zu Gunsten der Kirche und der christlichen Sache. Doch da gibt es nichts mehr zu beschönigen. Darin läßt sich der stärkste Gottesbeweis erblicken – ich beziehe mich in dieser Aussage, die ich andernorts schon tätigte, auf unseren Metaphysikprofessor in Salzburg, den verehrenswerten Prof. Pater Ildefons Betschart aus dem Kloster Einsiedeln –, daß es nämlich dem Klerus bis heute nicht gelungen ist, die Kirche Gottes zu ruinieren.

So schreibt der Vertreter des Papstes

Angst und Geheimnistuerei, auch wenn dieses im diplomatischen Dienst des Vatikans geschieht, können nicht Umgangston und Beziehung zwischen dem Vertreter des Heiligen Vaters und dem Volk Gottes, also den Mitchristen sein. Ich erwähnte schon, daß man sich auf dieser Ebene sogar der Androhung schwerer Sünde bediente. Zur Demonstration will ich jenen Brief abdrucken lassen, der mir nach Bekanntwerden der Bemühungen der niederösterreichischen Äbte aus der Diözese St. Pölten, in Rom in Sachen Diözesanbischof vorzusprechen, wie folgt aus der Nuntiatur zuging:

„Hochwürdigster Herr Abt! Die Hochwürdigsten Herren Äbte mit Sitz in der Diözese St. Pölten haben einen Besuch bei einigen Dikasterien des Heiligen Stuhls erbeten. Im Auftrag der zuständigen Behörde beehre ich mich, folgendes mitzuteilen: Die einzelnen Äbte mögen ihre Anliegen schriftlich formulieren und darüber absolutes Stillschweigen wahren, in Erwartung der möglichen Vereinbarung eines Gesprächstermins. Außerdem werden Sie gebeten, Ihre Eingaben vertraulich an die zuständigen Kongregationen und nicht an das Staatssekretariat zu richten. Mit dem Ausdruck meiner hohen Wertschätzung verbleibe ich

Ihr im Herrn verbundener DDr. Donato Squicciarini, Titularerzbischof von Tiburnia, Apostolischer Nuntius in Österreich."

Mir fällt dazu nur ein, wie die Vorgangsweise aussähe, sollten wir Äbte oder einer von uns den Wunsch äußeren, beim Herrn Bundespräsidenten oder in seiner Kanzlei oder bei einem Minister vorsprechen zu können. Zu diesen offiziellen Stellen und Behörden hin verbindet mich nur die Tatsache, daß ich Mensch und österreichischer Staatsbürger bin. Was sind wir für den Vatikan als Christen und Menschen? Es könnte natürlich sein, ironisch interpretiert, daß ich die Jahrhunderte verwechsle. Kein Wunder, daß manche in Rom das Autokennzeichen des Vatikanstaates (SCV = Stato della Città del Vaticano) als „Si Christus vidisset – „wenn das Christus gesehen hätte“ – lesen ...

Wollen wir uns doch einmal in Erinnerung rufen, was die Scholastiker in dem Axiom formulierten: „Gratia supponit naturam“ – „die Gnade setzt die Natur voraus“. Wenn Bischof Krenn von der „Natur des Übernatürlichen der Kirche“ redet, dann wird doch schlicht und einfach das Natürliche, also der Mensch, vorausgesetzt. Der Mensch ist Gegenstand, die Natur ist quasi Substrat für das Übernatürliche. Wir sollten uns theologisch nicht in einem Wolkenkuckucksheim bewegen, sondern das göttliche Heil den Menschen näher bringen. Dafür ist „das Wort Fleisch geworden“. Deshalb sei gestattet, zu dem Modewort, zu dem sich manche gerne flüchten („Mystik braucht Mystiker“, deren Charisma unverwechselbar und wahrscheinlich auch nicht übertragbar ist), zu bemerken: Mystik dürfte auch nicht das Manna, das tägliche Brot für die Menschen im Lebenskampf sein. Wir sollten es uns nicht zu leicht machen!

Weil vorhin der Heilige Vater und die Tischgemeinschaft mit ihm angesprochen war, ganz allgemein einmal und aus gegebenem Anlaß menschlich gefragt: Welche Herren umgeben Papst Johannes Paul II., der unter seiner Last, seinem Alter und seinen Verwundungen zu leiden hat, die offenbar teilnahmslos mitanschauen, wie er nur mit größter Mühe in 58 Sprachen Weihnachts- und Neujahrsgrüße in die Welt lispelt, ohne daß jemand noch den Wortlaut fassen könnte? Ist es nicht eine Zumutung für den so sprachgewandten Papst, vor der ganzen Welt ein Bild der Hinfälligkeit abzugeben? Wo sind da die hohen Herren und Berater, ein Staatssekretär, ein Kardinal Ratzinger? Gewiß, der alte Mann an der Spitze der Kirche fordert uns höchsten

Respekt ab. Aber wäre er nicht vielleicht selbst sogar dankbar und froh, wenn man ihm vorsichtig nahelegte: „Heiliger Vater, es genügt, in den fünf wichtigsten Weltsprachen zu gratulieren." Ich verstehe die gute Absicht. Die Zuschauer verspüren Mitleid und zugleich Zorn über die Unmenschlichkeit eines so brutalen Systems. Kann und soll das Kirche sein? Abgesehen davon, wo bleibt die Optik für eine Sendung, die in der ganzen Welt und von Millionen Menschen, auch von vielen, die keine Christen sind, mitzuverfolgen ist?

Aufzuarbeiten bleiben – und das trifft uns in Österreich ganz besonders – vor dem Hintergrund eines immer noch gut fundierten monarchischen Grundkonzepts die darauf fußenden und noch geltenden Kirchenstrukturen sowie alle damit zusammenhängenden Formen, Formeln und Begriffe. Da stand nicht nur Rom Pate, sondern auch der Gegensatz Papst/Kaiser, etwa die Zwei-Schwerter-Theorie usw. Viel schlimmer belastet die Kirche auch der Einfluß des byzantinischen Kaiserzeremoniells. Ich erlebte noch die Kniebeuge als Begrüßungsform vor dem Papst, die erst Papst Johannes XXIII. abschaffte. Bei einer Privataudienz im Rahmen der liturgischen Vorbereitungskommission für das Konzil, die dem damaligen Berater Bischof Simon Konrad Landersdorfer von Passau gewährt wurde, war ich als Studiosus von S. Anselmo zur Teilnahme mit eingeladen. Zum Schlußfoto – so war es üblich – begrüßte der Hoffotograf, wie offenbar über die Jahrzehnte praktiziert, auch dieses Mal den Heiligen Vater mit einer Kniebeuge. Papst Johannes XXIII. wandte sich uns mit der Bemerkung zu: „Jetzt weiß der seltsame Knabe immer noch nicht, daß ich das abgeschafft habe!" Es bedarf einer grundlegenden Entmythologisierung all dessen, was über die Jahrtausende unter völlig anderen Weltbildern angewachsen und uns allen förmlich in Fleisch und Blut übergegangen ist. Dabei steckt in nicht wenigen unserer Zeitgenossen noch immer dieser Hauch Monarchie, die Nostalgie und der Respekt vor dem Glanz der Montur. Diese fast archetypisch verfestigte Haltung für uns als „Volk der Erlösten" zu überwinden, ist vom Konzil her eingeleitet, wird aber erst in mühevollem Einsatz langfristig bewältigt werden können, wenn wir alle zusammenhelfen. Die Versuchung, in einen neuen Triumphalismus zu verfallen, scheint manchen im Blut zu liegen.

Unter diesen Gesichtspunkten wurden wir leider in den letzten Jahren verkehrt gepolt. Es gilt daher, mit gestärktem Selbstbewußtsein als Volk Gottes gemeinsam aufzutreten und zunächst einmal jene lächerlichen, verstaubten Relikte längst vergangener Zeiten, Systeme und Auffassungen buchstäblich aus dem Weg zu räumen. Diese veralteten Praktiken auf den unterschiedlichsten Ebenen und Gebieten spiegeln heute nicht mehr das wider, was sie bezeichnen sollen. Vieles ist zwar als überkommenes Gut bei manchen von uns so etwas wie „eingefleischt" und Teil des Brauchtums und der Tradition. Aber neben mangelndem Sinnbezug fehlt gerade der jungen Generation der Zugang und der Respekt vor dem, was nur alt, aber nicht mehr in seiner äußeren Hülle heutigen Ansprüchen gewachsen ist. So könnte die Gefahr entstehen, daß es zur Verwechslung zwischen Äußerlichkeiten und innerem Wesensgehalt kommt und daß das zu Vermittelnde, das Eigentliche, worauf es ankommt, über Bord geworfen wird. Unser ganzes Bemühen muß dahin gehen, zu erreichen, daß „Gott im Heute sprechen kann" (Walter Kirchschläger). Zudem handelt es sich bei all den hier nur angerissenen Bereichen vor allem um solche, in denen wir keine gebundenen Lehrmeinungen und auch kein Dogma berühren. Das „Aggiornamento" ist gefragt, frischer Wind gehört in das altehrwürdige Gebäude unserer Kirche!

Es mag vielleicht überraschen, wenn ich jetzt behaupte: Ohne eine so provozierende und medienpräsente Gestalt wie Bischof Kurt Krenn wäre Vieles gar nicht aufgebrochen und nicht an die Oberfläche gelangt, was der Erneuerung unserer Kirche im Sinne des Zweiten Vatikanischen Konzils massiv im Wege steht. An Kurt Krenn scheiden sich wie in einem Kristallisationspunkt die Geister; denn er vertritt ja lautstark und konsequent, mit Macht und in Aktionen, die selbst die Spaltung einer Diözese riskieren, eine anscheinend papsttreue und offensichtlich in Rom derzeit gerne gesehene Linie der Kirche. Er gebärdet sich zumindest in diese Richtung, mit Macht und im Dienste dieser Wahrheit. Deshalb stellen sich mir folgende Fragen:

Sollen, wollen wir, müssen und können wir zurück zu jenen Zuständen, die ich nur teilweise, in wenigen Details, anzureißen vermochte, und wie ich sie selbst noch in Rom miterlebte? Anders gefragt: Gibt es ein Zurück hinter das Konzil? Kann und soll unser Umgang miteinander weiterhin so erfolgen, als wären wir nur Menschen, die ihren Kirchenbeitrag bezahlen, damit sie gewisse Dienste der Kirche in Anspruch nehmen können, aber ansonsten keinerlei Zusammengehörigkeitsgefühl als Kirche entwickeln? Wenn dem so ist, dann bedarf es eigentlich nur der Funktionäre und der funktionierenden Amtskirche, also der Versorgung durch eine Priesterschaft, gleichgültig woher sie „importiert" wird. Wir werden verwaltet und versorgt! Gelingt bzw. genügt uns das auf Langzeit?

Das herkömmliche Priesterbild ist weitgehend in Frage gestellt, weil allzu Menschliches die große Öffentlichkeit bewegt, in Österreich potenziert durch Ärgernis erregende Skandale, die das allzu Menschliche bis in die höchste Spitze hinein offen legten. In der Person und Gestalt des Bischofs Krenn allerdings, der sich dem allen mit Vehemenz entgegensetzte und sogar versuchte, Opfer und Täter auszuwechseln, in und mit ihm zerfallen viele altbekannte und verbürgte Wertmaßstäbe. Sollten sie zu Klischees und Tabus erstarrt gewesen sein, jetzt sind sie zunichte gemacht. Jetzt wurde den vielen und dem Kirchenvolk deutlich, auch wenn es darüber sogar zu tragischen, internen Auseinandersetzungen, zu Parteiungen, Beschimpfungen und Bedrohungen kam, bewußt, daß folgende Gesichtspunkte zur Kenntnis zu nehmen und zu bedenken sind:

Da gibt es anscheinend in Rom „Seilschaften", die jemanden, der Karriere machen will, dienlich sein können. In Rom hat man zu unterscheiden zwischen Kurie, Bürokratie und Papst. Daher sind Aussagen genau zu hinterfragen, wer in Rom was und wem mitteilt. Neu ist, daß es offenen Streit zwischen den Bischöfen geben kann. Bischofskonferenzen finden nicht immer Einstimmigkeit. Das Lagerdenken wurde durch diese Entwicklungen unter dem jetzigen Pontifikat gefördert. Der Klerus ist nicht nur überaltet, überlastet und frustriert, sondern auch gespalten. In der Diözese St. Pölten wurden sogar Parallel-Einrichtungen ins Leben gerufen, die u. a. gegen Priesterseminar und theologische Hochschule gerichtet sind und ganz offensichtlich einen „Umsturz" vorbereiten sollen. Der Nuntius eignet sich Rechte an, die z. B. einem Metropoliten zustehen (Einführung Kurt Krenns in St. Pölten) und ergreift im Zweifelsfall Partei für die Fundamentalisten. Bischof Krenn nimmt politisch und parteipolitisch eigenwillige Positionen ein. Diese Auflistung kann nur unvollständig sein. Aber die hinter diesen Punkten verborgene Realität und alle damit verbundenen Vorfälle riefen und rufen in ganz Österreich und auch im Ausland sehr heftige Reaktionen hervor. Es kommt zu vielen Kirchenaustritten, wobei diese etwa in Wien dramatischer ausfallen als in der Diözese von Bischof Kurt Krenn, in St. Pölten, was recht differenziert zu beurteilen ist. In diesen hier aufgezählten Punkten sowie in den schon geschilderten und bekannten Vorfällen, die – so unterstelle ich ernsthaft – alle dazu dienen sollten, eine Rückwärtsbewegung, zumindest eine kräftige Verlangsamung einzuleiten, ist Bischof Krenn der markanteste, aber auch konsequenteste Exponent dieser Bestrebungen. Trotzdem kann man bei aller Unterschiedlichkeit der Standpunkte Bischof Krenn nicht absprechen, er kämpfe, um nach seiner Auffassung das Beste für unsere Kirche zu erreichen, im radikalen Gehorsam Rom und dem Heiligen Vater gegenüber und in der Überzeugung, sich im Besitze der Wahrheit zu befinden, nur leider ist er in die falsche Richtung unterwegs.

Wahrheit schafft Macht. Diese Position ist in Bischof Kurt Krenn auf recht herkömmliche, in einer durchaus im österreichischen Wesen verankerten Form verkörpert. Sie kommt auf diese Weise auch den derzeit aufkeimenden Versuchungen und Sehnsüchten nach Recht und Ordnung sehr entgegen. Für die Kirche besteht darin kein Leitbild. Mit anderen Worten: Es ist die Zeit, es sind die Fakten und vor allem das Volk Gottes, wodurch dem Geist des Zweiten Vatikanischen Konzils zum Erfolg verholfen wird. Was hohle, schale Form bleibt, und mag sie noch so schön und feierlich ausgeführt sein, das wirkt letztlich nur mehr wie eine Schablone, spricht die Menschen nicht mehr an und kann nicht mehr Verkündigung unserer Erlösung sein, schon ganz und gar nicht im Sinne einer Neuevangelisierung Europas, wie sie unserem Papst Johannes Paul II. ein Anliegen bedeutet.

Der Mensch ist gefragt – kein Übermensch

Was können wir tun? Können wir überhaupt etwas tun? Haben wir nicht abzuwarten, bis uns Hilfe von oben erreicht, wie immer wir das verstehen mögen? Ich zitiere den Apostel Paulus in seinem Brief an die Philipper (2,5-7):

„Seid untereinander so gesinnt,
wie es dem Leben in Christus Jesus entspricht:
Er war Gott gleich, hielt aber nicht daran fest, wie Gott zu sein,
sondern er entäußerte sich und wurde wie ein Sklave
und den Menschen gleich.
Sein Leben war das eines Menschen ..."

Friedrich Orter, ein bekannter Fernsehjournalist, für die Zeitung der Erzdiözese Wien, „Dialog" gefragt, was er tun würde, wenn er für einen Tag das Sagen in der katholischen Kirche hätte: „Den Hochmut der Hochwürden brechen." Ob dieser Mann nicht über alle Diskussionen, Bemühungen und die großen Ärgernisse hinweg, von denen wir als Volk Gottes heimgesucht werden, genau den Nagel auf den Kopf getroffen hat? Weg von den Klischees, Ausbruch aus Überkommenen, wenn es uns im Wege steht, um zum Wesen unseres Christseins zu gelangen! Die bitteren Erfahrungen der letzten Jahre müssen uns Lehre sein, daß wir uns wie Christus zu verhalten haben, der sich „entäußerte und wurde wie ein Sklave und den Menschen gleich". Denn: „Sein Leben war das eines Menschen."

Was hindert uns, ehrlich Menschen zu sein und als solche, bei aller Unterschiedlichkeit der Auffassungen, der Veranlagungen, trotz unserer Fehler, Schwächen und Sünden, aber auch mit allen unseren Fähigkeiten und Berufungen, ob Mann oder Frau, ob geweiht oder ungeweiht, mitzuwirken, daß das Reich Gottes in uns erstehen kann?

Im Benedictus (Lk1, 68-79) der Laudes beten wir täglich: „Du wirst sein Volk mit der Erfahrung des Heils beschenken, in der Vergebung der Sünden." Geht es uns, ganz besonders den Verantwortlichen, den Mächtigen, letztlich in allen unseren Aktionen und Aktivitäten wirklich ausschließlich darum, „die Erfahrung des Heils", das nicht durch uns in diese Welt kommt – wir mögen noch so brav, gehorsam und fromm sein –, sondern das einzig und allein von Gott stammt, auf die bestmögliche Weise an die Menschen weiterzuschenken, die sich noch nie so sehr danach sehnten wie in unseren Tagen? Wenn ja, dann verstehe ich unsere Zwistigkeiten und Grabenkämpfe nicht, möchte ich in unsere Kirchen und zu allen Christen rufen: Der Mensch ist gefragt, nicht der Übermensch!

Dann sollten wir alles abschütteln, was nur Hülle, nur Ausschmückung ausmacht und unseren Ehrgeiz und Stolz nährt. Echtes, ehrliches Menschsein muß uns als Volk Gottes verbinden. Darin verkörpern wir die Fortführung des Gedankens, den Augustinus betont: „Ihr seid, was ihr eßt, und ihr eßt, was ihr seid." Denken wir darüber nach, kommt uns erst die ganze Tragweite zum Bewußtsein, daß wir darin „corpus Christi verum", wirklich der fortlebende und durch uns fortwirkende Leib Jesu Christi in dieser Welt sind: Die größte Herausforderung überhaupt, die es geben kann. Sie ist nicht umsonst geoffenbarte, geschenkte Wahrheit. Die Schablone, das Klischee, das Aufgesetzte, Aufgepfropfte, letztlich Falsche kann nicht bestehen, auch wenn wir uns darin auf Instanzen und Überkommenes, auf das in Ideologien Gefestigte berufen. Zum Ärgernis wird, wenn diejenigen, die sich hinter solchem Schild verstecken, in der Überzeugung, das Heil in diesen Schablonen vermitteln zu können, wenn an ihrer eigenen Person plötzlich die Hüllen fallen und das allzu Menschliche eines ganz normalen, armen Menschen zu Tage tritt. So leidvoll diese Erfahrungen sein mochten – vier Bischöfe reden öffentlich von der „moralischen Gewissheit" einer Schuld ihres Amtsbruders –, eines steht gerade auch in diesem Zusammenhang fest: Es gibt keinen Weg zurück. Der Versuch, das Rad der Entwicklung und Erneuerung aus dem Geist des Konzils zurückdrehen zu wollen, ist gescheitert. Die Zeit nach „Krenn und Co." ist schon angebrochen. Wie kann es weitergehen?

Zunächst bin ich froh, daß immer deutlicher ans Licht kommt: Wir alle, vom Papst bis zum letzten Ministranten, zu Hausmann oder Hausfrau, wir sind schlicht und ganz gleich Menschen, und zudem gilt für uns ohne Ausnahme, Einschränkung oder Hervorhebung: „Wir alle sind Kirche." Bleibt hinzuzufügen: Respektieren wir uns auch dann noch, wenn wir von Mensch zu Mensch Unterschiedlichkeiten aufweisen? Auch darin sollte alles und jeder von uns mit allen seinen Eigenheiten und Eigenständigkeiten der „Erfahrung des Heils“ in dieser Welt dienen, im gemeinsamen Wunsche, Gott die Ehre zu geben, damit „in allem Gott verherrlicht werde“(Regel Benedikts).

Außer Zweifel gilt auch an dieser Stelle: Das, wofür Kurt Krenn steht, hinterläßt zwar viele Wunden, aber erbrachte letztlich für uns als „Volk der Erlösten“ einen mächtigen Impuls. Obendrein steht außer Diskussion, daß er auch nur einer von uns ist, und sollte es sie je gegeben haben, „seine Zeit“, dann wird sie bald vergangen sein. Hoffentlich auch bald überwunden! Ich bin fest überzeugt, daß durch die Schubkraft des Heiligen Geistes, die in der Dynamik aller Getauften einen sichtbaren Ausdruck findet, das Antlitz der Erde erneuert wird und langfristig jene Strukturen entstehen, die dem Heil aller Menschen dienen und nicht beherrschen möchten. Wenn schon nicht anders, dann vertraue ich auf das Wort im Magnificat: „Er stürzt die Mächtigen vom Thron und erhöht die Niedrigen.“

Dieses Vertrauen, dieser Glaube, gepaart mit Geduld führt in die Zukunft und zwar „sub specie aeternitatis“ – „im Angesicht der Ewigkeit“. Unter dem Blickwinkel Gottes sollten wir auch zurückschauen und erkennen, daß Gott auch auf krummen Zeilen gerade schreibt (Augustinus). Ich plädiere also für Evolution, weniger für Revolution. Darin vermeine ich auch die Identität der österreichischen Kirche entdecken zu können. Vielleicht mag es gewisse Mitbrüder reizen – doch seine Aussage hat Richtigkeit –, wenn ich jetzt Bischof Jaçques Gaillot zitiere mit dem wahren Wort: „Eine Kirche, die nicht dient, dient zu nichts.“

Europa eine Seele geben

Nach einem Vortrag, zu dem ich aus Anlaß der Milleniumsfeiern „1000 Jahre Ostarrichi“ von den Auslandsösterreichern nach München eingeladen worden war, sagte mir deren Präsident C. P. Wieland, ein erfahrener Werbefachmann: „Tun wir uns doch zusammen und fassen wir die christliche Botschaft in die Begrifflichkeit des Jetzt und Heute! Wir Christen haben die beste Ware und sind nicht in der Lage, sie richtig zu vermarkten." Als ich kurz später, wieder daheim im Stift Geras, mit meinen Mitbrüdern um den Altar stand, ihnen das „Brot des Lebens" und den „Kelch des Heiles" zur Kommunion darbieten durfte, als sich also „communio – Gemeinschaft" (spätlateinisch auch in der Bedeutung von „Übereinstimmung", „Abendmahl") vollzog, indem der „Leib Christi", das Göttliche, sich in das Menschliche, in mich, in jeden von uns hinein begab, da fiel mir dieses Wort wieder ein. Ich wurde mir plötzlich bewußt, daß jeder von uns in diesem Augenblick und auf diese Weise in göttliche Gemeinschaft versetzt wird, dieses „Geheimnis des Glaubens", nämlich seinen „Tod und seine Auferstehung" in und durch seine gesamte Persönlichkeit in das Jetzt und Heute einbringt. Da wird Verkündigung zur Verkörperung der uns geschenkten Liebe Gottes durch jeden von uns. Und wenn ich „Verkörperung" sage, dann meine ich damit mehr als das, was in dem Ausdruck „einer Sache Profil geben" angedeutet ist. Darin erfährt Persönlichkeit wieder ihre ursprüngliche Gültigkeit, „persona – Maske" zu sein, durch die hindurch eine tiefere, eine „neue Wirklichkeit" (= Paulus) durchklingt („personare"), vernehmbar wird, Wort und Gestalt annehmen kann.

In dem kleinen, meist unbeachteten Gestus, mit dem der Priester nach der Darbringung der Gaben einige Tropfen Wasser in den Wein des Kelchs gießt, kommt dieses symbolhaft zum Ausdruck, indem er die Worte spricht: „Wie dieses Wasser sich dem Wein verbindet zum heiligen Zeichen, so lasse uns der Kelch des Herrn teilhaben an der Gottheit Christi, der unsere Menschennatur angenommen hat." Der Apostel Paulus konnte daher im 1. Korintherbrief (12, 26) sagen: „Ihr aber seid der Leib Christi, und jeder einzelne ist ein Glied an ihm." Als solches kann jeder von uns, können wir alle den Inhalt, nämlich ein Christ und erlöst zu sein, in unserer konkreten Welt personifizieren, konkretisieren. Ist das nicht mehr als jede „Vermarktung", wie es der Werbefachmann meinte? Verkörperung darbieten und sein, Maske werden, dann zählt: „Es gibt verschiedene Gnadengaben, aber nur den einen Geist. Es gibt verschiedene Dienste, aber nur den einen Herrn. Es gibt verschiedene Kräfte, die wirken, aber nur den einen Gott: Er wirkt alles in allen." (1 Kor.12, 4-6)

Da ist noch eine zusätzliche Erweiterung, wenn Paulus schreibt: „Durch den einen Geist wurden wir in der Taufe alle in einen einzigen Leib aufgenommen, Juden und Griechen, Sklaven und Freie; und alle wurden wir mit dem einen Geist getränkt."(1 Kor. 12,13) Der Geist also nimmt sich unserer Schwachheit an und kann durch uns wirksam werden. Da ist natürlich die Kraft des Glaubens nötig, sie muß uns geschenkt sein, ich als Person aber muß einwilligen. Der Mensch zeichnet sich durch den freien Willen aus. Etwas zu wollen oder nicht zu wollen, diese Entscheidung ist unsere ureigene, persönliche Verantwortung. Wie niemand zum Heil gezwungen werden kann, so kommt der Glaube einerseits „ex auditu" – „aus dem Angebot, ihn im Hören zu erfahren", aus der Tatsache, daß uns Verkündigung angeboten, geschenkt wird. Aus diesem Geschenk heraus und gleichzeitig als Glied in dieser „communio" sind wir eingeladen, die frohe Botschaft unserer Erlösung weiterzuschenken, und zwar mit unseren unterschiedlichen Charismen, den vielen Talenten, mit denen wir alle als Menschen und Getaufte ausgezeichnet sind. Alles ist jedoch einzubringen im freien Willen. Etwas modisch formuliert: Jeder von uns soll Ikone sein für die Transzendenz, die Unendlichkeit Gottes.

Nochmals, anders beleuchtet: Keiner von uns könnte sich in seiner ganzen Individualität, in seiner Würde und Einmaligkeit und mit dem ganze Füllhorn seiner Gaben und Begabungen und obendrein in seinem freien Willen ganz und gar einbringen und entfalten, wenn es da sozusagen nur der Zuständigkeit einer Kommandostelle bedürfte, von der aus das Heil mit Macht verwaltet, „kanalisiert" würde, damit sich jeder in quasi ausschließlich vorgegebenen Formen und Formeln, in Geboten und Verboten eingebunden fühlen müßte und verwirklichen könnte. Wir verlören jede Motivation zu eigener und selbständiger Initiative. Die „Communio" ist das Kommunizieren aller in der Gestaltung als einzelne Ortskirchen auf allen Kontinenten der Erde, die „communio ecclesiarum" sowie die Zusammengehörigkeit der Menschen im Verband der überschaubaren einzelnen Ortskirchen (Diözese, Dekanat, Pfarrei) bis hin zur Familie oder Klostergemeinschaft. Dies alles beläßt Eigenständigkeit und Verantwortung auf der einen Ebene und zugleich Kommunikation nach oben und nach allen Seiten, begründet aber höchste Motivation in jedem und jeder einzelnen von uns. Sensibilität ist natürlich Voraussetzung, nicht Macht und Herrschsucht.

Sollte es nur eine „Zentralregierung“ geben, die ihre Inkarnation förmlich in einer Person mehr oder minder gebündelt sieht, durch welche über alles zu befinden ist und verfügt werden kann – unausdenkbar die Belastung für diese Person! –, dann sind wir entmündigt. Zusätzlich besteht die Gefahr einer Art von Personenkult, was ohnedies schon viel zu lange in unseren Titeln von „Heiligkeit“ bis „Hochwürden“ betrieben wird. Obendrein geht dann dieser „una ecclesia“ – der „nur einen, einzigen Kirche“ der ganze Schatz und die Vielfalt dessen verloren, wofür wir Christen in unserer Individualität und Einzigartigkeit stehen, und zwar hinein bis zur Ewigkeit Gottes, in deren Anschauung unsere Glückserfüllung, die ewige Seligkeit, besteht. Gleiches gilt, und darin zeichnet sich ein Gesinnungswandel in unseren ökumenischen Bemühungen ab, von den vielen „Schwesternkirchen“ und den in ihnen angesammelten Schätzen an Heilserfahrung samt ihren vielfältig bunten Kultformen. In dieser Auffassung und Lehre heben wir uns vom Buddhismus und allen Spielarten der Esoterik ab. Sollte der totale Zentralismus, der Funktionärs- und Machtapparat zur Verwaltung der Kirche genügen, dann hieße dies „der Vorsehung Gottes Grenzen setzen“. Dann würde ganz offensichtlich die so verführerische Parole ge-nügen: „Mut zeiget auch der Mameluk, Gehorsam ist des Christen Schmuck.“ Natürlich korrespondieren der freie Wille und die Würde des Menschen auf der einen Seite mit der Verantwortlichkeit auf der anderen Seite eines jeden einzelnen für sein Tun und Lassen. Dafür gibt es die „Stimme Gottes“ in uns, das eigene Gewissen. Diese Sicht spiegelt eine geradezu unbegrenzte Vielfalt in allem wider, was die weite, weite Welt göttlichen Wirkens in seinem Wesen und seinen Welten ausmacht.

Ich sehe also aus dieser Perspektive die höchste Möglichkeit einer Aktualisierung der göttlichen Offenbarung, wie sie nicht einmal der beste Werbefachmann mit allen modernen Kommunikationssystemen und Methoden von Design, Ideenreichtum und Computerhilfe auszudenken und umzusetzen imstande sein kann. Das ist Offenbarung, das ist Leben, darin ergreift und erfüllt mich ungeahnte Faszination, die als Funke der Begeisterung auf alle Menschen überspringen sollte, die mit uns als Christen in Kontakt gelangen. Solche Einstellung und solchen Glauben bezeuge ich auch, wenn ich im Credo spreche: „Ich glaube an die eine heilige, katholische und apostolische Kirche, Gemeinschaft der Heiligen, Auferstehung der Toten und ein ewiges Leben. Amen." Diese Gemeinschaft der Heiligen – das sind wir alle, nicht nur jene Patrone, die wir anbetteln, wie etwa den heiligen Antonius von Padua, den „Patron der Schlamper", wenn wir Hilfe im Suchen verlorener Gegenstände benötigen. So menschlich natürlich und verständlich solches Verhalten sein mag, wer klopft da nicht oft auf Holz? Ich rufe dann schon lieber Heilige an, die unsere Nöte aus ihrer einstigen, irdischen Eigenerfahrung mit uns zu teilen vermögen; es käme einer groben Verengung unseres Selbstverständnisses gleich, verstünden wir uns nicht alle als die heil Gemachten in Christus.

Ebenso wenig – das sei aus meiner Erfahrung hinzugefügt – trifft es die reale Dimension unserer Erlösung und unseres Lebens als Christen, wenn diese unsere menschliche Existenz und unsere Befindlichkeit als Erlöste nur unter vorwiegend pauschalierten Begriffen wie gut/böse, Himmel/Hölle, und dies noch dazu im Fadenkreuz der Schwarzweißmalerei von Sünde und des Sich-den-Himmel-verdienen-wollens beurteilt und häufig sogar nur verurteilt wird, wenn hinter allem und überall die so „böse Welt" und ihre Gefahren ausgeforscht und bloßgelegt werden. Wie soll dieses mit der unendlichen und unvorstellbaren Güte und Barmherzigkeit Gottes in Einklang gebracht werden?

Wenn Beispiele aufgezählt sein sollen für ein Leben aus solcher Tiefe, dann sehe ich an erster Stelle Papst Johannes XXIII., der in seiner ganzen Leibesfülle recht konkret, sehr menschlich, spürbar, greifbar, nicht übersehbar, unverwechselbar, in seiner ganzen Identität das verkörperte, wovon wir im Galaterbrief (5, 22. 23a. 25) lesen: „Die Frucht des Geistes ist Liebe, Freude, Friede, Langmut, Freundlichkeit, Güte, Treue, Sanftmut und Selbstbeherrschung. Wenn wir aus dem Geist leben, dann wollen wir dem Geist auch folgen." Es ist wohl besser, so meine ich, gemäß solcher Einsicht davon zu reden, was oder wie jemand etwas verkörpert, als dem einen oder anderen nur sein „Profil“ zu geben. Letzteres ist mir in unserem Zusammenhang schlicht zu wenig.

Ich denke an Mutter Teresa. Vor meinem geistigen Auge stehen Gestalten wie Kardinal Frings oder Döpfner, die Kardinäle Bea und unser verehrter Wiener Alterzbischof König, dessen „königliche Tugenden“ ich nochmals ansprechen möchte. Solche großartige Persönlichkeiten und viele andere, in Übereinstimmung und bestens beraten von ihren Fachleuten, den Konzilssachverständigen Karl Rahner, Hans Küng, Joseph Ratzinger – offenbar „Ratzinger I“ – prägten das Konzil, nicht zuletzt deswegen, weil sie den Mut hatten, ihre Meinung im Sinne der Nöte und Sehnsüchte der Menschen von heute zu vertreten, auch auf die Gefahr hin, in Widerspruch mit den Kollegen und der römischen Kurie zu geraten. Kardinal Ottaviani war der Gegenpol und Gegenspieler, wie ich annehme, systemtreu und kurienbezogen, nicht in Unterwürfigkeit, sondern mit Überzeugungskraft, auch er keineswegs ein Duckmäuser. Trotzdem, das Resultat kann sich sehen lassen, und der Heilige Geist wirkt, bildhaft gesprochen, mit frischem Wind in seiner Kirche weiter, um das „Antlitz der Erde zu erneuern“. Sein „Pneuma“, sein „Hauch“ ist es, der das Weltall erfüllt. Was soll es also, wenn sich da manche ihm entgegenzustellen bemühen oder viele Menschen etwas länger brauchen, um seinen „Windhauch“ – manchmal nur „im Säuseln“ vernehmbar – in dieser Welt und in seinen Geschöpfen (trotz allem!) zu entdecken.

Ich komme nochmals zurück auf die vorhin geschilderte Situation bei unserem Konventgottesdienst. Die „communio“ mit dem Leib und dem Blut Jesu Christi, der Austausch zwischen Göttlichem und Menschlichem, zwischen Unsichtbarem und Sichtbarem verbindet uns zugleich untereinander, von Mensch zu Mensch auf die intimste Weise, wohl noch weit intimer als dies die körperhafte Verbindung von Liebenden vermag. Man möge über diesen Vergleich nicht erstaunt oder gar erschreckt sein, in Indien wird die liebende körperhafte Zuwendung zweier Menschen zueinander sogar als Sakrament gewertet, während bei uns gnostischer Dualismus und Manichäismus noch immer das Denken, Fühlen und Bewerten zu beherrschen scheinen.

Am Altar empfängt also jeder von uns den Leib Jesu. In jedem von uns wird Christus gegenwärtig, wirkkräftig und darin, nämlich in Ihm und durch Ihn sind wir untereinander verbunden, wir werden zu einem Leib, indem wir in seiner Speise Verwandlung erfahren, ein Stück von ihm werden und umgekehrt. Daher mag verständlich werden, weshalb Augustinus einerseits sagen konnte: „Gott ist dir näher als du dir selbst", und wie er ebenso uns als „corpus verum" bezeichnet. Folglich stimmt: „Empfangt, was ihr seid, und seid, was ihr empfangt", nämlich der fortlebende und fortwirkende Leib Christi, „corpus Christi verum". Diese Wandlung wirkt je neu als Wandel in unsere Zeit und Zeitlichkeit hinein. Liegt darin nicht ein ständiges „aggiornamento" begründet, das sicherste, das wir uns denken können?

Im 3. Meßkanon, verfaßt von meinem schon erwähnten Dogmatikprofessor Cypriano Vaggagini, beten wir nach der Wandlung, an den „gütigen Vater" im Himmel gerichtet: „Schau gütig auf die Gabe deiner Kirche. Denn sie stellt dir das Lamm vor Augen, das geopfert wurde und uns nach deinem Willen mit dir versöhnt hat. Stärke uns durch den Leib und das Blut deines Sohnes und erfülle uns mit seinem Heiligen Geist, damit wir e i n Leib und e i n Geist werden in Christus." Papst Johannes Paul II. beruft sich in seiner Ansprache an die österreichischen Bischöfe anläßlich ihres „Ad Limina"-Besuches in Rom am 20. November 1998 ebenfalls auf den heiligen Augustinus, wenn er sagt: „Nicht umsonst heißt der Em-pfang der Eucharistie auch ‚Kommunion'. Der heilige Augustinus hat die Eucharistie entsprechend ‚Zeichen der Einheit und Band der Liebe genannt (in Ioannis Evangelium Tractatus, XXVI, VI, 13). Darauf haben die Konzilsväter zurückgegriffen, wenn sie die ekklesiale Communio in der eucharistischen Kommunion verankert sahen: ‚Beim Brechen des eucharistischen Brotes erhalten wir wirklich Anteil am Leib des Herrn und werden zur Gemeinschaft mit ihm und untereinander erhoben' (Lumen gentium, 7)."

„Communio" besagt Gemeinschaft, Kommunität. Die „Kommunion", wie sie Papst Johannes Paul II. in diesem Text anspricht, ist also zugleich Zeichen der Einheit und Liebe. „Ekklesiale Communio" ist somit unser wahres, ureigenstes geistig-geistliches Fundament, unser Leben als Kirche. Darauf fest begründet zu sein und zu stehen, es förmlich unangefochten, unmißverständlich und unbeeinträchtigt von jedem „Funktionärsapparat“ auszukosten und lebendig werden zu lassen, darin erblicke ich überhaupt die Voraussetzung, das „Urgestein christlichen Lebens“. Bevor wir also in den Dialog oder gar in die Kontroverse eintreten, muß Klarheit und Einheit über unsere Grundlagen herrschen, und zwar quer durch alle „Lager“ der Kirche, sofern sie sich als zur Kirche gehörig verstehen. Angesichts dieser unserer Identität ist deshalb mit Emphase und energisch zu mehr Selbstbewußtsein aufzurufen. Ich sage es vor dem Hintergrund des so oft strapazierten Wortes „Dialog“. Fast bin ich versucht, einmal mit Bischof Kurt Krenn einig zu sein, indem ich ihn zitiere: „Mir stinkt dieses Wort schon.“ Hinzuzufügen gilt: Berufen wir doch selbst eine Zusammenkunft zum Gespräch, eine „Synode ins Grüne“ ein! Wenn die zuständigen Hirten versagen, dürfen ruhig die Schafe einmal meckern. Und wenn schon Unterschiede zu machen sind im Corpus Christi mysticum, im mystischen fortlebenden Leib Christi in seiner Kirche, dann mögen meinetwegen dem Kopf andere Funktionen zukommen als dem Leib, dem Rumpf. Aber erstens: Wer sagt denn, daß der Heilige Geist nur durch den Kopf in den Körper der Kirche eintritt? Und zweitens, ohne Rumpf kann der Kopf allein auch nicht bestehen! Es sei einmal so deutlich und drastisch gesagt und hinzugefügt, daß der Pluralismus im sogenannten Kopf der Kirche schon am Beginn unserer Geschichte steht. Der Vorzug des Bischofs, früher des „Patriarchen von Rom“ sei nicht in Frage gestellt, trotzdem muß auch in dieser Tatsache deutlich werden, daß wir alle unterschiedslos zusammen gehören, eins sind in Christus. „Ut omnes unum sint“ – „daß alle eins seien“, war wohl die innigste und flehentlichste Bitte unseres Herren Jesus Christus. Was haben wir nur dem alles schon entgegengestellt, nicht zuletzt an fürchterlichen Eitelkeiten!

Bischöfe sollen sich mehr trauen

Entscheidend, um zu einen von und zu allen Seiten offenen und redlichen „Dialog“ gelangen zu können, ist jene Wahrheit zu stellen, die der Apostel Johannes in das „Menschenwort“(F. König) kleidete: Am Anfang war das Wort, der „Logos“, das göttliche Wort, das Fleisch geworden ist („Gotteswort“). Solange wir dies nicht einfach als sicheren Boden unseres gemeinsamen Seins, als gemeinsame, uns alle verbindende, unverrückbare Ausgangsbasis außer Streit stellen, solange ist es sinnlos, von Dialog zu sprechen. Wieder erweist es sich, daß der Weg von unten, vom „corpus verum“, nach oben führt, eben auch vom Menschenwort zum Gotteswort und umgekehrt. Die Offenbarung sollte doch – so verstehe ich diese Aussagen – je neu in das Menschliche gelangen, also heutig, im „Menschenwort“ verkündigt werden, so wie vor 1900 Jahren die Inspiration der Heiligen Schrift durch Johannes in die Logos-Begrifflichkeit der damals modernen griechischen Philosophie „verpackt“ wurde. Dies in der damals zeitgemäßen, zeitgerechten Sprache, und ganz und gar nicht in kernigen, unumstößlichen Lehrsätzen und Katechismusphrasen. Ganz abgesehen davon ist es eigentlich traurig, daß man sich bei allem Gerede um den Dialog des Eindrucks nicht erwehren kann, daß es da Bischöfe an unser Spitze gibt, die sich nicht getrauen, in Rom jene Probleme auszusprechen und vorzutragen, die uns alle als Kirche Österreichs und als Teil der Weltkirche berühren, bewegen und beunruhigen. Hier ergäbe sich der beste Bodenkontakt. Oder fühlt sich gar das hohe Lehramt in Rom gefährdet, wenn da in die Ortskirche von Österreich, aus schlimmster Veranlassung heraus, endlich Bewegung geraten ist? Rät uns nicht der heilige Paulus selbst: „Vince malum bono“ – „bezwinge das Böse durch das Gute“!

Ich hatte den Vorschlag zum Dialog ursprünglich so verstanden, was wohl schon lange nicht mehr zutreffen dürfte. Schade, daß man uns so vieles in den Weg stellt, was unsere Sicht in die Weite Gottes und in unser ureigenstes Selbstverständnis und Seinsbewußtsein als Kirche trübt und erschwert. Trotz all dieser dilettantischen Plänkeleien, in denen Ängstlichkeit, Kleinmut, Kleingläubigkeit oder gar Rücksicht auf eigene Karriere eine gewisse Rolle spielen dürften, packt mich, zum Glück, immer wieder ehrliche Begeisterung und trägt mich weiter, indem sich mir die unendlich weite und große Vision auftut, die hinführt zum wahren Geber alles Guten, den das Universum übersteigenden, unergründbaren, unendlichen, ewigen Gott, den ich im Heiligen Geist als „Vater unser“ ansprechen kann, wie uns sein Sohn lehrt. In dem kleinen Putto an der Seite vieler Augustinus-Abbildungen, der mit seiner kleinen Muschel das Meer in eine winzige Sandgrube eines spielenden Kindes um- und auszuschöpfen versucht, ist uns ein allgemein verständliches Bild geschenkt für die wahren Größenordnungen, in denen wir empfinden, denken und leben dürfen und sollen.

Mit verkürzter Sicht und Kleinkrämerei kommen wir im Zeitalter der Weltraumforschung und der Mondlandung und des bald möglichen Hotelbaus auf unserem Erdtrabenten nicht mehr voran. Die Jugend und die kommenden Generationen können uns nicht mehr folgen. Sie werden – das soll uns ehrliche, gemeinsame Sorge sein – sogar einmal unser Wertegerüst und im Verein damit eventuell unverzichtbare Werte über Bord werfen, wenn sie dahinter nur unverständliche Chiffren zu entdecken vermögen, für Systeme, die aus dem tiefen Mittelalter ohne sinnvolle Adaptierung überkommen sind und die ein starres, absolutes Sicherheitsdenken und mächtiges Machtdenken bedingen. Daher: Glücklich der Mensch, den Gott berührt, der getrieben, berufen ist, davon den Mitmenschen mitzuteilen und der aus jener inneren, unseren Intellekt übersteigenden Kraft fühlen darf, was der heilige Augustinus in Worte faßt, wenn er in seiner Regel von der „geistigen Schönheit“ spricht und schreibt: „Ihr seid nicht mehr Sklaven unter dem Gesetz, sondern Freie unter der Gnade.“

Damit uns nicht ebenfalls blinde Angst befällt oder wahr werden möge, was der Komponist Kurt Weill in etwa so ausdrückte: „Wir sprengten die Fesseln, konnten aber mit der gewonnen Freiheit nichts anfangen“, sollten wir noch kurz in unserer Bestandsaufnahme fortfahren und gewisse Ergänzungen anbringen, um dann Anregungen erwägen zu können: Nicht nur aus dem Priestermangel, sondern aus der Einsicht in unser ureigenstes Sein müssen wir vom Versorgungsdenken loskommen, von einer versorgten Kirche abrücken und grundlegende Veränderungen anstreben, wie hoffentlich ersichtlich wurde. Franz Mikl schrieb: „Wir gehören nicht zur Kirche, wir sind Kirche." Da bleibt für die Kategorie „Amtskirche" im bisherigen Verständnis, die alles vermittelt, verwaltet und alle versorgt, wenig Platz. Vor allem ihr wird kaum mehr Zukunft beschieden sein. Um richtig verstanden zu werden sei hinzugefügt: Nicht daß ich nicht um die großen Verdienste und Leistungen, um die vielen Priesterpersönlichkeiten wüßte, denen Respekt und Dank gebührt, die redlich im Totaleinsatz ihr Letztes einbringen – in Seelsorge, Liturgie, Sakramenten-Spendung, Katechese und Menschenbetreuung und obendrein in Kanzlei, Verwaltung und Baugeschehen –, aber sie werden immer weniger. Glücklich bin ich über die jungen Mitbrüder und Kollegen und dankbar für alle Berufungen zum Seelsorgedienst. Aber trotz aller Bemühungen und Gegenstrategien, indem Priester aus Polen oder aus Afrika und Indien mit Seelsorgeaufgaben bei uns betreut werden, das kann nicht genügen; denn der Klerus ist überaltet, überfordert, wir sind zu wenige und, was besonders zählt, wir bedürfen eines veränderten Selbstverständnisses, das konform gehen kann mit jener Sicht von Kirche, die uns das Konzil geschenkt hat.

Jedes zusätzliche In-Frage-Stellen der Sicht des Konzils und jede mancherorts versuchte Rückbildung des Priesterbildes in jenes der „tempi passati" rührt an unsere eigene Substanz und Glaubwürdigkeit und wird weit mehr zerstören, als dies je hilfreich sein kann. Unter diesen Gesichtspunkten ist das überkommene Priesterbild tatsächlich als „Auslaufmodell einer kirchlichen Struktur zu sehen", wie der Papst es in der oben erwähnten Ansprache an unsere Bischöfe befürchtet. Alle Rückwärtsbewegungen, wie sie in der Diözese St. Pölten betrieben werden, wo aus Furcht primär nur das „Weiheamt" in den Vordergrund gestellt wird, sind diese aus Personalmangel und aus Lager-Denken geborenen Bemühungen und Versuche nicht in die Zukunft gerichtet und werden nicht bestehen können. Ob da nicht sogar die Zahlen der Berufungen eine recht deutliche Sprache sprechen, die man nicht übergehen dürfte?

Wie einem Artikel in der Zeitung „Die Welt" vom 17. November 1999 (S. 29) aus der Feder des Professors für Kirchengeschichte an der Evangelisch-Theologischen Fakultät der Universität Heidelberg, G. Bisier, zu entnehmen war, halbierte sich im abgelaufenen Dezennium die Zahl der Theologie-Studierenden gleichermaßen an den evangelischen und an den katholischen Fakultäten Deutschlands. Diese Entwicklung nach unten hält bereits seit 50 Jahren an, wird in diesem Artikel betont. Damit ist die Entwicklung bereits so dramatisch geworden, daß man an die Schließung einiger theologischer Fakultäten in Deutschland denken muß. Nicht nur in Deutschland!

Wäre ich der Letztverantwortliche in einem Unternehmen, für dessen Belegschaft sich kein oder nur zu wenig Nachwuchs seit Jahrzehnten findet, dann könnte ich keineswegs vor einer solchen Negativbilanz die Augen verschließen oder einfach wegschauen. Es nützten mir auch auf Dauer die „Fremdarbeiter" nichts. Sie könnten meinen Kräftemangel nur vor-übergehend decken. Ich stellte mir die dringende Frage nach den Ursachen. Am Ruf, der von Gott her an Menschen ergeht, an der Berufung kann es doch nicht gelegen sein? Richtig: „Betet, daß der Herr Arbeiter in seinen Weinberg sende." Aber gibt er uns nicht dennoch in unsere Situation hinein ein hartes Signal, das wir als weiterführend für das nächste Jahrtausend erkennen sollten? Vielleicht will Gott gar nicht mehr den „Amtsträger" der herkömmlichen Art? Es sei nicht als respektlos verstanden, wenn ich die Dinge so deutlich beim Namen nenne, ohne ausdrückliche Berücksichtigung des jedem von uns zustehenden Geheimnisses seiner Berufung und seiner Weihe. Aber kann Gott nicht auch für seine Gemeinden andere Integrationsfiguren, schlicht Bezugspersonen ohne Studium und Amt und Weihe in der herkömmlichen Form berufen? Ergeben sich nicht plötzlich ganz neue Kriterien, nämlich die der Menschlichkeit, der Würde, der Verwurzelung in den Gemeinden („Viri probati", „im Leben bewährte Männer")? Käme solcherart nicht auch hierin „communio" einer ganz besonderen Art, als Abbild jener Höheren, zustande?

Eines steht für mich ohne Zweifel fest: Wir befinden uns an einer Wende. Die große Statistik der Priesterberufe auf den Globus bezogen mag positiv aussehen. Aber kann man Priester, Seelsorger, Diener des Wortes Gottes verschieben wie Schachfiguren? Kommen manche Praktiken nicht schon gelegentlich fast einem „Menschenhandel" gleich? Eines zeigen diese Bemühungen allemal: In solcher Vorgangsweise steckt das überholte Bild einer Versorgungskirche und auf der

Gegenseite das Bild des Priesters als Amtsträger, als Funktionär. Daher meine Frage: Laufen wir nicht im bisherigen System Gefahr, den hohen Ansprüchen im Dienst unserer Gemeinden nicht mehr gerecht werden zu können? Ist vieles nicht provisorisch darauf angelegt, die überkommenen Ansprüche einfach zu befriedigen, sich hinüberzuretten in der Hoffnung auf bessere Zeiten mit wieder mehr Berufungen, ohne die veränderte Situation als Ausgangsbasis für alles Zukünftige zu betrachten? Wer von den Verantwortlichen fragt sich eigentlich, welches Bild wir, der einst privilegierte, angesehene Stand der Kleriker abgeben – ganz abgesehen von allen Skandalgeschichten, die da gerne aufgewärmt werden, so als könnten wir immer noch eine Ausnahmestellung einnehmen? Muß dies nicht einfach kontraproduktiv und wenig anziehend auf junge Menschen wirken, die unter Umständen sogar bereit wären, auf vieles zu verzichten, wenn sie nur darin ein Idealziel erkennen könnten? In solchem Zusammenhang bleibt gar nicht erspart, festzuhalten, daß sich unsere gesamte Einstellung zu Körper, Körperhaftigkeit und Sexualität grundlegend nicht nur wegen der nackten Offenheit in den Medien, sondern einfach in der gesamten Gesellschaft verändert hat. Sigmund Freud und so viele Erkenntnisse der modernen Psychologie und Psychotherapie können nicht wegdiskutiert, verschwiegen oder verdrängt werden. Dieses gilt selbstredend nicht nur für uns Kleriker!

In seinem Buch „Auf dem Jakobsweg" schreibt der brasilianische Bestsellerautor Paulo Coelho – er berichtet an dieser Stelle von der Trennung, die er von seinem Freund Petrus unter Schmerzen vollziehen mußte – das Nachfolgende, das sich durchaus in unseren Kontext übertragen läßt: „Es mußte nach dieser Trennung erst geraume Zeit vergehen, bis ich bergriff, was diese Erfahrung mir gebracht hatte. Sie gehört heute zu meinem kostbarsten Besitz: Das Außergewöhnliche findet sich auf dem Weg der gewöhnlichen Menschen." Welch ein Satz: „Das Außergewöhnliche findet sich auf dem Weg der gewöhnlichen Menschen." Ich füge umgehend hinzu, weil ich manche Herren direkt aufschreien höre: In allem, wovon bis jetzt die Rede war, kommt der zu vermittelnde Inhalt nicht von uns. Mein schon öfter genannter Mitbruder A. Wucherer-Huldenfeld pflegt zu sagen: „Noch nie hat einer von uns verwandelt. Alles geschieht einzig und allein im und durch den Heiligen Geist. Daher die Epiklese, das Herabrufen des Heiligen Geistes vor der Wandlung, was in jedem Canon nachzulesen ist."

Selbstverständlich und leider steckt in den meisten Gläubigen noch immer das geradezu archetypisch in ihnen verankerte, über Jahrhunderte in Latein überlieferte und daher ohne Einsicht in das Wesentliche bleibende „mechanistische" Verständnis von der Wirksamkeit der Sakramente. Am schlimmsten kommt dies beim Sakrament der „Krankensalbung" zum Tragen. Wir hatten in einer unserer Pfarreien vor einem Jahr den Fall, daß ein altes Ehepaar aus Verzweiflung über Alter und Krankheit Hand an sich legte. Man fand die Leichen etwa drei Stunden nach ihrem Tod und einen Zettel: „Bitte, holt den Pfarrer für die letzte Ölung!"

Was bleibt uns noch alles zu tun! Dabei ist schon bemerkenswert, daß heute wieder die Tendenz vorherrscht, Heilung durch Massagen unter Zuhilfenahme aller asiatischen Methoden zu vermitteln. Was bei uns verloren ging, wird teilweise über den Umweg des Exotischen, des Andersartigen und Fremdländischen wieder zurückgeholt. Schlecht für uns, ich meine in der Kirche? Eigentlich nicht; denn wir werden gewahr, daß wir einerseits vieles zu abgehoben, rein verstandesbezogen, intellektuell einzubringen bemüht sind, was uns als „Sakrament der Erlösung" zur Weitergabe anvertraut wurde, und daß wir andererseits in den Wurzeln und frühen Schichten gerade der Praxis unserer Sakramentenspendung Wertvolles zu entdecken hätten: die Handauflegung etwa! Bei dem derzeit so viel gepriesenen „Reiki" werden energetische Kräfte von einem auf den anderen durch die Handauflegung übertragen und Verspannungen gelöst. Daß Öl und Haut zur Übertragung und Heilung wertvoll sind, wer wollte es bestreiten, ganz abgesehen von der Kraft des Wassers. Im Weihwasser ist es vorgegeben, und eine ganzheitliche Heilung erinnert an unsere Taufe. Noch ein Hinweis: Im 15. Jahrhundert, so konnte ich es in den Handschriften der Melker Reform lesen, wurde beispielsweise der Friedenskuß „ore ad os" – „von Mund zu Mund" gegeben. Erst später wird hiefür eine Ikone oder ein Kreuz zum Kuß gereicht.

Sollten wir nicht umdenken in allen diesen gewiß nebensächlichen Kleinigkeiten, um wieder Menschlichkeit und Leben in unsere Liturgie und in die Sakramente, die Zeichen unseres Heils, zu bringen? Nicht daß ich mir eine Rückführung vorstelle, nein, es sei nur verdeutlicht, daß es zu allen Zeiten unterschiedliche Formen des Ausdrucks und der Art des Empfindens gab, die ihren Niederschlag in der Liturgie fanden, in den Gebeten, Gesängen, in der Kirche und nicht minder im religiösen Leben der einzelnen Menschen. Solche Unterschiede und Unterscheidungen bestehen selbstredend auch von Volk zu Volk. Deshalb bestünde der unerschöpfliche Reichtum der Weltkirche in einer Vielfalt in der Einheit, verstanden aber als Kommunizieren vom Inhalt her, wobei jeder Ortskirche ihre Eigenart zu belassen wäre. Ich habe aber durchaus die Überzeugung, daß wir alle gerade aus den Fehlern der Vergangenheit wenigstens bei unserem Einsatz in den Missionen gelernt haben.

Zugegeben, zunächst ging nach dem Konzil ein mächtiger Impuls von Rom in diese Richtung aus. Überall gab es Kommissionen, war ein ungeahnter Aufbruch zu verspüren. Doch bald wurde vieles wieder aufs neue in Rom gefiltert und in klare rubrizistische Formen gegossen. Bald machte sich eine gewisse Ermüdung bemerkbar. Nur wenige, meist junge Kapläne wagen heute, das liturgische Geschehen durch Neues, Modernes anzureichern, ihren Gruppen und Gemeinden mundgerecht und zeitnah vorzulegen. Ein gewisser Stillstand charakterisiert unsere aktuelle Situation. Zugegeben, es gab Entwicklungen, die weit über das Ziel hinausgingen. Doch daran dürfte doch nicht das Bedürfnis nach Erneuerung und Aktualisierung gemessen werden. Viele schließlich in der täglichen Pastoral werden auch froh sein, daß endlich wieder alles beim Alten bleiben kann. Ist uns das „Reich Gottes“ und seine Verkündigung und das Heil unserer Mitmenschen nicht mehr wert?

Wie sehr man allerdings einen Gottesdienst unter Einbindung einer recht bunt gemischten, hochstehenden, offenen und ebenso heterogenen wie liberalen Gemeinschaft auf der Basis der jetzigen Rubriken verlebendigen und in einen ganz bestimmten Anlaß hineinkomponieren kann mit Worten, die Beziehung herzustellen vermögen zwischen dem Ewigen und dem Verewigten und die zugleich jeden Anwesenden tief berühren, davon durfte ich anläßlich des Auferstehungsgottesdienstes Zeuge werden, den Prof. Raimondo Pannikkar für einen seiner Freunde in unserer Klosterkirche Pernegg feierte. Diese Weltpersönlichkeit, Sohn eines indischen Vaters und einer spanischen Mutter, aktualisierte plötzlich Universalkirche in und mit uns. Da liegen die Perspektiven. Da steht ein Mann frei und losgelöst, souverän, ausgezeichnet durch Schönheit seiner Gestalt, durch Alter und Weisheit, allem übrigen kommt dienende Funktion zu, das Göttliche leuchtet auf und erfaßt jeden der Beteiligten, plötzlich scheint der Himmel wirklich die Erde zu berühren. Nur Gefühlsduselei? Was sonst ist unsere Aufgabe? (Übrigens, Pannikkar ist als katholischer Priester auch kirchlich legitim verheiratet!)

Die Vorgabe muß also lauten – und ich bin dankbar, daß ich abschließend hiefür Papst Johannes Paul II. mit seinem wunderbaren Wort zitieren kann – „Der Mensch ist der Weg der Kirche". Nicht als Masse, sondern als Person und Persönlichkeit! Wieder das Prinzip von unten nach oben und oben für Gott offen! Daß dringend Handlungsbedarf gegeben ist, steht außer Zweifel. Dafür bleibt sogar unter den derzeitigen Verhältnissen genügend Spielraum. Es kommt aber darauf an, wem wir die Bühne überlassen, wenn wir uns dort nicht selbst als Beteiligte verstehen wollen. Daher sei die Aufforderung des Papstes angenommen: „Auftreten, nicht austreten!"

Das Österreichische der Kirche Österreichs

Stellen wir an den Beginn die Feststellung „Nichts Schlechtes ohne Gutes". Natürlich hat alles zwei Seiten. Ich bin mir dessen bewußt, mit meinen Überlegungen und Aussagen Widerspruch zu ernten. Schlimm wäre es freilich, wenn ich wieder brutalsten Verfolgungen, Beschimpfungen und sogar Verleumdungen übelster Art ausgesetzt würde, die weitgehend gesteuert aus den eigenen Reihen kämen. Es gilt auch für mich die Freiheit des Christenmenschen. Meinungsfreiheit, in weiterer Folge auch Medienfreiheit zu unterbinden, kommt normalerweise nur in Diktaturen vor. Wie ich Christsein als Mensch und Priester verstehe, davon sollten meine hier dargelegten Gedanken

Zeugnis ablegen. Mögen meine Gedanken und meine offene Sprache Aufregung erzeugen – da hätte ich dann schon etwas angeregt, bewegt! –, eines kann mir nicht abgesprochen werden, daß ich mich nämlich redlich und zwar im handfesten täglichen Einsatz um eine Verlebendigung in den vielen offenen, uns alle bedrängenden Fragen mühe. So seien auch meine Wortmeldungen in der Öffentlichkeit verstanden.

Bei allem, was da in den letzten Jahren über die Kirche Österreichs hereingekommen ist – das waren nicht nur Heimsuchungen, das hat ein gesteigertes Interesse an der Kirche bewirkt. Nie zuvor gab es beispielsweise so viele Veröffentlichungen zu aktuellen Kirchenthemen und Persönlichkeiten der Kirche wie jetzt. Ich halte es auch für positiv, daß sich die Medien immer wieder einschalteten, nicht nur in der Kontroverse oder beim unnachgiebigen Nachforschen nach den eigentlichen Sachverhalten. Da wurden auch viele Berichte zu kirchlichen Themen aufgegriffen und gebracht, die wichtige Einblicke vermittelten und Zusammenhänge aufzeigten. Und selbst viele von denen, die aus Protest oder eben aus diesem gegebenen Anlaß ihren Kirchenaustritt erklärt haben, suchen das Gespräch, erregen sich zwar über Äußerungen der Bischöfe und anderer, faxen aber, schreiben, fühlen sich im Letzten nach wie vor als dazugehörig, sonst könnte ihnen die Kirche gleichgültig sein. Darin sehe ich das typisch Österreichische – nicht nur, daß wir alle miteinander reden können, normalerweise über alle Parteigrenzen und Zugehörigkeiten hinaus –, wie wohltuend und ausgleichend österreichisch war auch in dieser Hinsicht das segensreiche Wirken von Kardinal König –, sondern weil ein Gutteil der österreichischen Identität aus der Identifizierung mit dem Katholizismus besteht. Dies ist nicht nur deswegen der Fall, weil die überwiegende Mehrzahl der Österreicher von Geburt an katholisch ist, sondern weil die Wurzeln für diesen Katholizismus weit zurückreichen – so weit, daß sie sogar das Römische unmittelbar berühren, und zwar schon von der Zeit des Imperium Romanum an. Deshalb gab es bis vor kurzem kaum Berührungsängste zu Rom hin. Ich werde nochmals kurz darauf zurückkommen.

Des weiteren gehörte zur österreichischen Tradition als typisch katholisch das Gottesgnadentum, welches Papst und Kaiser in gleicher

Weise zum Gegenstand der Zuwendung, des Respekts, auch der Verachtung machte. Schon im 14., spätestens im 15. Jahrhundert nimmt aber das Staatskirchentum in Österreich beachtliche, nicht zu übersehende Formen an. Die Babenberger mit ihrer gezielten Klösterpolitik – wir werden es später sehen – hatten dazu den Nährboden bereitet. Thron und Altar führen im 19. Jahrhundert noch gerade in Böhmen zu separatistischen Abfallsbewegungen, deren Parolen unter anderem auch „Los von Rom" lauteten. Frau und Herr Österreicher waren, wenn ich es so leichthin aussprechen darf, immer mit beidem konfrontiert, empfanden darin aber ein Ordnungsganzes, erfuhren im Prunk von weltlicher und geistlicher Hofhaltung gleichsam eine Vorahnung auf eine jenseitige, himmlische Herrlichkeit. Wie in einem Phantom tat sich darin dem schlichten Gläubigen die Hoffnung auf, wenigstens im Himmel dann auch selbst, wie der „liebe Augustin", dabei sein zu können. Ein Trost im Jammertal, Hilfe für die Vorstellbarkeit des Überirdischen, zu dem man in Gebet und vor allem in der Musik Zuflucht nehmen konnte. Wie sonst wäre die Heurigen-Seligkeit erklärbar?

Zum Zerfall oder zur Aufweichung wäre es fast in der Reformationszeit gekommen, hätten die Habsburger nicht eingegriffen. Die Grundherren nahmen die Ideen der neuen Lehre wohl auch als eine Möglichkeit zu einer gewissen Verselbständigung auf. Doch dem Grundsatz „cuius regio, eius religo" („wem die Region gehört, dem steht auch das Recht auf die Religion zu") folgend tauschten die Habsburger kurzerhand jene Grundherren aus, die sich der neuen Lehre verschrieben hatten und in ihr beharrten. In das Waldviertel, das weitgehend protestantisch war, verpflanzten sie beispielsweise verläßliche katholische Adelige aus Spanien, aus Westfalen und dem Münsterland. Das Volk hatte sich immer zu arrangieren, was durchaus in der Mentalität der Menschen einen Niederschlag fand. Weitere Konsequenz: Der Adel ist nach solchen Be- bzw. Versetzungen nicht nur dem Kaiser, sondern stets auch Rom treu gewesen. Dieses bis heute. Daß im Volk vieles deshalb relativiert wurde, weil die Menschen auch bei wechselnder oder ausgewechselter Herrschaft zu überleben hatten, daß man zwar den „gnädigen Herren", die „Herrschaft" von vorne zu respektieren hatte, nach hinten aber oft recht despektierlich beurteilte, mußte sich angesichts solcher Einrichtungen bei den Grundholden auch in ihrer Haltung der jeweiligen Religion bzw. Konfession gegenüber, die eben jene der Herrschaft sein mußte, auswirken. Hier liegt meines Erachtens eine der Wurzeln für die als liberal und in der Folge typisch katholisch bezeichneten Einstellung vieler Österreicher, zumindest im Osten unseres Landes. Die westlichen Bundesländer sind durch eine andere Entwicklung charakterisiert. Da gab es die freien Bauern, da konnte es zu Bauernkriegen kommen, aber für Wien, die Kaiserstadt, das Umland und viele Länder der Monarchie gilt das eben Gesagte. Diese Abläufe können hier natürlich nur ansatzweise angerissen werden, gleichsam als Einstieg in den Grundgedanken.

Das Verhältnis Österreichs zu Rom als „Caput omnium ecclesiarum", „Haupt aller Kirchen der Christenheit", wie die Bezeichnung für die römische Bischofskirche (S. Giovanni in Laterano) lautet, von der jeder Papst nach seiner „Inthronisation" feierlich Besitz ergreift, ist grundgelegt in der Geschichte des Frühchristentums in unserem Land, in der Missionierung aus Oberitalien, vor allem über Aquileia. Hier lag das Zentrum für die frühen Diözesen, die in der „Austria Romana" errichtet wurden. „Lauriacum", Lorch, ist wohl die bekannteste Kirche aus dieser Zeit. Damals bildete den Großteil des heutigen Österreichs noch die römische Provinz Noricum, dazu Pannonia und Raetia in Teilen miteingeschlossen. Viele Kenntnisse der Verfassung und der kirchlichen Verhältnisse noch aus der Zeit der Zugehörigkeit unseres Landes zum Imperium Romanum verdanken wir der „Vita Severini", der berühmten Lebensbeschreibung des heiligen Severin, die von Eugippius geschrieben und in das Jahr 511 datiert ist.

Der heilige Severin, der „Apostel Noricums" , gestorben am 8. Jänner 482, ein „vir illustrissimus", also einer, der so illuster war, daß er zuvor eines der höchsten Ämter im römischen Staate bekleidet haben mußte (vermutlich als Consul), reiste „ex orientalibus partibus", „aus den östlichen Teilen des Reiches" – man nimmt an aus Syrien, wo er Mönch geworden war –, nach „Noricum ripense", in das Ufernorikum, wie es damals bezeichnet wurde, um seinen Landsleuten zu Hilfe zu kommen, die am Limes, an der Nordgrenze hart von den

Völkern aus dem Norden bedrängt wurden. Er organisierte den Rückzug, und dies meist von Standquartieren aus, bei denen sich Klostergemeinschaften befanden, wie etwa in Boiotro bei Passau, in Juvavum (Salzburg), in Kuchl und in „Favianis", dem heutigen Mautern bei Krems.

Diese historisch so außerordentlich wertvolle Quelle legt die kirchlichen Strukturen Norikums zu dieser Frühzeit deutlich offen. Demnach gab es in Lorch einen Bischof Constantius, dessen Name bestens belegt ist. In der Vita Severini begegnen wir sodann folgenden kirchlichen Diensten: dem des Priesters, der Diakone, Subdiakone, der Ostiarier (= Türhüter), aber auch Mesner, Lektoren und Kantoren werden aufgezählt. Es sind also alle wichtigen Dienste bei der Ortskirche angesiedelt. Musikalisch bleibt noch zu erwähnen, daß uns einer der ersten Kantoren sogar mit Namen genannt wird: Moderatus. Gegen Ende dieses wichtigen Quellenzeugnisses findet sich sodann ein „primicerius cantorum", ein Vor- oder Hauptsänger. Ob da schon die Ansatzpunkte liegen für eine kirchenmusikalische Sonderstellung unseres Landes, die sich im Laufe der Jahrhunderte, angereichert durch das alpenländische Musiziergut und Musikverständnis der Bodenständigen, in Eigenwilligkeiten in der Wiedergabe der offiziellen Kirchengesänge des lateinischen Chorals – viele Handschriften, leider noch unausgewertet in den Handschriftenbeständen der Stifte beweisen es – manifestierte und die schließlich absoluten Weltrang vor allem in der Wiener Klassik, aber gültig bis in unsere Tage errang?

Beachtlich sind nicht zuletzt die archäologischen Funde aus dieser Zeit. Sie sind reichhaltig, zeigen die Abtrennung des Kirchenschiffs durch Chorschranken vom Presbyterium, etwa in Aguntum oder in Martinsbühel bei Zirl, worin wir an die „Schola cantorum" römischer Basiliken erinnert werden. Auch Ambonen lassen sich nachweisen. Kurzum, es war auf unserem Gebiet die Kirche in ihren vielfältigen Diensten entwickelt, mit Charismatikern ohne Weihe, eben den Mönchen, Severin selbst miteingeschlossen, und den vielen Mitwirkenden am gottesdienstlichen und seelsorglichen Geschehen in Diakonie und Caritas, die aber zu dieser Zeit ganz sicher noch nicht vom nachfolgenden mehr juridischen Machtgefüge erfaßt worden waren, wie es im Zuge des karolingischen Reichsverständnisses kirchlich über Rom dann immer mehr gehandhabt wurde, und die sicher noch keinerlei Ahnung vom Zölibat hatten. Wir können also glücklich und stolz sein auf unsere frühe Geschichte als Kirche Österreichs. Darin gründet unsere Eigenständigkeit bis heute. Die bonifatianischen Organisationsbemühungen des 8. Jahrhunderts, die dann über die Bischofssitze in Bayern zum Tragen kamen, konnten auf längst Vorgegebenem auf- und weiterbauen (Slawenmission). Wohl zu vermerken ist, daß trotz des Abzugs der Römer die römische Siedlungs- und somit auch die christliche Kultkontinuität ganz sicher gewährleistet war (z. B. in den Veteranensiedlungen); denn anhand der Listen jener Personen, die bei der Klostergründung von Mondsee 748 dort eintraten, konnte nachgewiesen werden, daß die überwiegende Mehrzahl dieser Namen römischen Ursprungs war.

Ebenso gelang meinem verehrten Freund, dem bedeutenden Historiker und Professor des Stiftes Kremsmünster, Pater Willibrord Neumüller (gest.1978) der Nachweis, daß im berühmten „Codex Millenarius“ (um 800) die „Vetus Latina“-Version der Heiligen Schrift wiedergegeben wird, die, im Gegensatz zur Septuaginta, vornehmlich nur im oberitalischen Raum verbreitet war. Mögen diese Details etwas kompliziert und für Nichtkenner der Materie verwirrend wirken – es ist hier nicht der Ort, ausführlicher zu referieren –, nehme ich es dennoch in der Hoffnung in Kauf, den Kern meiner Aussagen trotz dieser fragmentarischen und nur skizzierten Aufzählungen soweit auf den Punkt gebracht zu haben, daß eines klar werden kann: In Österreich lebte man römisch und christlich, noch bevor aus dem Westen Reformen und Organisationsstrukturen eingeführt und über die bei uns längst vorhandenen Schichten darübergebreitet wurden – mit Reformeingriffen, die bereits mit dem beginnenden „Heiligen Römischen Reich deutscher Nation“ und seinem Religions- und Staatskirchenverständnis in Zusammenhang („karolingischen Unionsbestrebungen“) standen oder es vorbereiteten und die Europa mit einer völlig veränderten neuen Ausrichtung und einem gesteigerten Konzentrationsbemühen konfrontierten. Diese Ausrichtung korrespondierte auf andere Art mit Rom, als dies mit der Frühschicht des Christentums in den ehedem direkt zu Rom und den Römern gehörigen Provinzen der Fall war. Die Gründung des Stiftes

Kremsmünster im Jahr 777 ist ein Beweis dafür. Es war der letzte Versuch des Bayernherzogs Tassilo III., der mit Liutpirg, der Langobardentochter, verheiratet war – also auch hierin die Ausrichtung in den Süden –, ein Bollwerk gegen die „Parvenüs aus dem Westen" zu errichten, wie W. Neumüller die nachdrängenden Karolinger bezeichnete.

Aus dieser Zusammenschau der Bezüge mag etwas sehr Wichtiges im österreichischen Katholizismus, wie es bis heute und auch aus anderen Einsichten ablesbar wird, zu erklären sein: warum nämlich in Österreich vor diesem Hintergrund unserer ganz eigenständigen Entwicklung und Geschichte vieles, was aus Rom kam und Rom ausmacht, nie „deutsch" umgesetzt werden mußte, sondern in Zusammenhang mit der einstigen unmittelbaren Zugehörigkeit zum Römischen Reich und zu diesem Kulturkreis steht, worin wir Eigenerfahrung und Eigenständigkeit schon sehr früh erlangt hatten. Wir können und sollten stolz darauf sein und dieses für die Zukunft wieder mehr aktivieren. Rom nur gewissen Zwischenträgern überlassen zu haben, war einer der Fehler der letzten Vergangenheit. Dieses mit dem festen Vertrauen zum Heiligen Vater zu rechtfertigen, ist zu wenig, könnte fast naiv wirken; denn Rom ist mehr, wie wir schon über die Kurie hörten, und obendrein, wir sind alle Menschen, was nirgendwo kaum deutlicher werden kann als in der pulsierenden lebenslustigen Metropole der Italiener. Der „Modo Romano" sollte nicht Einbahn bleiben. Wozu schließlich erhalten so viele junge talentierte Österreicher und nicht nur sie, meist jene, von denen Wilhelm Zedinek, der unvergeßliche, lange schon verstorbene Göttweiger Abt sagte, sie seien „ad maiora", „zu Höherem" berufen, ihre Ausbildung in Rom und an den römischen Instituten?

Dabei mag zusätzlich und ohnedies im österreichischen Charakter begründet und hilfreich sein, daß in Österreich auch aus der übrigen Geschichtsentwicklung heraus nie den gesamtkirchlichen Maßnahmen und dem Selbstverständnis eines auf Formalismus angewiesenen römischen Zentralismus jene Bedeutung in seinen diversen Abwicklungen zugemessen wurde, wie sich die Deutschen rühmen, denen darin vorbildliche Verläßlichkeit nachsagt wird. Die österreichische, etwas andere Art solcher Einstellung und solchen Verhaltens entspricht so ganz dem „vivere e lasciar vivere“ – also dem „Leben und Leben lassen“ der Römer selbst. Ein Insider der römischen Kurie hatte mir vor dem dritten Pastoralbesuch des Papstes in Österreich dieses Wort in Erinnerung gebracht, als ich mich genötigt sah, ihn über die öffentlichen Auseinandersetzungen in den Medien zu den leidlich bekannten Themen im Zusammenhang mit dem Ort der Seligsprechung unseres Mitbruders Jakob Kern zu informieren. Er schickte mitleidig die Frage voraus: „Wozu denn solche Aufregungen?“

Schon in der Frühzeit des österreichischen Christentums ist auch nach meiner Einschätzung eine weitere Eigenart des österreichischen Katholizismus anzusiedeln, nämlich die Tatsache, daß man auch im Religiösen nie den „Sitz im Leben“ aufgab und verlor. Ganz im Gegenteil, man konnte ihn gerade darin so richtig gewinnen und dem Auftrag gerecht werden, die Liebe Gottes den Menschen näher zu bringen. In der „Vita Severini“ wurde schon deutlich, daß dieser Römer zu seinen Landsleuten kam, um ihnen handfest helfen zu können, wofür es schöne Beispiele in diesem wichtigen Text gibt. Die Hilfe erfolgte über die „Cellulae“, über die Mönchssiedlungen. In diesen wurde nicht nur gebetet und gesungen, sondern diese Praktiker christlicher Nächstenliebe, die Mönche, kümmerten sich um die Schutzbefohlenen und betreuten ihre in Gefahr lebenden und auf der Flucht befindlichen Landsleute. Vielleicht ist es dienlich, in diesem Zusammenhang einmal anzumerken, daß der wahre Mönch bis ins 11./12. Jahrhundert hinein, also weit über St. Benedikt (480-547), ja sogar über Cluny hinaus, der Ungeweihte, also der Nicht-Priester war. Erst dann kommt das auf, was lange Zeit als „Privatmesse“ bezeichnet wurde. Im Kapellenkranz der Zisterzienserkirchen findet diese Tatsache einen baugeschichtlichen Niederschlag. Meßstiftungen wurden angenommen, das Totengedenken, mehrere Offizien (neben dem des Tages Marianum, Benedictinum und Totenoffizium) werden täglich gesungen, so daß man hiefür angeblich sieben Stunden des Tages in der Kirche verbrachte. All das entwickelt sich bei den Extrem-Benediktinern von Cluny, die kaum mehr zur Arbeit, geschweige denn zur Handarbeit Zeit fanden. Deshalb kommt es zur Gegenbewegung und zur Gründung von Citeaux, zu den Zisterziensern.

Anders in Österreich, dem viel gepriesenen „Klösterreich", dessen Entfaltung und Geschichte an den Gründungsdaten eben seiner Stifte abzulesen ist, angefangen in Salzburg mit St. Peter (700 oder nach alter Überlieferung schon 584), dem Nonnberg (723), der Übergabe der Babenberger- Residenz Melk an die Benediktiner (1189) und der Gründung von Kloster und Burg in Klosterneuburg (1133) samt den vielen anderen großen Klöstern. In Österreich also wurden schon bei den Neugründungen derartige Extrempositionen vermieden. Sie konnten deswegen vermieden oder abgeschwächt werden, weil diese Stiftungen im Sinne der Stifter gezielt in jenen Regionen errichtet wurden, denen die Gründer bei voranschreitender Besiedlung des Landes eine gewisse ganzheitliche „Entwicklungshilfe" angedeihen lassen wollten. So entfalteten sich die Stifte bald zu Zentren für Land- und Forstwirtschaft. Sie betreuten Schulen, pflegten die Wissenschaften, beherbergten Schreibstuben und große Buchschätze, bauten ihre Gotteshäuser und hatten auch die Seelsorge wahrzunehmen. Dies nicht nur am Ort und im Umkreis, sondern auch in den vielen Pfarreien, die man ihnen anvertraute, mehr noch, die man den Stiften „inkorporierte". Sie standen und stehen zum Gutteil noch im Eigentum der Klöster. Nach dem neuen Codex iuris canonici stellt dieses Faktum ein Unikat dar; den Tatbestand der Inkorporation kennt das heutige Kirchenrecht nicht mehr. Nur in Österreich, also wieder etwas für uns Einmaliges und Typisches, bestehen diese Stiftspfarreien auch weiterhin, weil sie seit Gründung, das heißt aus der Tradition zu den Klöstern gehören, was Rom normalerweise nie in Frage stellt.

Neben all den erwähnten Einrichtungen, neben den vielen Handwerksbetrieben, die vor allem bei den Zisterziensern von ihren Konversbrüdern betrieben wurden, wodurch die Kirchen und Konventgebäude erbaut und eine gewisse Grundversorgung im und ums Kloster garantiert werden konnte, waren die großen Stifte mit der Grundherrschaft ausgestattet. Diese war in etwa vergleichbar einer Verwaltungseinheit mit niedriger Gerichtsbarkeit und Zehenteinhebung im Sinne einer heutigen Bezirkshauptmannschaft. Den Stiften kam also eine Multifunktion zu, die eine recht grundlegende Erweiterung ihrer anfänglichen ausschließlichen Ideale der Weltflucht und Selbstheiligung darstellte. Obendrein saßen, was schon fast der Vorwegnahme einer drohenden Verweltlichung gleichkam, die Klosteroberen an der Seite der Fürsten und Bürger im gleichrangigen Prälatenstand. Von daher werden in Österreich die durch freie Wahl bestellten Äbte und Pröpste mit dem bis heute gültigen Titel „Prälat“ angesprochen.

An dieser Stelle mag sichtbar und deutlich werden, daß die österreichischen Stifte eine ganz einmalige Einrichtung unseres Landes sind. Aus dem Willen ihrer Stifter, zu einem Großteil der Babenberger, beherbergten sie Geistliches und Geistiges und schenkten es an die Menschen im weiten Umkreis weiter. Gleichzeitig bildeten die Stifte echte Wirtschafts- und Verwaltungszentren. Als geistliche Grundherrschaften waren sie gleichberechtigt mit den weltlichen Grundherrschaften, was im Waldviertel bis heute gut an Burgen, Schlössern und Stiften ablesbar ist. Die Äbte als deren Vertreter standen in kollegialer Nachbarschaft zu den Fürsten und Adeligen, nicht minder zum Herrscherhaus: eine Personalvernetzung zwischen Welt und Kirche! Daher kam es nie zu Berührungsängsten, zu unnötigen Distanzen, man war unter seinesgleichen, der direkte Austausch von Sorgen und Freuden war ganz natürlich, man konnte sich gelassen begegnen. Dabei war es kein Nachteil, „hochgestellt“ zu sein, einerseits sich im Freundes- wie in einem Familienkreis verstanden und geborgen zu wissen, andererseits in Empfinden als natürliche, bodenständig gewachsene Autorität Verpflichtungen nicht nur des Repräsentierens nach außen hin wahrzunehmen. Vielmehr konnte man sich sowohl in diesen Kreisen als auch zu den Untergebenen hin natürlich, ungezwungen, normal menschlich und unkompliziert bewegen und ihnen nahe sein.

Bevor ich einschränkend sage, solche Konstellationen kennen wir unter veränderten Vorzeichen und Bedingungen auch in anderen Ländern, soll in Deutlichkeit festgestellt sein, daß unser „Klösterreich“ schon bestand, als es noch keine österreichischen Diözesen gab, wenn man von Salzburg als dem eigenständigen Fürstbistum absieht. Mit anderen Worten: Die Stifte waren über das bisher Geschilderte hinaus auch gewissermaßen Anlaufstellen für die weit entfernten Bischofssitze Passau, Freising und Regensburg. Darin sehe ich österreichische Entwicklung und Tradition. Das erklärt auch die Position der österreichischen Prälaten, die gerade heute wieder Bezugspersonen sind für viele Menschen, vor allem in den Stiftspfarren, für ihre Mitarbeiter und Mitarbeiterinnen und Freunde und alle jene, denen die kirchlichen Granden zu abgehoben, zu weltfremd vorkommen, aber auch aus den Gründen, die hinlänglich bekannt sind. Wie wir sahen, war in den Stiften stets der Realbezug eine Voraussetzung dafür, alle Aufgaben bewältigen zu können. Jedes Kloster ist eben für sich eine Art Minimundus, auf sich selbst gestellt auf Gedeih und Verderb. Simpel gesagt: Wir sind „steinreich" an Gebäuden und Baudenkmalen. Ich weiß, wovon ich rede und was es kostet, die Bausubstanz eines Stiftes – in Geras kommt Pernegg noch dazu – zu erhalten, zu erneuern und zu aktivieren. Für uns ist deshalb unabdingbar, den „Sitz im Leben" nicht zu verlieren.

Aus dieser Formulierung wird zugleich verständlich, warum die Menschen sich bei uns verstanden fühlen, weil wir wie sie im Alltag stehen und diesen zu bestehen haben. Das gesunde und verantwortungsvolle Miteinander währt seit Jahrhunderten. Es ist tief verankert in den Herzen der Menschen. Manchmal staune ich, daß man uns auch nach 1848, der Auflösung der Grundherrschaften, immer noch als „Herrschaft" betrachtet und sogar als solche bezeichnet. Im österreichischen Charakter findet sich das Bewahrende und das Beharrende, der Wunsch nach Beheimatung und Geborgenheit, sicher primär in der Familie, doch ein Gutteil gilt auch den gewohnten und lieb gewordenen Einrichtungen insgesamt. Wir sind überwiegend konservativ, dynamisch konservativ, also beweglich, offen für das Neue, aber immer rückbezogen in das Überkommene, in die Tradition, wobei dieser Begriff in seiner Wortwurzel aus dem Lateinischen „tradere" kommt: „übergeben, anvertrauen, empfehlen". Mit anderen Worten: Tradition ist nicht so sehr in das Vergangene gerichtet als vielmehr auch auf das Nachfolgende. Der Traditionalist ist etwas anders. Er ist stehen geblieben, der Fundamentalist hingegen einbetoniert.

Die Stifte sind aus ihrer Entstehung und Entwicklung in Österreich wichtige Elemente und Träger der Tradition. Sie bestehen unverändert seit Jahrhunderten, teilweise über mehr als ein Jahrtausend. In ihnen sind die Jahrhunderte förmlich lebendig geblieben, eine kurze Besichtigung macht das schnell deutlich. So kann sich in ihnen das schöne Wort von William Faulkner bewahrheiten: „Vergangenes ist nicht tot, es ist nicht einmal vergangen." Solche Entwicklung und Konfiguration fand ganz gewiß auch einen Niederschlag in unserer österreichischen Identität. Ebenso wird darin meines Erachtens erklärbar, weshalb es in Österreich bis jetzt noch nie zu größeren Zerstörungen oder Aufständen gekommen ist, vergleichbar etwa mit der Französischen Revolution und dies, obwohl sich zu dieser Zeit auch in Österreich geistige und gesellschaftliche Strömungen abzeichneten, die in eine Radikalisierung hätten führen können.

Was die Klöster und die Kirche anbelangt, verdanken wir Kaiser Joseph II., der früher aus eher ideologisch enger, kirchlicher Sicht seiner Reformen wegen geschmäht wurde, eine Art „Flurbereinigung" innerhalb der Klosterlandschaft: 850 Klöster löste er auf, sie wären schon lange nicht mehr lebensfähig, war das Argument. Die wichtigsten Stifte jedoch, denen die oben geschilderten Funktionen für das Land auf unverzichtbare Weise zukamen, ließ er samt Besitz und mit gesamter Gebäudesubstanz und Einrichtung bestehen. Diese Stifte sind daher in ihrer ununterbrochenen Tradition einmalig in ganz Europa und in der ganzen Welt. Als halber Bayer weiß ich, wovon ich rede; denn dort wurden wie in Deutschland überhaupt im Jahr 1803 alle Klöster säkularisiert und unwiederbringlich viele Werte und Kunstwerke zerstört.

Unser Weg in die Zukunft

Vor dem Hintergrund einer so einmaligen geschichtlichen Entwicklung der Kirche in Österreich sollte es uns gelingen, aus gewissen Schlußfolgerungen die Sicht nach vorne neu zu gewinnen. Ich stelle einmal fest, daß die Kirche in Österreich dank ihrer Geschichte und Einbindung in das Werden des ganzen Landes immer sehr anerkannt, präsent und geschätzt war. Nicht zuletzt sind es die Stifte, die gewissermaßen als Drehscheiben fungieren und verhindern, daß es zu Extrempositionen kommen konnte, eben aus der Einsicht in das Zusammenspiel zwischen Weltlichem und Geistlichem. Hier liegt wohl auch der Ansatzpunkt zum Verständnis einer recht typischen „Liberalitas Austriaca", der Fähigkeit nämlich, offen, frei, großzügig, eben liberal im Leben zu stehen, unter gleichzeitiger Einbeziehungen des sich Eingebunden-Fühlens in das Überirdische. Dabei handelt es sich nicht um das, was die Franzosen in den Worten andeuten: „laisser-faire, laisser-passer" – gewähren, treiben und vorbeigehen lassen. Zugegeben, ein bißchen mag diese dem Alter zustehende Weisheit, abzuwarten, ruhig zu bleiben, zu wissen, daß die „Suppe nie so heiß gegessen wie gekocht wird", auch Teil dieser von vielen bisher praktizierten Liberalität sein. Doch in Österreich resultiert solches, mehr oder minder instinktives Verhalten aus der geschichtlichen Entwicklung. Das ist der Sitz im Leben, die Wurzeln hiefür reichen in die Abläufe, die ich mich bemühte ein wenig darzustellen.

Hinzu kommt als ganz wichtiger Punkt solcher Betrachtung das Österreich prägende und bis heute bestimmende Erbe aus der k.u.k. Vergangenheit. Ein Vielvölkerstaat mit seinen unterschiedlichen Sprachen, Kulturen und Religionen, den zusammenzuhalten und zu regieren die Kapitale Wien geschaffen wurde – mit einem Kaiser als oberster Integrationsfigur, seiner Hofhaltung, in welcher sich letztlich alle Kräfte, nicht zuletzt die kirchlichen, eingebunden wußten. In Wien weht noch dieser Geist der Weite einer ganz besonderen Weltstadt, in der es immer gelungen ist, die unterschiedlichsten Kräfte zusammenzuführen und auf lange Sicht zu integrieren. Das Wienerische – so konnte ich es aus persönlicher Nähe zu meinen in Wien geborenen Mitbrüdern recht angenehm erfahren –, ist eine gute Mischung aus dem ethnischen Schmelztiegel aus Böhmisch, Ungarisch, Jüdisch und gewissen Merkmalen, die vom Balkan stammen; obendrein liegt der Ursprung Wiens ebenfalls im Römischen – in Vindobona. Der Grundzug des Wienerischen ist liberal, aber an die Tradition und die Formen des Traditionellen gebunden. Die Synthese, die alles umspannende, inspirierende, schöpferische Kraft war zu allen Zeiten in den Künsten und Künstlern gegeben. Darin lag auch die große Anziehungskraft, die Faszination der Stadt für die großen Genies auch von außen. Ich möchte gesondert noch später davon sprechen, weil ich darin auch unseren wirklichen Beitrag erblicke, den wir zur Verwirklichung der Aufforderung des Papstes Johannes Paul II. leisten können, nämlich „Europa eine Seele zu geben".

Diese konstante Vielfältigkeit in der Kontinuität österreichischer Geschichte, das ganz eigengeartete „Humankapital" in unserem Land verbunden mit den weltweit anerkannten Begabungen, die Österreich hervorbrachte, dies alles kann und muß Selbstbewußtsein vermitteln. Es darf sich nicht nur in der leichteren Art zu leben äußern, nach dem Motto der Gegenüberstellung zwischen Deutsch („Die Lage ist ernst, aber nicht aussichtslos") und Österreichisch („Die Lage ist aussichtslos, aber nicht ernst"). Diese lebensbejahende, lebensfrohe Menschlichkeit der Österreicherinnen und Österreicher bezieht ihren letzten Urgrund aus dem Bewußtsein, Christen, Erlöste zu sein. Dieses können wir vermehrt und erneuert in unseren Alltag, in das Bewußtsein aller Menschen einbringen, verstärkt durch die Verkündigung jener Einsichten in unser Sein als Kirche, wie wir es dem Konzil zu verdanken haben. Dann kommt Geborgenheit auf, dann gilt für uns alle die Maxime, die der wohl berühmteste Moraltheologe des 20. Jahrhunderts, Bernhard Häring, als Titel dem Bericht über sein Leben voranstellt: „Geborgen und frei."

Aus dieser Geborgenheit resultiert wahre Freiheit, zugleich aber die Sehnsucht der Menschen in unserem Land nach Frieden, selbst unter teilweiser Aufgabe des eigenen „Justament"-Standpunkts. Man bemüht sich in Österreich weitgehend um Ausgleich – eine Einstellung, die sich in den letzten Dezennien so weitgehend zu Buche schlägt, daß die überwiegende Mehrzahl der Österreicher die Neutralität für ihren Staat wünscht. Leider wurde von Seiten gewisser kirchlicher Kreise in den abgelaufenen Jahren dieses normale und für gewöhnlich gute Miteinander, diese bewußt oder unbewußt erlebte Geborgenheit in der Kirche teilweise recht mutwillig in Frage gezogen oder sogar zerschlagen. In Österreich wünscht man sich keine Radikalisierung. Sollte sie einmal eintreten, wie etwa 1934, dann sind die Narben und Schädigungen nachhaltig zu verspüren, Abgrenzungen dauern lange an. Sollten sie quasi kultiviert werden, dann könnte Gefahr drohen. Was allerdings die einst so starren Fronten in der österreichischen Parteienlandschaft anlangt, kann der Einsatz einer Persönlichkeit vom Format des Kardinals Franz König gar nicht hoch genug angesetzt werden.

Kardinal Franz König, die „rote Eminenz", wie ihn manche scherzend nannten, war und ist „Brückenbauer" (= Pontifex) im besten Sinne des Wortes, wie er gleichzeitig bis jetzt die echte Verkörperung all dessen darstellt, was für die überwiegende Mehrheit der Österreicher ein „wahrer Kirchenfürst" sein soll, wie wohl er ganz sicher dieses nicht zu repräsentieren wünscht. In dieser Persönlichkeit, weltweit anerkannt als Wissenschafter, Diplomat (etwa im Auftrag von Papst Paul VI.) und Begründer von „Pro Oriente", einer auch nur in Österreich anzusiedelnden ökumenischen Bewegung, deren Früchte auf Langzeit aufzugehen versprechen, in Kardinal König wird selbst über Glanz und Prunk barocker Liturgieentfaltung hinaus eine Aura von Würde und Menschlichkeit transparent. Da bleibt nichts Fassade oder Schablone!

Daß wir also als Katholiken heute sehr wohl einer sozialdemokratischen Partei ebenso angehören können wie der christlichen Volkspartei – beziehungsweise jeder anderen Partei –, ist das Verdienst des Alterzbischofs von Wien. Integration bewirkt zugleich Motivation. Daß die Parteienlandschaft von aktiven Christen in allen „Lagern" gestaltet werden kann, hat sie mittlerweile entkrampft, der Ausgleich zur Kirche wurde gefunden. Mögen Einrichtungen eines Proporzsystems immer noch Erinnerungen wachrufen an die nach 1945 notwendige Überwindung alten Bürgerkriegsdenkens: Es handelt sich um überholte und endgültig zu entfernende Zeichen alten Mißtrauens sowie einer nicht mehr tragbaren parteipolitisch ausgerichteten Verpfründung und Langzeitversorgung. Sollte selbst Dr. Jörg Haider seine eigenen Wahl- und Werbeslogans, die freilich teilweise aus der sehr viel gefährlicheren Mottenkiste abgelaufener Zeiten des „tausendjährigen Reich" entnommen zu sein scheinen, durch neues staatsmännisches Verhalten Lügen strafen, dann rückt in greifbare Nähe, was man in Hollywood unter dem Slogan „back to the future" auf die Leinwand projiziert: „Zurück zu dem, wo unsere sicheren Wurzeln für die Zukunft liegen".

Die Menschen in Österreich und vor allem die Katholiken wünschen sich keine Demontage, sondern Kontinuität. Dieses Fortführen des Bewährten war in der Kirche Österreichs bis zum Auftreten jener Persönlichkeiten kein Problem, die offenbar nur deswegen ans Ruder kommen konnten, weil sie sich als Vollstrecker einer gezielten Gegenbewegung von Rom her benutzen ließen. Bei einzelnen wurde auch ihre Politik erkennbar, die sie selbst betrieben, um zu Ehren zu kommen, und sei es nur ihr überzogener Einsatz in Sachen Sexualmoral, für deren präzise Detailangaben ein schon verstorbener Professor des Stiftes Heiligenkreuz zitiert sei, der einmal seine Hörer unschuldig fragte: „Ja, woher wissen Sie denn das?“ Zunächst gab es gewisse kritische Stimmen und eher verhaltene Proteste; denn lange Zeit wurde diesen gewissen, neuen Bischöfen ebenfalls Toleranz und die gut österreichische Liberalität entgegengebracht. Viele kümmerten sich auch nicht um diese kircheninternen Entwicklungen, sie konnten sie gar nicht durchschauen. Zu groß war der Respekt, zu verankert die Rom-Hörigkeit. Erst als abzusehen war, worum es letztlich ging, nämlich um eine beabsichtigte, grundlegende Kehrtwendung, die obendrein recht unprofessionell, aber dafür mit umso mehr Klamauk inszeniert wurde, als sodann nicht mehr zu übersehen und zu überhören war, daß es zu der offenkundig auf den Papst bezogenen, aber zweckorientierten Marienfrömmigkeit eine Kehrseite gab, die schließlich zum Skandal eskalierte, da kam es zum lauten, offenen Protest, zu Kirchenaustritten in gesteigerter Zahl, da waren diese Zustände in der Kirche für lange Zeit Tagesgespräch. Im Grunde wären zu diesem Zeitpunkt ganz gewiß noch viel mehr Katholiken bereit gewesen, das „Kirchenvolksbegehren“ zu unterschreiben, wäre es nicht auch ein Teil des österreichischen Wesens – siehe oben –, neutral zu bleiben. Die innere Erregung aber ist bis jetzt nicht abgeklungen; denn darin beweist sich ja die Richtigkeit meiner Feststellung: Austria christiana et catholica – österreichisch ist christlich und katholisch!

Mögen unsere geschätzten Schwestern und Brüder anderer Konfessionen diese meine Bemerkung nicht mißverstehen! Ich möchte unter keinen Umständen ausgrenzen noch qualifizieren; diese Äußerung bezieht sich auf das Wesen des Österreichers, des „Sowohl-als-auch“ („Neutral-sein-wollens“), und das ist eben „katholisch“, im letzten urchristlich. Jesus empfahl uns, „das geknickte Rohr nicht zu brechen". Unsere gelebte, bewährte und gewohnte Liberalität liegt in der Geschichte dieses Landes begründet. Daher ist hinzuzufügen: Wer dagegen ankämpft, etwa durch einseitige Ausrichtung nur auf Rom oder durch fundamentalistische Tendenzen, der verkennt nicht nur die „österreichische Seele" und Mentalität, der geht auch an der eigenen Geschichte und an den historischen Wirklichkeiten vorbei. Der österreichische Katholizismus befindet sich, wie ich es in kurzen Zügen zeigen wollte, auf dem soliden Boden einer ununterbrochenen und fortwährenden Kontinuität des Christentums; dazu gehören ein hoher Grad von Integrationsvermögen, Respektierung sowie Toleranz aller partiellen Eigenentwicklungen. Daß das Haus Habsburg den Katholizismus über die Reformation stellte, ist eine Tatsache. Damit in Zusammenhang erfolgte Gewalttätigkeiten kamen eher von kirchlichen Regenten. Es darf aber auch nicht übersehen werden, daß Kaiser Joseph II. ein Toleranzedikt (1782) erließ und seither zwar Österreich nach wie vor als katholisches Land galt, aber wir fortan im guten Miteinander mit allen übrigen Religionsgemeinschaften lebten. In Deutschland und nicht nur dort wirken der Kulturkampf des 19. Jahrhunderts und nicht minder die nachfolgenden Restaurationsbemühungen der Kirche um Klöster, Schulen usw. sehr viel mehr bis heute nach und verhärten noch immer ein bißchen die Positionen, worin wir uns Gott sei dank unterscheiden.

Bleibt festzuhalten: Die österreichische Kontinuität ist nicht nur abendländisch, sie ist in dieser Form einmalig in Europa, weil überall sonst viel zu viele tiefe Einschnitte, Bruchstellen und Vernarbungen im Verlaufe der Geschichte der europäischen Völker festzustellen sind. Zum vorher Gesagten sei nochmals ein Zitat wiedergegeben aus dem Buch „Wir klagen an" (S. 224, Aufbau-Verlag Berlin 1999) und der Blick auf die römische Kurie gewendet: „Um ihrem unsauberen Treiben göttliche Glaubwürdigkeit zu verleihen, versuchen tüchtige Prälaten, den Willen des Heiligen Vaters mit ihren rein menschlichen Zielen in Einklang zu bringen. Man muß nur seine Reden ein wenig ausschmücken, um die dahinterstehenden Ideen zu verschleiern: Da sie es gewohnt sind, sich selbst nicht zu offenbaren, gelingt ihnen Ähnliches aufs vortrefflichste mit Gott. Verbergen, um sich selbst zu verbergen. Um dieses Ziel zu erreichen, mangelt es nicht an Ideen, sie verfügen über eine überbordende intellektuelle Produktivität; bleibt nur noch die Qual der Wahl ... Was muß man sich nicht alles einfallen lassen, um zu zeigen, wie sehr man vom Wind im Vatikan getragen wird!"

Auf das falsche Pferd gesetzt

Was den österreichischen Katholizismus angelangt, wiederhole ich mich und betone umso vernehmlicher, denn dazu besteht schließlich Anlaß: Vor dem Hintergrund der ununterbrochenen Tradition als christlich-katholisches Land bis hin zu den Anfängen des Christentums läßt sich beteuern, daß wir römischer sind als manche römischen Ämter und Institutionen. Nirgendwo in Europa ist diese Überlieferung so intakt wie in Österreich. Nicht zu übersehen nämlich: Da wütete nicht nur in Frankreich die Revolution, da wurde auch der Kirchenstaat in Italien demoliert, und Garibaldi eroberte und „befreite" Rom von der Herrschaft der Päpste. Es gibt keine Zweifel, wir in Österreich stehen auf einem soliden Fundament ältester und ungebrochener Tradition. Gerade nach den Versuchen, uns „katholisch" im Sinn von „Krenn & Co." zu machen, zugespitzt und eingeengt auf nur „römisch", kann diese Erfahrung nach allen Erschütterungen und Verunsicherungen heute nur mehr unser Selbstverständnis und Selbstbewußtsein stärken. Zur Verwirklichung bedarf es der großen Persönlichkeiten und nicht minder eines jeden von uns, die wir alle zusammen Kirche sind. Apparatschicks ohne Sicht über den Tellerrand oder über den Kirch- oder Stephansdom hinweg in die weite, nicht minder nahe, große Welt mit ihren Nöten und dramatischen Veränderungen, von den erforderlichen Visionen auch in die Zukunft unserer österreichischen Kirche gar nicht zu reden, stehen letztlich ganz und gar außerhalb unserer Tradition. Es mangelt ihnen obendrein an Religion, an „religio", an der Rück- und Einbindung in das Volk Gottes. Sie werden in dieser Form nicht voran kommen. Leider hinterlassen sie viele Opfer, aber ihre Strategien sind mittlerweile weitgehend durchschaut, vor ihrer Politik haben wir uns zu hüten.

Unsere Blicke müssen in die Zeit danach und in die Zukunft gerichtet sein. Ein Volk, dem Schönen so zugetan wie das österreichische, mit so vielen schöpferischen Kräften und ungeahnten Talenten ausgestattet, benötigt und verdient Hirten, die geeignet sind, mitzuhelfen, daß Österreich seine Einzigartigkeit aus abendländischer Tradition in ein gemeinsames Europa erfolgreich einbringen kann. Nicht umsonst will Papst Johannes Paul II., daß wir Europa eine „Seele" schenken. Ihm, dem Sohn eines k.u.k.-Offiziers, dürfte dies offensichtlich mehr bewußt sein als jenen, die persönliche Ziele verfolgen und die Fahne nach dem „Wind im Vatikan" richten. Zugegeben, einige von ihnen kamen auf diese Weise zu Erfolg. Es könnte dennoch bald passieren, und darum beten viele, daß sich erweist, wie sehr sie in Rom auf das falsche Pferd gesetzt haben.

Nicht primär die Geschichte ist es, die Österreich zur „Austria christiana" macht, es sind natürlich die Menschen in ihrer schon früher angesprochenen Vielfalt, die aus der Kraft ihres Glaubens in Treue zur Kirche stehen und – dieses scheint mir ganz ausschlaggebend zu sein – alle ihre Talente einbringen, ja seit Jahrhunderten einbrachten. Als Land der Dome und der großen Söhne wird Österreich gerühmt. Was wäre dieses Land ohne seine Kirchen, Klöster und Kapellen? Ich weiß nicht und wage nicht zu entscheiden, worin das Österreichische in Verbindung mit dem Katholischen seinen ganz besonderen, eigenständigen Ausdruck mehr finden könnte, ob in seinen großartigen kirchlichen Bauten und allen Gegenständen der bildenden Kunst, Buchkunst, auch Literatur miteingeschlossen, oder in der Musik? Eines steht weltweit außer Diskussion: Es gibt kaum ein zweites Musikland wie Österreich. In den ungezählten Kompositionen der großen Genies, die Österreich hervorgebracht oder die es angezogen hat, gelang und gelingt noch immer die innigste Symbiose zwischen Kunst, Religion und Gläubigkeit. Es reicht ein Leben nicht, um auskosten zu können, wie viel an Empfindung, an Ausdeutung der in den liturgischen Texten vorgegebenen Inhalten und an Schönheit die großen Meister etwa der Wiener Klassik geschaffen und der ganze Welt geschenkt haben.

Künstler zurückgewinnen!

Eines sei hinzugefügt, worin wieder Einmaliges, Unverwechselbares, alle Zeiten und Dimensionen Überschreitendes faßbar wird, nämlich wenn alle Künste vereint sind, etwa in St. Stephan oder im Dom zu Salzburg, um einen Gottesdienst mitzugestalten: Nicht nur, daß darin das umfassendste Gesamtkunstwerk – mit keiner Oper vergleichbar, die immer nur auf der Bühne inszeniert wird – sich ereignet (Hermann Nitsch bleibt bescheidenes Plagiat), sondern hier begegnen einander, vereinigen sich zumindest für den Glaubenden das Überirdische mit dem Irdischen, das Ewige ist in Brot und Wein präsent, das wir empfangen und in diesem Augenblick, in das Ewige eintauchend, wir selbst werden. Wieder bin ich also bei Augustinus und hoffe, daß wir den Vorgaben des Konzils immer mehr zu folgen imstande sein werden, daß die Träger solcher Liturgien sich dessen bewußt und würdig erweisen können. Auf diese Weise, in allen Details und Diensten überzeugend dargeboten, entfaltet sich eine, vielleicht die höchste Form der Verkündigung, kann sich die „Seele zu Gott erheben", auch wenn der staunende Betrachter weder gläubig noch getauft sein sollte.

Dieser Ansatzpunkt wäre wichtig, um die Künstler unserer Tage aufs Neue zu gewinnen. Seit Jahrzehnten gehen uns wertvollste Kräfte verloren. Wir bauen zwar neue Kirchen, aber oft wagen wir nicht, alles bis zu Ende durchzukonzipieren und auszugestalten. Es tut oft weh, wenn man sehen muß, in welch unwürdigen, aus einem Kitschkatalog als Massenware gekauften Taufgefäßen zum Beispiel das Sakrament der Erlösung gespendet wird. Da wäre ein unendlich großer Handlungsbedarf, weil nicht zuletzt in allem unsere Einstellung zum Inhalt selbst in solchem Äußeren, Formalen einen Ausdruck erfährt. Der Innovationsbedarf also ist groß, weil sich in den verschiedenen liturgischen Gefäßen auch die Zeichenhaftigkeit der Sakramente widerspiegelt. Diese Zeichen wiederum müssen heutig und allgemein verständlich sein. In ganz besonderer Weise ist es die Sprache, das gesprochene Wort, dem wir unsere ganze Aufmerksamkeit zu widmen hätten. Es ist jetzt schwieriger, in der Landessprache – sie ist nicht für alle im Seelsorgedienst stehenden Priester zugleich Muttersprache –

das Wort Gottes so zu verkündigen, daß jeder Zuhörer nicht nur den Inhalt hört und aufnimmt, sondern zugleich empfinden kann: Da trägt einer vor, der von dem Gesprochenen nicht nur überzeugt, sondern zutiefst berührt ist.

Was zusätzlich den Einsatz in Gottesdienst und Liturgie geradezu erschwert, ist die Tatsache, daß wir förmlich durch Radio und alle modernen Medien ständig in ein Konkurrenzverhältnis zu den hervorragendsten Solisten und Könnern in Musik und auf der Bühne gebracht werden. Da der Mensch ein Sinnengeschöpf ist, deshalb ist das Wort Fleisch geworden. Auch das Fleisch muß dem Wort gerecht werden, wenn ich so leichtfertig diese Aussage des Evangelisten Johannes abwandeln darf. Zudem kann ich auch in der schlichten Gestaltung eines Gottesdienstes sehr wohl variieren, um die Mitfeiernden miteinzubeziehen, indem ich Unterschiede mache zwischen Festtag und Alltag oder Mitgefühl vermittle von Freude oder Trauer. Künstler sind auf ihren Gebieten die wichtigsten „Umsetzer", der Liturge muß sich sozusagen als Allrounder bewähren. Deshalb ist der Gedanken- und Erfahrungsaustausch und der Austausch in der Methodik, das Miteinander zwischen Kirche und Künstler so wichtig. Traurig, daß in der letzten Zeit die internen Lager- und Kirchenkämpfe viele kreative Menschen aus der Kirche vertrieben haben. Wir sollten sie, und zwar mit konkreten Aufträgen und Aufgaben wieder zurückgewinnen. Wie schon gesagt gibt es großen anstehenden Innovationsbedarf, der künstlerisch wertvoll und gemessen an der Tradition Österreichs zu bewältigen wäre. Da sind die ungezählten Künstlerinnen und Künstler, viele mit internationalem Renommee. Es liegt nur an uns in der Kirche, die Menschen zu motivieren und zu berufen. Viele vom Konzil geschenkte, neue bzw. erneuerte Inhalte gehörten in die adäquaten Ausdrucksformen gegossen, um wieder als deckungsgleich gelten zu können.

An dieser Stelle möchte ich von einem Erlebnis berichten, um anzudeuten, was ich unter Begeisterung verstehe, wie man auch heute bei Ausnützung jenes Spielraums, den die Rubriken zulassen, ein Fest feiern kann, das Freude in das Leben selbst der Ärmsten zu bringen vermag. Ich war 1997 zum zweiten Mal bei meinen Mitbrüdern in Itinga (Bahia) in Brasilien, einer Pfarrgemeinde mit etwa 80.000 Katholiken in den Armensiedlungen, einem reinen Invasionsgebiet vor der Millionenstaat San Salvador de Bahia. Dom Luca Kardinal Moreira Neves O.P., damals noch Erzbischof von San Salvador, jetzt wieder an der Kurie in Rom, lud Klerus und Volk zu einer Feier in das Fußballstadion der Stadt ein, bei der er 1000 Erwachsenen die Taufe spenden wollte. Alles war – dies sah man auf den ersten Blick – bestens vorbereitet. Für jeden Täufling, der im Innenring des Stadium seinen Platz einnahm, stand ein aus Keramik geformtes, großes und schönes Taufgeschirr bereit. Neben dem Täufling hatten die Paten, die Familie ihren Platz. Der gesamte Klerus der Diözese war da, eine recht heterogene Gruppierung mit Priestern aus der ganzen Welt, die sich aber alle zu kennen schienen, denn es war eine so heitere, gelöste Atmosphäre, man verständigte sich in allen Sprachen, zog fast beschwingt mit dem Erzbischof und den Weihbischöfen, der Abt von S. Bento und meine Wenigkeit folgten, in das Stadium ein. Fröhliche Weisen wurden musiziert, gesungen, durch rhythmische Instrumente, die uns aus den südamerikanischen Tänzen vertraut sind, verstärkt, und begleiteten den ganzen Gottesdienst, wobei die etwa 50.000 Menschen immer wieder ihr „Eviva Jesu" riefen. Ein Höhepunkt war die Predigt, die letzte Katechese so ungefähr für die Täuflinge, zugleich eine Art Aufmunterung auch für alle Anwesenden, vor allem an die Paten und an die Priester gerichtet, die zuständigen Pfarrer, die im Anschluß an die Worte des Erzbischofs ihren zukünftigen Gemeindemitgliedern die Taufe spendeten.

Kernsätze der Predigt wiederholte das ganze Volk im Chor, was natürlich eine ungeheuere, kaum mehr zu überbietende Woge der Begeisterung auslöste. Etwa fünf Stunden dauerten der Gottesdienst und die Zeremonien, als es nochmals zu einer Steigerung kam: In kleiner Prozession wurde der Schrein mit den Gebeinen der heiligen Theresia von Lisieux hereingetragen. Gleichzeit hörte man das Brummen einiger Hubschrauber, die verhältnismäßig tief über das Stadion flogen – so tief, daß ich mich verwundert fragte, was diese Aktion solle oder ob es sich vielleicht um eine gezielte Störaktion handle. Doch schnell waren diese Überlegungen zunichte gemacht und verflogen, als es Rosenblätter vom Himmel regnete, eben wie es die heilige Theresia einstens vorausgesagt hatte. Applaus und Begeisterung verrieten fast Fassungslosigkeit bei den Menschen, die alle schnell wieder in ihre armen Hütten zurückkehren mußten, aber mit einem Herzen voll Freude und dem Bewußtsein: Das ist unsere, meine Kirche! Wir sind geborgen, getragen, beheimatet in dieser Gemeinschaft, die alt und ewig jung, völlig auf der Höhe der Zeit und modern ist. Möglichkeiten gäbe es also sehr viele. Ideen, Mut, Begeisterung im eigenen Herzen sind Voraussetzungen für derartige Feste und Gestaltungen. Natürlich geschieht dies in den einzelnen Ortskirchen vor dem Hintergrund eigener Kultur, Tradition und Mentalität.

Es gäbe wahrscheinlich noch viele andere Möglichkeiten zum Feste feiern. Leider wurden auch auf diesem Gebiet die Reformen, wie in vielen Punkten so auch in der Kirchenmusik, „im Sprunge gehemmt". Teilweise legte Rom durch das Festschreiben in Rubriken schon wieder neue Fesseln an. Die österreichischen Benediktiner hatten beispielsweise die Vertonung der Melodien für ihr deutsches Brevier bei dem Komponisten und prominenten Musiker Peter Planiavsky in Auftrag gegeben. Ebenso hatte der berühmte Anton Heiller schöne Kompositionen sogar noch für das lateinische Ordinarium und manche Propriumstexte (für „Os iusti" liegen Melodien von Heiller vor) geschaffen. Dies nicht zuletzt deswegen, weil wir heute ein völlig verändertes Rhythmus- und Melodieverständnis besitzen. Man denke an die griffigen, frohen, meist mit zeitnahen Texten versehenen sogenannten rhythmischen Gesänge der Jugend!

Was die Neugestaltung der Breviere in Deutsch anbelangt, so autorisierte Rom am Ende doch nur die wenig sanglichen, aber an der lateinischen Choralvorlage sich orientierenden, einigermaßen wie „kastriert" – „sit venia verbi" – klingenden deutschen Melodienvariationen der Gregorianik. In Frankreich hatte man den Mut, vermutlich durch die von Taizé ausgehenden, alle mitreißenden, neuen Gesänge inspiriert, sich von den herkömmlichen Psalmtönen zu befreien und moderne Melodien und Töne des Psalmengesangs bis hin zur so schönen Praxis der mehrstimmigen Falsi-Bordoni-Interpretation einzuführen. Ein Erlebnis für jeden, der sich hineingenommen fühlen darf in solch packende, die Geheimnisse unseres Glaubens vermittelnde Gottesdienste! Ganz nebenbei ist mir schon klar, warum auch unsere Jugend zu den Brüdern von Roger Schutz nach Taizé pilgert:

Dort versteht man es, sie zu faszinieren und eine offene Welt des Gebets, der Begegnung und des frohen Christ-Seins zu leben und an andere zu übermitteln! Von dem im Jänner 2000 verstorbenen österreichischen Pianisten Friedrich Gulda hörte ich, gefragt, warum er sich dem Jazz zugewendet habe, den Ausspruch: „Für mich ist Musik eine Lebensfrage." Ein wahres Wort, das auf die Gestaltung unserer Gottesdienste zu übertragen wäre. Erinnern wir uns, daß der heilige Ambrosius die Arianer, deren Erfolg nicht zuletzt in der Art der musikalischen Ausgestaltung ihrer Gottesdienste bestand, eben durch neue, offenbar noch attraktivere, noch zündendere Melodien und Texte die Hymnen bezwang! Nach der „Vita Severini" waren die im Kamptal siedelnden Rugier damals schon Christen, aber in der Ausrichtung nach Arius. Also alles nicht so weit von uns entfernt. Alles Teil unserer Tradition.

Eines sei hinzugefügt: Im „Gotteslob", unserem gemeinsamen deutschsprachigen Gebets- und Gesangbuch ist ein guter Schatz an Melodien, Texten u. a. gesammelt, der noch kaum ausgeschöpft wurde, in dem aber sehr wohl der Geist des Konzils einen erfreulichen Niederschlag gefunden hat. Daß der Österreich-Teil etwas zu kurz kam, daran sind wir selbst größtenteils nicht ganz unschuldig. Vieles wurde eben versäumt. Die Umsetzung des Liedgutes in den einzelnen Pfarren, ganz besonders wenn sie Kleinpfarren sind, erfordert natürlich sehr viel Geduld und sollte durchaus auf Langzeit betrachtet werden.

Wie schon angedeutet, unterliegen wir heute einem gesteigerten Qualitätsdruck, was das Gestalterische in der Liturgie anbelangt. Das „Messe-Lesen" ist vorbei. Wir sollten – das ist der Auftrag des Konzils – auch darin, selbst wenn der Inhalt nicht von uns stammt, mehr auf Qualität als auf Quantität Bedacht nehmen. Daß jeder Priester oder nach Möglichkeit viele Gläubige täglich die Messe feiern bzw. mitfeiern, ist der Endpunkt einer Entwicklung, die sicher nicht primär am Verständnis der Abendmahlfeier und an der Praxis der Urkirche – „Sie versammelten sich zum Brotbrechen" – gemessen werden kann. Wir lernten noch im kirchlichen Gesetzbuch den Paragraphen, jeder Priester müsse wenigstens „quater in anno" – „viermal im Verlaufe eines Jahres" seinen Ordo, seine Weihevollmacht, aktivieren, indem er viermal des Jahres eine Messe liest. Der Priestermangel zwingt uns allmählich, die Messen zu reduzieren. Nach wie vor sträuben wir uns dagegen, gewissermaßen mit schlechtem Gewissen. Ich finde, wir sollten darin durchaus auf die Menschen vertrauen, die entweder zur Feier der Gottesdienste kommen oder auch nicht. Das Kommen-Können spielt ebenfalls eine Rolle. Die Mitfeier sollte Bedürfnis, nicht Gebot unter Sündenandrohung sein. Für uns Priester käme das „Messe-Lesen" im Solo sozusagen, also ohne Volk und Ministranten, einem gesteigerten Heils-Egoismus gleich. Manchmal könnte obendrein der Verdacht aufkommen, da wird nur eine Intention persolviert, also Geld gemacht. Im Versorgungsdenken geschieht es auch, daß manche Priester an Sonntagen, vor allem, wenn sie die Vertretung der Nachbarn auf Gegenseitigkeit übernommen haben, im Stundentakt vier Messen nacheinander an einem Vormittag per Fließband förmlich absolvieren. Früher war solches untersagt. Ich frage mich, wie ein Priester dazu in der Lage ist. Wie ist er eines inneren Mitvollzugs noch fähig? Solche Aussagen – sie beruhen auf Tatsachen – mögen furchtbar klingen, aber sie seien in dieser Deutlichkeit vorgetragen, um vermeiden zu helfen, daß darin unter Umständen gewisse Fundamentalisten, orientiert an „frommen Übungen" der Vorzeit vor dem Konzil, zumindest was die „Privatmesse" anbelangt, noch vermeinen, Gott und der Welt einen Gefallen zu tun.

In den Aufzeichnungen der Pfarre Eibenstein aus der Barockzeit, als Eibenstein 1730 erstmals seit 1567 wieder einen eigenen Pfarrer erhielt, steht zu lesen, daß bis zu diesem Zeitpunkt an einem jeden dritten Sonntag im Monat ein Priester aus Drosendorf kam, um Gottesdienst zu feiern und die Sakramente zu spenden. Ich wünsche uns den Mut, den neuen Gegebenheiten zu entsprechen, ohne die Schlechtigkeit der Zeiten anzuprangern oder nach altem Herkommen mittels der Kirchengebote einfordern zu wollen (Bischof Krenn), was nicht mehr das Selbstverständnis unserer Kirche, des Volkes der Erlösten, ausmacht. Im Alten, im Überholten spiegelt sich das Versorgungsprinzip wieder, ein quasi mechanisches Verständnis von Heilsvermittlung, von dem schon die Rede war. Ich verstehe: Solche Abläufe waren faßbar, leicht vermittelbar, kodifizierbar, ja, es ist leider hinzuzufügen, damit konnte auch instrumentalisiert, daran konnte nach Gut und Böse gemessen werden. Aber Religion besagt nicht Rückversicherung, sondern Rück- und Einbindung in das Heilsgeschehen, das durch die Taufe in uns grundgelegt wurde, damit wir dem „Werk der Erlösung dienen" können (Oration in der Marienmesse an Samstagen).

Ich darf nochmals verdeutlichen: Jeder Gottesdienst sollte für alle Beteiligten ein Ereignis werden. Dafür bedürfen wir der Künste, um, über unser Wahrnehmungsvermögen ganzheitlich angesprochen, auch motiviert zu werden, um das uns geschenkte Heil in uns mit Hingabe erfahren zu können. Damit ich verstanden werde, möchte ich an die berühmte Motette „Locus iste, a deo datus est" – „dieser Ort ist von Gott geschenkt" erinnern, die wir dem so urösterreichisch, katholischen, mit dem Stift St. Florian so eng verbundenen und dort auch beigesetzten „Musikanten Gottes", Anton Bruckner, verdanken. Wer je diesen von einem guten Chor vorgetragenen Gesang in sich aufnehmen konnte, vielleicht sogar in der Kirche von St. Florian oder an einem ähnlich schönen Ort und Gebäude, der weiß, was ich unter Gesamtkunstwerk verstehe, in dem Überirdisches das Irdische zu berühren vermag. In solchen Augenblicken weiß ich freilich nicht, ob es das Religiöse in mir ist, das mich fast zu Tränen rührt, oder die Musik. Ich weiß aber, daß viele Menschen, ganz besonders eben in Österreich, ähnlich empfinden. Deshalb wäre es unsere Aufgabe, das Schöne als Abglanz des Göttlichen in jener Sprache, alt und neu, ewig und heute verbindend, mit allen nur möglichen Künsten und künstlerischen Kräften unsers Landes als ganz eigenständigen, aus unserer Tradition mächtig genährten Beitrag, als „Seele" in die Strukturen und in die virtuellen Welten Europas und einer künftigen Zeit einzubringen. Wir als Kirche haben alle Voraussetzungen dafür. Lassen wir uns herausfordern und warten wir nicht auf weitere „Kommandos" – es muß uns Anliegen sein. Darin könnten wir selbst Begeisterung finden und durch unser Beispiel Begeisterte, die uns folgen, nicht zuletzt unter den Jugendlichen, gewinnen.

In Ergänzung sei angefügt: Das moderne amerikanische Management spricht heute von folgenden Erfordernissen für ein erfolgreiches Unternehmen: Visionen, Ethik, Qualität, Offensein für Innovationen und lernende Organisation. Laut Forschungsergebnis Goleman beruht der Erfolg eines Managers zu 20% auf dem Intelligenzquotienten, zu 80% aber auf der emotionalen Intelligenz. Für uns Christen gibt es viel weitere und tiefere, ja unendliche Bezüge – sollte uns diese statistische Aufschlüsselung nicht auch provozieren?

Was Klöster leisten könnten, sollten

Kehren wir in den Alltag zurück, fassen wir wieder Boden! Ich stehe voll im Leben, ausgesetzt dem wirtschaftlichen Druck als Unternehmer, dessen wichtigste Motivation aus den religiösen Wurzeln getragen wird: Ich stehe im Gehorsam, in Pflicht meiner Kommunität gegenüber, besitze als Stiftsangehöriger kein Eigentum, nicht einmal unabhängige Verfügungsgewalt, weiß mich für eine Region und die Menschen dieses benachteiligten Gebietes im Sinn unserer Stiftung gefordert, empfinde jedoch im Letzten meinen Einsatz als Zeugnis dafür, „daß in allem Gott verherrlicht werde". Dieses „U. i. o. g. d." – „ut in omnibus glorificetur deus" kann man gelegentlich über einem Eingang in ein Benediktinerkloster lesen. Es ist eine grundlegende Motivation für Menschen. Ihr folgen die Benediktiner, seit es die Regel des Römers(!) Benedikt gibt, dem wir diese wichtige Maxime für ein alles übersteigendes Arbeitsethos verdanken. Darin liegt zugleich Erfolg begründet. Nicht umsonst kann man die Benediktiner als bedeutende Baumeister des Abendlandes bezeichnen. In diesem Geist wurde ich bei den Benediktinern erzogen und bleibe ihnen ein Leben lang dafür Dank schuldig. Eine zusätzliche Motivation stellt für mich wie vermutlich für die meisten Mitglieder eines Stifts oder für Familien, wie etwa im Adel, deren Besitzungen und Kulturgüter in eine jahrhundertealte Tradition zurückreichen, die Tatsache, daß unser „Unternehmen" seit 1153 besteht. Das ist und war mir Maxime, die ich gerne an meine Mitarbeiter und Mitarbeiternnen unter dem Hinweis weitervermittelte: 850 Jahre besteht Stift Geras, es liegt an uns, für die nächsten 850 Jahre den bestmöglichen Beitrag zu leisten! Soweit so gut. Der Alltag sieht natürlich anders aus, deswegen erzähle ich von meiner Einstellung und Eigenerfahrung. Es sind die kleinen Schritte, die täglichen Mühen, verbunden mit dem persönlichen Einsatz, als beste Einladung, damit jede und jeder seine volle Kraft einzubringen gewillt ist, immer gemäß den notwendigen Abläufen und Betriebsstrukturen und mit dem Ziel, daß zugleich die Identifizierung mit dem Ganzen eines Betriebs entstehen sowie persönliche Erfüllung für den einzelnen gefunden werden kann. Die Gehaltsanweisung, der Leistungsaustausch sozusagen, sollte gerade für uns Christen nicht die einzige Ebene sein, auf der wir, selbst unter Leistungsdruck und Erfolgszwang, im Alltag kommunizieren.

Hierin sehe ich eine immer wichtiger werdende Aufgabe der Stifte und insgesamt der Kirche. Gerade in Österreich, dank der überkommenen Besitzstrukturen, die, wie gesagt, bis auf unsere Stifter zurückgehen, mit denen freilich ebenso ein Stiftungsauftrag verbunden ist, sind wir in die Lage versetzt, Arbeitsplätze zu sichern und zu schaffen. Unsere Stiftungen dürfen nicht Selbstzweck sein, sie waren es nie, wenngleich manchmal solche Versuchungen drohen. Es müßte uns ganz im Gegenteil sogar gelingen, eine gewisse Vorreiterrolle einzunehmen, jene Prinzipien, die im Evangelium, in päpstlichen Enzykliken und etwa für uns in dem ausgezeichneten Sozialhirtenbrief der österreichischen Bischöfe grundgelegt sind, in die Tat umzusetzen.

Heute stellt sich angesichts der Massenarbeitslosigkeit und der kaum mehr zu finanzierenden Pensionen die Frage bereits weiter: Gibt es überhaupt noch Arbeit für alle? Wenn ich richtig über einen Vortrag eines Kenners und Fachmanns informiert bin, dann erklärte dieser im Verlaufe seiner Ausführungen, daß innerhalb kurzer Zeit nur mehr 53% menschlicher Arbeitseinsatz im Vergleich zu heute nötig sein werde, um die 100%ige Erzeugung und Versorgung der gesamten Menschheit gewährleisten zu können. Er fügte hinzu: „Die Versprechungen der Politiker von Vollbeschäftigung sind verantwortungslos." Wäre hier nicht ein weites Feld der Betätigung für uns Männer der Kirche? Ich spreche uns Männer der Kirche ganz gezielt an. Unter dem Gesichtspunkt solcher Probleme im eigenen Land – von den vielen anderen, die unsere Gesellschaft bedrohen, vor allem wenn man sie globalisiert als Völkergemeinschaft versteht, ganz zu schweigen –, ist es verantwortungslos, wenn in der Kirche Österreichs beste Kräfte und kostbare Talente damit verschwendet werden, daß wir uns mit fundamentalistischen Grabenkämpfen übelsten Stils auseinanderzusetzen haben. Wir gehören an die Front, zu den Menschen in ihren Nöten. Wer immer nur um die Wahrheit ringt, der kann die Menschen dort nicht abholen, wo sie stehen, wo sie schlimme Nöte bedrängen, schlimmere als je zuvor. Mir genügt es zu wissen, und darin sollten wir alle Christen sein, daß unser Herr Jesus Christus verkündete: „Ich bin der Weg, die Wahrheit und das Leben." Hierin sollte auch unser Weg bestehen.

Im wirtschaftlichen Bereich unserer Institutionen – das ist meine 30jährige Erfahrung – könnten wir nicht nur als Christen, sondern auch als Kirche viele Zeichen setzen. Ich sehe dringend unseren Einsatz in der Neudefinierung eben vom Gut der Arbeit, in dem wir lernen müssen, mit anderen zu teilen bzw. ihre Grundversorgung zu gewährleisten. Die Arbeitslosen abzuqualifizieren als „Tachinierer" oder als „Schmarotzer", in ihnen nicht den Mitmenschen in seiner ganzen Not zu erkennen, ist unannehmbar, wie groß die Versuchung hiezu manchmal auch sein mag. Trotzdem müssen wir dahinter immer die Menschen und die Familien sehen. Die Kirche sollte vor allem auch bedenken, daß es Menschen gibt, für welche man Beschäftigung suchen und finden müßte. Hiefür ist der gesamte Sozialbereich ein wichtiges Aufgabengebiet. Hierin ist auch die Kirche mit Caritas und anderen Einrichtungen nach wie vor führend. Hierin erweist sich auch die christliche Nächstenliebe als wichtigste und höchste Form von Motivierung.

Ein wichtiges Signal könnte unsere Kirche auch in ökologischer Hinsicht geben, etwa durch Investitionen auf dem Sektor der Alternativ-Energien. In unserem Besitz befinden sich große Anlagen und Gebäudekomplexe. Es wäre ein konstruktiver Beitrag, sie mit Wärme aus Biomasse zu versorgen. Das läge auch im öffentlichen Interesse, weil wir sogar noch die uns umgebenden Siedlungen mitversorgen könnten. In Deutschland gibt es eine Vorschrift gewisser Diözesen, Grundstücke, die sich im Besitz der Kirche befinden und verpachtet werden, nur mehr an solche Land-wirte zur Bewirtschaftung weiterzugeben, die nachweislich Bio-Bauern sind.

Wichtig wäre es auch, unsere Besitzungen zu arrondieren. Gerade in Österreich existieren noch bei vielen Pfarreien eigene Pfarr- und Kirchenpfründe, die oft schlecht zu nutzen sind, weil sie keine wirtschaftlich vernünftige Bearbeitungsformen abgeben. Auch hierin sollten wir den Mut haben, einerseits zu veräußern, auf der anderen Seite aber praktizierbare Größenordnungen zu schaffen. Im Zeichen von Globalisierung, Internet und E-Mail kann auch die Kirche nicht vor diesen Entwicklungen Halt machen. Im Grunde genommen wissen wir dies alles, aber das Beharrungselement, das in uns steckt – es kann durchaus Gutes an sich haben und ist Teil unserer Tradition – steht uns und einer zukunftsorientierten Entwicklung oft im Wege. Bei uns kommt hinzu, daß wir alle nur als Verwalter fungieren. Mit anderen Worten, uns kommt die Pflicht zu, das Beste aus dem uns Anvertrauten zu machen. So könnten wir Arbeitsplätze sichern oder neu schaffen und den Menschen ein verläßliches Zeichen geben. Diese Einstellung und Handlungsweise ist umso wertvoller in einer Zeit, in der sich leider erweist, daß Politiker oft nicht nach objektiven Kriterien handeln, sondern primär ihre Wiederwahl im Sinne haben.

Zum Thema Arbeit und Beschäftigung gehört ergänzend auch die Auseinandersetzung mit einer sinnvollen Freizeitbeschäftigung. In der Regel Benedikts heißt es: „Otium est inimica animae" – „Müßiggang ist der Feind der Seele". Es sollte uns Seelsorgern Anliegen sein, in der außerordentlichen Seelsorge auch Modelle anzubieten, welche die „Kunst der Kreativität" beinhalten. Auch hierin, so sagen die Fachleute, liegt eine große Zukunftsperspektive. Dies nicht nur unter dem Gesichtspunkt, daß „jeder Mensch Künstler und jeder Künstler Mensch" ist, sondern weil in der Förderung der schöpferischen Kräfte eines jeden Menschen auch unsere Wertschätzung für seine Originalität, seine Einmaligkeit nachhaltigen Ausdruck erhalten kann. Wir in Geras sind seit dreißig Jahren in diesem Bereich tätig. 1970 lautete mein Ansatzpunkt für diese Initiative: Im Mittelalter lehrten die Mönche den Ackerbau und die Viehzucht, dann errichteten sie ihre Schulen, heute gibt es das Problem der sinnvollen Gestaltung unserer freien Zeit. Manches von dem, was bei uns erstmalig unterrichtet wurde, ist heute gleichsam zum „Volkssport" geworden. Unsere „Schüler" unterrichten z. B. in vielen Volkshochschulen. Es ist allemal eine Hilfe für die Menschen, die darin auch ganzheitliches Wohlbefinden und Gemeinschaft erfahren.

Nun steht sicher die Frage im Raum: Was hat das mit Kirche, mit uns zu tun? Meine Gegenfrage lautet: Sollen wir den weiten, immer größer werdenden Bereich sinnvoller Freizeitgestaltung, der Ferien und des Urlaubs jenen Animateuren „kampflos" überlassen, die für Geld alles unternehmen, um möglichst viele Menschen in ihre „künstlichen Paradiese" zu entführen? Aus meiner Erfahrung weiß ich, daß gerade im Bereich der Freizeit, besonders wenn Teilnehmer an einer Reise oder Veranstaltung teilnehmen und weit weg sind von ihrer gewohnten und normalen Umgebung, ganz besonders ansprechbar sind für Themen, unter denen natürlich die eigentlichen Lebensfragen immer einen Schwerpunkt ausmachen. Obendrein, wie viele Vorurteile und Mißverständnisse können abgebaut werden, wenn etwa anhand der Kunstwerke, der Kirchen – ich denke an Rom-Führungen, Heilig-Land-Reisen, Pilgerfahrten u.a. – Zusammenhänge und Inhalte aufgezeigt werden. Darum bemühen wir uns im Verein „Klösterreich", dem Zusammenschluß von bisher 18 Stiften und Frauenorden, uns selbst einzubringen mit jener Botschaft, die wir durch unser Sein und Wirken aus der Tradition unserer Geschichte und in den wunderbaren Vorlagen der Kunst erfahren, die unsere Altvorderen wohl aus ähnlicher Sicht, wie sie uns bedrängt, in Auftrag gegeben und geschaffen haben. Damals gab es weder Fernsehen noch Radio. Heute haben wir uns dieser Medien zu bedienen. Heute gilt: Der Tourismus ist zu einer wichtigen Kanzel geworden.

Das wiederum zwingt in unserer Zeit automatisch zum Zusammenschluß, zur Vernetzung. Der von meinen jungen Mitbrüdern in den niederösterreichischen Stiften erstmals zum Millenniumsjahr ausgearbeitete „Klosterpilgerweg" mit Einladungen, am Chorgebet und an den Festfeiern der Stifte teilzunehmen oder als Gast mit Chorherren oder Patres und Fratres „Kloster auf Zeit" zu leben – die Frauenorden wollen unserem Beispiel folgen –, stießen auf so große Resonanz, daß wir für das Jubiläumsjahr 2000 und vermutlich für die kommenden Jahre Neuauflagen vorbereiteten. Der Mensch ist der Gegenstand unserer Tätigkeit. Daß wir uns darin als Kirche, als der sich in Liebe weiterschenkende Christus verstehen dürfen, das zu vermitteln muß uns gelingen. Kirche wird sich zusehend als eine Art Dienstleistungsunternehmen verstehen müssen: den Menschen dienen und ihnen dort begegnen, wo sie Hilfe und Beistand brauchen. Martin Buber prägte das schöne Wort: „Alles wirkliche Leben ist Begegnung." Ebenfalls sehr häufig im Gespräch mit unseren Gästen hören wir: „Wir fühlen uns sehr wohl und geborgen in den alten Gemäuern." Manche fügen hinzu: „Wir haben hier Heimat gefunden." Ein Auftrag der Gründerin der „Kleinen Schwestern Jesu", die sich nach Charles de Foucauld so nennen, an ihre Mitschwestern lautet, sie sollten an ihre Mitmenschen die „Zärtlichkeiten Gottes" verschenken.

Von den vielen seelischen Nöten, denen heutige Menschen mehr unterworfen sind als den materiellen, war schon kurz die Rede. Ich glaube, daß wir uns auch diesen als Seelsorger stellen müssen. In der überbordenden Flut von Information und Wissen kommt oft die persönliche Selbsterfahrung und die Erfahrung des eigenen „Selbst-Seins" zu kurz. Man gelangt nicht zu sich selbst, was dann zu gefährlichen Schädigungen führt, wenn Belastungen in Streß und Hektik hinzukommen. Dieser Prozeß kann schon in der Schule einsetzen und nimmt oft im Berufsleben dramatische Formen an. Die Sorge um die Arbeitsplatzsicherung kommt hinzu. Zerrüttete Familienverhältnisse belasten Kind und Eltern gleichermaßen, sind aber Alltag. Unter dem Begriff „Burn-out-Syndrom" wird alles zusammengefaßt, was mit Erschöpfungszuständen, Schlaflosigkeit, Depression, mit Ängsten und allem zu tun hat, wofür unsere Mitmenschen auf Hilfe angewiesen sind. Natürlich kümmern und bieten sich dafür Therapeuten als Helfer und Heiler an. Aber deren gibt es viele mit unterschiedlichen Schulen und Ausbildungen, sodaß vielen schon damit geholfen wäre, wenn sie bei einschlägigen Einrichtungen der Kirche oder Klöster – außerhalb von Österreich bestehen sie schon lange – die Gewähr hätten, nach der richtigen Methode behandelt zu werden. Der spirituelle Notstand kann sich bei jedem von uns einschleichen. Es ist auch keine Schande, wenn ein Priester oder die im Seelsorgedienst Stehenden bei Veranlassung Hilfe nicht nur in einer Beichte suchen, sondern bei qualifizierten Therapeuten diese in Anspruch nehmen möchten. Dabei sollte in den bedrängenden Belastungen, denen wir ausgesetzt sind, der Prophylaxe, also der Vorsorge und möglichst einer recht ganzheitlichen Vorsorge, ein hoher Stellenwert zugemessen werden. Apropos Prophylaxe, Vorbeugung: Unlängst kam mir sogar folgendes Gespräch zu Ohren: „Ich fühle mich nie mehr allein." Gegenfrage: „Wodurch?" Antwort: „Meine Lebenshilfe ist die Musica Sacra, die Kirchenmusik." Darin zeigt sich, und dies wäre wirklich verhältnismäßig leicht und für alle zugänglich, daß Kunst ein wichtiges „Heilmittel" darstellt. Dieser Aussage unseres Kursleiters O. Staininger schließe ich mich mit meiner eigenen Erfahrung an.

In Summe sei zusammengefaßt: Kardinal Franz König sprach in einem Zeitungsinterview davon, daß das Christentum einen „Gestaltwandel" brauche. Er meint dann weiter: „Es gilt Abschied zu nehmen von der Idee, daß unsere Religion getragen wird von der öffentlichen Meinung und von der Staatsräson ... Religion wird in Oasen blühen." Kardinal König verweist in diesem Zusammenhang auf die Angebote der Klöster, durch deren Tätigkeit das „mystische Element" gestärkt werde. Er fährt dann fort: „Jetzt muß der Glaube, der von innen kommt, wieder freigelegt werden. Dieser Glaube wurde teilweise zugedeckt durch übermächtige Strukturen. Es wird sicher ein entscheidender Gesichtspunkt sein, daß die Kirche glaubwürdig vermitteln kann, daß es ihr um den Menschen und nicht um Strukturen oder Machterhalt geht. Eine Folge war, daß der Zentralismus in der katholischen Kirche überspannt wurde." Ihn gelte es abzubauen. Und dann ist dort zu lesen (ich übernehme die Zitate des Interviews mit Kardinal König dem Kathpress-Tagesdienst Nr. 300 vom 31.12.1999, S. 4): „Christ sein erschöpft sich nicht in der Einhaltung von Vorschriften, wie ich es noch in meiner Kindheit erlebt habe. Es geht um eine Botschaft, die mich innerlich ergreift, die mich innerlich wandelt und zufrieden macht."

Wenn es uns gelingt, diesen Geist in vielfacher Form, mit allen unseren Möglichkeiten und den uns zur Verfügung stehenden Mitteln und Räumlichkeiten, mit unserem Besitz an Grund und Boden in die Wirklichkeit umzusetzen, dann sind wir „dienende Kirche", die wirklich „dient", eingedenk dessen, was Bischof Gaillot formulierte: „Eine Kirche, die nicht dient, dient zu nichts." Man möge mir meine hier fast katalogartig dargelegten Gedanken und Anregungen nicht verübeln. Es sollte kein kleiner Katechismus besonderer Art daraus werden. Es handelt sich lediglich um Gedanken, die aus meiner Erfahrung stammen. Ich stehe dafür. Und Verkörperung, Personifizierung ist gerade in diesen Bereichen wichtig und unerläßlich. Ich bin glücklich, gerade auf diesem Gebiet viele junge Talente in unserer Kirche, im Klerus, bei den Mitarbeiterinnen und Mitarbeitern in den Seelsorgeeinrichtungen der Diözesen und Orden kennengelernt zu haben. Da gibt es Zukunftsvisionen ohne Zahl und wir sollten auf allen diesen Gebieten jede nur denkbare Herausforderung annehmen. Ich bin zugleich fest überzeugt, daß hierin Zukunft liegt, ein weites Feld für unsere Betätigung.

Ich möchte nochmals kurz in wirtschaftliche Überlegungen abschweifen: Unsere Belastungen finanzieller Art, unsere Gebäudekomplexe, die unter Denkmalschutz stehen und unser wertvollstes Traditionsgut in greif- und schaubarer Hinsicht darstellen, diese Kulturgüter einer ganzen Nation, im Herzen unseres Kontinents Europa, auf Langzeit zu erhalten, dies werden viele Stifte und Kirchen und Diözesen auf Dauer kaum mehr schaffen, wenn wir den Gebäuden nicht neu eine Seele einhauchen, sie mit neuen Inhalten und Nutzungskonzepten wirtschaftlich aktivieren. In der alleinigen Funktion als Museen werden sich zumindest die Klöster in Randlagen nicht finanzieren können. Staatliche Hilfe wird wohl in Hinkunft ausbleiben. Zu allem ist hinzuzufügen, daß eben das Einmalige Österreichs gerade darin besteht, daß die Stifte mehr sind als Museen. Wir, ihre Wahrer und Eigentümer, sind die Träger unserer Tradition, die ununterbrochen und ungebrochen ist. Darin sind wir einmalig in der ganzen Welt, wie schon begründet, und können unser Know-how weitergeben an alle Menschen, nicht nur an jene in Europa.

Die Idee des Vereins „Klösterreich" fand Resonanz in der Presse Chinas, in Kanada und Amerika. Das Besondere und darin auch die Nachfrage: Eine nicht geringe Anzahl von Zeitgenossen, auf den „ganzen Erdball verteilt" (auf Griechisch „kat`holon", also katholisch) nimmt unsere Botschaft und Einladung an und ist interessiert am Leben in den Klöstern. Nochmals daher die Losung: „Back to the future!" Uns in Österreich sind wichtige Werte, Mittel und Wege anvertraut. Es liegt an uns, aus den Tabus, den Klischees und gewissen steril gewordenen Ritualisierungen auszubrechen, um in das Heute und Morgen aufzubrechen. Tradition ist Weitergabe in Aktualisierung des Übernommenen. Da mag nochmals als Vorgabe wiederholt sein: „Groß von Gott denken, je größer umso besser!" Er ist der Gott aller Menschen und Religionen, da mögen – ich will schon nicht mehr im Wortlaut aus gewissen sogenannten „Hirtenworten" zitieren – manche immer noch verteidigen, daß sie gleichsam die Wahrheit über Gott und das Göttliche gepachtet zu haben scheinen. Unsere Vision findet Korrespondenz in der Herrlichkeit eines uns liebenden unendlichen Gottes, der sich nicht zuletzt in unterschiedlichen Kulturen je anders manifestiert, der Menschen wegen. Unser Ideal sollte das humanistische sein, mit dem Menschen als ein Geschöpf, das sich in seinem Schöpfer in jeder Situation, in Not und Freude geborgen wissen darf, aber zugleich die Schöpfung, in die hinein „Gott den Menschen in die Autonomie entlassen hat" (Johannes Paul II.) als den Abglanz des Schöpfers zu respektieren und zu gestalten hat. Darin sehe ich den Beitrag von uns Christen zu einer Neuorientierung in die Zukunft, für welche Kardinal König Respekt einmahnt „vor dem Reichtum, der in vielen Religionen ausgebreitet ist".

Für die Stifte und die Ordensangehörigen möchte ich noch den Hinweis auf die Wüstenväter geben: Wie aus der Kirchengeschichte bekannt sein dürfte, flüchteten sich viele Männer in die Wüste, als das Christentum zur Zeit des Kaisers Konstantin und seiner Mutter, der heiligen Helena, Staatsreligion wurde und es in der Folge plötzlich opportun war, Christ zu werden. Natürlich kam die Stadtflucht, der Auszug aus der ganzen damaligen Gesellschaft (aus der Weltstadt Alexandrien beispielsweise) hinzu. Doch begann die Wüste unter diesen Wüstenvätern – der bekannteste wird wohl Antonius der Einsiedler oder auch Hieronymus sein – förmlich zu leben. Diese Männer separierten sich nicht nur von ihrer Umwelt, um in der Abgeschiedenheit, in Höhlen und Oasen sich ganz dem Gebet und Gott hingeben zu können. Ihr ganzer Einsatz in harter Handarbeit – ich sah ähnliches vor einem Jahrzehnt bei den koptischen Mönchen in Wadi Nadrun – war zur Gänze auf die Versorgung und die karitative Hilfe für die Armen gerichtet. Sie bebauten die Äcker und verköstigten mit dem Getreide die Armen in den Städten Ägyptens. Das Heil ist uns geschenkt, um es nicht nur spirituell als heilend an die Mitmenschen weiterzutragen, sondern auch darin, ganz schlicht von unten nach oben, von den elementaren Bedürfnissen des einzelnen bis hin zum ewigen Leben, immer ist der ganze Mensch gemeint. Diese Sendung stammt vom „Menschensohn“ selbst, über den seine Jünger nach dem Sturm auf dem See staunten und sich fragten: „Was ist das für ein Mensch, daß ihm sogar der Wind und der See gehorchen?“ Der Heiland tritt als Mensch dem Menschen entgegen und gegenüber, darin kann und muß Göttliches, das Heil, wirkkräftig werden. Ob wir nicht neu von ihm, unseren Herrn Jesus, lernen müssen?

Mit der abschließenden Bemerkung über die Wüstenväter wollte ich verständlich machen, daß nie – ich predige das häufig – berechtigterweise das Motto ausschlaggebend sein darf, auch nicht für einen Klostereintritt: „Rette deine Seele.“ Darin erblicke ich ein Relikt aus dem 19. Jahrhundert, eine völlige Verkennung dessen, was Kirche darstellt, einen Heilsegoismus, vermischt mit Angst vor Gericht, Himmel und Hölle. So einfach konnte man Klischees in die Vorstellungswelt der schlicht Glaubenden bringen und somit den Rest an sogenannten „guten Werken“ vermarkten. Gott gebe, daß es nie mehr zu einem Rückfall dorthin kommt. Die letzten Vertreter solcher finsterer, fast bin ich versucht zu sagen unchristlicher Vorstellungen, werden ganz sicher scheitern. In der Jetztzeit gilt das Schlüsselwort Solidarität. Sie möge eine „unternehmerische Tugend“ und quasi Teil einer Art Gründungsurkunde für uns Christen werden, worin der Anspruch des Evangeliums erfahrbar wird. Nochmals möchte ich Kardinal König zitieren, der die Kardinaltugenden, seit dem Altertum (Platon) die Grundtugenden menschlichen Tuns, nämlich Weisheit, Gerechtigkeit, Tapferkeit, Besonnenheit in heutige Begrifflichkeit und Verständlichkeit übersetzte und zwar in: „Ehrfurcht, Toleranz, dem Frieden dienen und Solidarität.“

Diesen „königlichen Weg“ sollten wir alle bereit sein, einzuschlagen und durch ihn in die Zukunft und an unser Ziel zu gelangen. Darin läßt sich auch ganz sicher die „Spurtreue“ zum Evangelium verifizieren. Allerdings, dieser Weg ist lange und beschwerlich. Im übrigen wird es noch lange dauern, bis wir Fortschritte registrieren können. Nach dem fast euphorischen Aufbruch, den das Konzil auslöste und der freilich unter großen Verlusten vonstatten ging, und nach der Schreckreaktion, die zu den mehrmals angesprochenen Bremsmanövern führten, sind wir jetzt wieder dabei, die Sicht neu zu gewinnen und gestärkt voranzuschreiten. Es wird noch lange dauern, bis sich die im Konzil grundgelegte völlige Reform durchzusetzen vermag. Nehmen wir aber zur Kenntnis: Die Grundlagen, die ich versuchte, etwas deutlich werden zu lassen, sind uns als Frucht des Heiligen Geistes im Zweiten Vatikanischen Konzil geschenkt worden. Wir sind noch lange und nicht annähernd so weit, nur einigermaßen die Tiefen des uns Anvertrauten auszuschöpfen. Es wäre schade, käme es zu überstürzten Reformschritten, die vieles gefährden würden. Ich bin für die kleinen, aber sicheren Schritte. Wenn man das Ziel vor Augen hat, dann darf einem, um dorthin gelangen zu können, der lange Atem nicht fehlen. Es bleibt aber allemal wahr, was die Scholastiker über die Zielkausalität lehrten, daß sie zunächst nämlich nur in der Vorstellung, „in intentione“, vorhanden sei; erst dann könne die Ausführung und schließlich das Ziel erreicht werden. Wenn das Fundament stimmt, kann man mit Vertrauen und mit Optimismus voranschreiten. Und Optimismus wäre der „Stein der Weisen“, formulierte einmal ein französischer Gelehrter.

In meinem eigenen Leben war ich bemüht, nach dieser Erkenntnis zu handeln, wobei es durchaus nicht einfach ist, solch starken Willen auf andere zu übertragen, es ihnen verständlich zu machen und sie für eine Umsetzung vorgegebener Ziele und Zwecke zu gewinnen und zu motivieren. Wenn ich als Ergänzung noch auf liebenswerte österreichische Menschlichkeiten hinweisen darf, dann sei mir die Frage gestattet, bei aller Wertschätzung der davon Betroffenen, seit wann in Österreich die Adelsprädikate abgeschafft sind? Gegenfrage: Merkt man davon etwas? Es versteht sich doch von selbst, daß jede Frau Gräfin oder Herr Graf ehrfurchtsvoll so angesprochen wird, ganz zu schweigen von den „kaiserlichen Ho-heiten“. Wie oft höre selbst ich noch das formvollendete „Euer Gnaden“ als Abt-Anrede, wobei sich in solchen Fällen mein Visavis darin eben gefällt, dieser Form Genüge geleistet zu haben. Man pflegt die Formen, guten Umgang, man weiß sich zu benehmen und wahrt das Dekorum. Alles das sind Eigenschaften im Volk der Österreicher, worin es sich sehr deutlich von anderen unterscheidet, weshalb so viele Menschen aus der ganzen Welt so gerne unsere Gäste sind.

In dieser Haltung und Tradition erblicken viele Mitmenschen das so österreichische, liberale Element. Es ist gut katholisch, Urgestein österreichischen Selbstverständnisses. Möge es uns erhalten bleiben! Ich bin jedenfalls dem lieben Gott dankbar, daß er mich in die Heimat meiner Mutter zurückgeführt hat. Sie war glücklich, daß wenigstens eines ihrer Kinder in ihre Heimat ging. Lange Zeit war ich „Fremdarbeiter", und niemand hat mich dieses je fühlen lassen. Gehört nicht auch dieses Verhalten zum Kodex des guten Umgangs in Österreich, damit die Assimilation, das Eingemeinden, das Aufnehmen und Annehmen von Mensch zu Mensch stets gelinge?

Tanzen, singen, Mensch sein

Ich hoffe, einige meiner Geschichten konnten auch zum Schmunzeln verführen. Humor ist ein wesentlicher Bestandteil des Christentums, deshalb wohl auch im Österreichischen gut verankert. Dann bleibt nur, die Vision zu eröffnen, daß die Freude, das Fröhlichsein, das Tanzen eine Grundhaltung, geradezu eine Voraussetzung für den Himmel sind. Darf ich nochmals den heiligen Augustinus bemühen?

„Ich lobe den Tanz, denn er befreit den Menschen von der Schwere der Dinge, bindet den Vereinzelten in Gemeinschaft. Ich lobe den Tanz, der alles fordert und fördert, Gesundheit und klaren Geist und eine beschwingte Seele. Tanz ist Verwandlung des Raumes, der Zeit, des Menschen, der dauernd in Gefahr ist zu zerfallen, ganz Hirn, Wille oder Gefühl zu werden. Der Tanz dagegen fordert den ganzen Menschen, der in seiner Mitte verankert ist von der Begehrlichkeit nach Menschen und Dingen und von der Dämonie der Verlassenheit im eigenen Ich. Der Tanz fordert den befreiten, den schwingenden Menschen im Gleichgewicht aller Kräfte. Ich lobe den Tanz. O, Mensch lerne tanzen, sonst wissen die Engel im Himmel mit dir nichts anzufangen."

Ob solche Einsichten unserem „Titelhelden" geläufig sind? Humor ist ihm jedenfalls nicht ganz fremd. Doch das steht hier gar nicht zur Diskussion. Ich bin vielmehr noch die Antwort auf die Frage: Wer sind die „Krenn & Co"? schuldig. Ganz sicher sind es nicht unsere Bischöfe, sondern nur jene Fundamentalisten, die ohnedies direkt oder indirekt angesprochen wurden. Einer dieser Angesprochenen dürfte sich auf seine eigene Art um die Position als Bischof beworben und dafür eingebracht haben. Es reichte allerdings nur bis zum Auxiliar-, also zum Hilfsbischof. Gott sei Dank! Die anderen Gefolgsleute und Freunde, insbesondere auf dem Gebiet der Diözese St. Pölten, werden wahrscheinlich, weil Gefolgschaft, unbelehrbar sein, insbesondere solange sie über den „Christianus" ihre Doktrin des 19. Jahrhunderts vorgesetzt bekommen. Solches schafft Parteiung und bündelt, ich verstehe. Doch Polarisierung hängt vom jeweiligen Pol ab. Man muß abwarten, Geduld haben! Wir, die weitaus überwiegende Mehrheit in der Kirche, werden über alle Pole hinaus unsere Eigenständigkeit in Jesus Christus als seinem Volk der Erlösten, als Volk Gottes, bewahren.

Ich selbst habe mir die Freiheit genommen, als Christenmensch meine Meinung stets zu sagen und jetzt auch zu schreiben. Ich stehe dazu, weil ich hoffe, dem Volk Gottes, unserer Kirche zu dienen. Was hier in Schriftform vorliegt, ist ein Stück von mir, ein Stück meines Lebens, in dem ich auf wunderbare Weise das bis jetzt erfahren durfte, was Dietrich Bonhoeffer in die unwiederbringlich schönen Wort faßte:

„Von guten Mächten treu und still umgeben,
behütet und getröstet wunderbar,
so will ich diese Tage mit euch leben
und mit euch gehen Jahr für Jahr.
Von guten Mächten wunderbar geborgen,
erwarten wir getrost, was kommen mag.
Gott ist mit uns am Abend und am Morgen
Und ganz gewiß an jedem neuen Tag."

Wenn es mir nur ein klein wenig gelungen sein sollte, daß jener Eindruck über alle offenherzige Kritik hinaus zurückbleibt, den eine Besucherin in der so berühmten, von den Prämonstratensern erbauten Rokokokirche zum Gegeißelten Heiland in der Wies (bei Oberammergau, Bayern) in den Worten zum Ausdruck brachte: „Hier fühle ich mich vom lieben Gott umarmt", dann freue ich mich von Herzen. Dieses Gefühl der Geborgenheit, des von einem gütigen Gott Geliebtseins, nicht eine etwaige „Islamisierung" der christlichen Botschaft brauchen wir in unserer Zeit. Unter „Islamisierung", bei allem Respekt vor dieser Glaubensgemeinschaft, die zum Großteil an andere Völker gerichtet ist, verstehe ich eine Methode, eine sehr erfolgreiche übrigens, die Menschen in Masse zu bewegen. Das wäre eben das deduktive Prinzip, die Art von oben nach unten etwas zu vermitteln. So könnte man, wollte man es, den oft strapazierten Machtbegriff Wahrheit, eingepackt in Katechismus-Kochrezepte, weit besser ins Volk transportieren, als es unseren (Gott sei Dank) Fundamentalisten gelingt. In der christlichen Heilsverkündigung kann das nicht funktionieren, denn da zählt „Glaube ist Geschenk" – „gratia gratis data". Und weil der Glaube von Gott kommt, kann ich diesem Gott, dem unfaßbaren und den mich in seiner Liebe umarmenden, gütigen Gott in Freiheit entgegengehen und ihm gegenübertreten. Diese alles übersteigende Würde des Menschen aus dem christlichen Selbstverständnis gilt es zu verteidigen und zu verkörpern. Hierin erblicke ich das wahre „Urgestein" unserer Existenz als Christen, das mehr Fundament bietet als alle Indoktrinierungen, mögen sie noch so verlockend klingen.

Bleibt nur zu wünschen, daß vielen Mitmenschen eine ähnliche Erfahrung gegönnt ist, sollte es dem einen oder anderen hin und wieder gelingen, in einer der so vielen und schönen Kirchen Österreichs oder auch anderswo stehen und empfinden zu können: Da habe ich „ein Dach über mir, ein Dach für meine Seele".

Zum Abschluß: Dr. Kurt Krenn ist zur Zeit Bischof von St. Pölten, als solcher eingesetzt von Papst Johannes Paul II. Daher gilt es, ihn in seinen Funktionen zu respektieren, umso wichtiger für uns alle bemüht zu sein, ihn in seinen Auffassungen davon zu überzeugen, daß das Zweite Vatikanische Konzil und seine Offenbarungen das wahre Fundament für unsere Kirche, die „communio ecclesiarum" – die „Gemeinschaft aller Kirchen", auch der Ortskirche der Diözese St. Pölten, darstellt. Von diesem Fundament aus und in der Kraft echten Glaubens und menschenfreundlicher Glaubensverkündigung mag jeder von uns verspüren, was vom heiligen Stephanus berichtet wird: „Er sah den Himmel offen." Darin sehe ich Perspektive und Herausforderung für uns alle.

Was mein Verhältnis zu Bischof Krenn anbelangt, sei hinzugefügt: Von Mensch zu Mensch werden wir uns, so hoffe ich, auch weiterhin in Würde und Anstand begegnen können, und darin schreite ich voran auf dem „königlichen Weg", der sowohl „Ehrfurcht und Toleranz, als auch Friedensdienst und Solidarität" (Franz König) beinhaltet. Um unserer Kirche zu dienen, wurde dieses Buch geschrieben, wobei wir uns beide wohl oft selber sagen müssen, was von Papst Johannes XXIII. so schön überliefert wird, nämlich sein Traum, in dem er hörte: „Nimm dich nicht so wichtig, Giovanni!" Ich wünsche darüber hinaus, daß bei aller Offenheit und Konfrontation die Menschlichkeit, das schon besagte Dekorum, nie verletzt würde. In der Sache selbst lade ich meinerseits zum Dialog ein.

Kolophon, das ist in alten Handschriften ein Zusatz am Schluß des Buches, meist rubriziert, in Rot. Ein solcher Nachsatz gab normalerweise Aufschluß über den Schreiber und seine Absicht, weshalb die betreffende Handschrift entstand. Mir sei erlaubt anzufügen, daß ich diese meine Gedanken in erster Linie meinen jungen Mitmenschen und Mitbrüdern widmen will. Vielleicht vermögen ihnen die Überlegungen und Erfahrungen eines sich im Herzen jung Fühlenden über manche Schwierigkeiten hinwegzuhelfen. Sie bleiben und blieben keinem, auch mir nicht erspart. Erst mit den voranschreitenden Jahren und nach vielen Erfahrungen komme ich darauf, daß mein Vater so recht hatte, als er mir, der oft nur murrend befolgte, was ihm zu tun aufgetragen war, einstmals sagte: „Du wirst noch einmal alles in deinem Leben brauchen können." Mögen Aussichten und Einsichten, ehrlich dargelegt, Hoffnung spenden, vielleicht sogar Hoffnung erwecken, in der begründeten Überzeugung, daß die Kirche Christi letztlich nicht von den Menschen abhängt, sondern daß am Ende sich bewahrheiten wird: „Gott kann auch auf krummen Zeilen gerade schreiben" (Augustinus).

Eins noch: Ihr jungen Menschen in Österreich, ihr könnt stolz sein auf die Tradition der „Austria christiana", in der ihr leben könnt oder sogar in die ihr hineingeboren seid. Daher: Keine Überbewertung für Zwischentöne oder Zwischenaktsmusik! „Tradition ist die Erhaltung des Feuers und nicht die Anbetung der Asche“ (Gustav Mahler zugeschrieben). Daher mein Zuruf: Habt Selbstbewußtsein, wir alle sind Kirche! Und „faßt Mut“, ihr seid die Zukunft der Kirche in Österreich!

Personenregister

Ambrosius 175
Antonius der Einsiedler 186
Antonius, Heiliger von Padua 141
Augustinus 65, 83, 95 ff., 136 f., 143, 146, 171, 189, 192

Beilner, Wolfgang 67
Benedikt, Sankt 159, 181
Benedikt XII. 66
Betschart, Ildefons 72, 129
Bisier, Gerhard 147
Bismarck, Otto Fürst von 93
Bonhoeffer, Dietrich 190
Bosco, Don 44
Breitenbach, Roland 55, 59
Bruckner, Anton 177
Buber, Martin 183
Bultmann, Rudolf 44

Castro, Fidel 50
Coelho, Paulo 149
Constantius 156
Cullmann, Oscar 44

Dinhobl, Michael 43
Döpfner, Julius 142

Einem, Gottfried von 33
Eugippius 155

Faulkner, William 59, 163
Feichtlbauer, Hubert 13
Fischer, Udo 38 f., 43, 127

Freud, Sigmund 149
Frings, Joseph 142
Foucauld, Charles de 183
Fürnsinn, Maximilian 39

Gaillot, Jaçques 137, 184
Garibaldi, Guiseppe 169
Gessel, Wilhelm 96
Groer, Hans Hermann 12 ff., 31ff., 39 ff., 50., 70, 94, 127
Gulda, Friedrich 175

Häring, Bernhard 27, 51, 165
Haider, Jörg 8, 166
Hartmann, Josef 33
Haydn, Michael 114
Heiller, Anton 174
Helena, Mutter Kaiser Konstantins 186
Hieronymus 186
Hofmannsthal, Hugo von 59

Jachym, Franz 40
Johannes 53, 145, 172
Johannes XXIII. 10, 29, 36, 47 ff., 55, 59, 60 f., 65, 83, 110, 131, 141, 192
Johannes Paul I. 106
Johannes Paul II. 13, 25, 36, 48, 51, 63, 67., 69, 106, 118, 130, 134, 143, 152, 165, 170, 186, 191
Joseph II., Kaiser von Österreich 163
Jungmann, Andreas 22, 119

Kennedy, John F. 67
Kern, Jakob 42, 159
Kirchschläger, Walter 132
König, Franz 40, 52, 66, 107, 142, 145, 166, 184, 187, 192, 194
Konstantin, Kaiser 53, 186
Krätzl, Helmut 48, 73

Krenn, Kurt 8 ff., 16 ff., 20, 25, 27, 31 f., 37, 38 ff., 49f., 68, 70, 109, 126, 128, 130, 132 ff., 136, 144, 169, 190 f.
Küng, Hans 35, 55, 83, 142

Landersdorfer, Simon Konrad 131
Laun, Andreas 38, 68
Lehmann, Karl 90 f.
Lenzenweger, Joseph 123
Leo X. 54
Leo XIII. 62
Lercaro, Giovanni 35
Lefèvre, Marcel 11
Lisieux, Theresia von 173
Liutpirg, Gemahlin v. Tassilo III. 158
Lombardus, Petrus 116
Luther, Martin 18, 81

Mahler, Gustav 193
Mayer, Augustinus Paul 24, 119
Mikl, Franz 147
Miller, Athanasius 44
Moderatus, Kantor 156

Nero, Kaiser 57
Neumüller, Willibrord 157
Neves, Luca Moreira 173
Nitsch, Hermann 171

Orter, Friedrich 135
Ottaviani, Alfredo 10, 142

Pannikkar, Raimondo 151
Parsch, Pius 18
Paul VI. 48, 106, 166
Paulus 49, 53, 56 ff., 100, 135, 138 f., 145
Pavarotti, Luciano 9

Petrus 56 ff., 60 f., 68
Pfiffig, Ambros 82, 115
Pius XII. 18, 51, 65
Planiavsky, Peter 174
Platon 187
Pottmeyer, Hermann Josef 93
Prantner, Robert 49

Rabl, Peter 38
Rahner, Karl 35, 142
Ratzinger, Josef 35, 40, 96 f., 102, 130, 142
Rauscher, Othmar 109

Schlink, Bernhard 30
Schönborn, Christoph 9, 32, 42, 50, 69
Schubert, Franz 18, 29, 113
Schutz, Roger 174
Seibel, Wolfgang 92 ff.
Severin, Heiliger 155 f.
Söhngen, Gottlieb 98
Squicciarini, Donato 13 f., 129
Staininger, Otto 184
Stephanus, Heiliger 192
Streithofen, Basilius 90 f.

Tassilo III., Herzog von Bayern 158
Teresa, Mutter 142
Trajan, Kaiser 57

Vaggagini, Cypriano 35, 143

Walser, Martin 23
Weill, Kurt 146
Wieland, Carl P. 137
Wittgenstein, Ludwig 59
Wucherer-Huldenfeld, Augustinus 97, 99, 149

Žak, Franz 13, 15, 41, 123 f.
Zedinek, Wilhelm 158
Zulehner, Paul M. 125